予備知識なしで読める・わかる

国際ビジネスの理論と実務

吉田雅彦 著

鉱脈社

は じ め に

　本書は、学生や若い社会人が、国際ビジネスの理論と実務知識を、効率的に漏れなく学ぶことを目的としている。本書の特徴は、

　第一に、国際ビジネスに必要な知識を残らず取り入れた、先例のない、類を見ない本である。国際ビジネスは、経営学、その中の多国籍企業論や国際経営論、経済学、法律学の中の国際経済法、知的財産法など複数の学問領域の理論と実務知識を必要とするので、特定分野を専門とする研究者は、このような本を書くことはしない。本書は、実務家から研究者に転じた著者が、国際ビジネスに関して広範な内容を体系整理した、他に類を見ないものである。

　本書で採り上げた52の理論と59の実務知識の一覧を目次に示したので、本書を読む前に知っているもの、知らないものを確認いただきたい。読後には、記憶に定着したか確認いただきたい。さらに深く学びたい読者のためには、文中で推薦図書を紹介している。

　第二に、企業の仕事の流れに沿って国際ビジネスを学ぶ構成としている。経営学の専門分野別ではなく、１．顧客は誰か（ターゲット）、２．顧客にとっての価値（バリュー）、３．企業の事業遂行能力（ケイパビリティ）、４．どう黒字化するか（収益モデル）という企業の仕事の流れに沿って [a]、経営学と国際ビジネスに関わる用語や理論を解説している（図1参照）。

　第三に、予備知識がなくても、辞書や参考文献なしで本書を通読できるようにした。経営学や経済学の基本用語やグローバル化の経済史も解説した。

　本書が、企業に就職して海外でも活躍したいと考えている学生や、国際営業や海外工場への転勤などで国際ビジネスに関わることになった社会人にとって、必要な知識を効率的に漏れなく取り入れることに貢献できることを願っている。

---

a)　米国の経営学者のミンツバーグ（Henry Mintzberg）教授は、Mintzberg（2005）（pp.93-95）でビジネススクールの教育が分析に偏っていることを批判し、神戸大学の金井壽宏名誉教授とともに、「マーケティング、生産管理、会計、人的資源管理などの専門分野別ごとに、経営学教育が煙突がバラバラに立っているような状態を抜け出そう」と提唱した（金井（2005）（pp.41-42））。三谷 宏治教授は、『すべての働く人のための新しい経営学』で、企業の仕事の流れに沿って経営学を学ぶことを提唱した（三谷（2019））。

[図1] 本書の構成

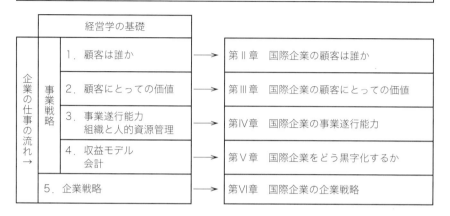

第Ⅰ章　国際経営の基本用語と歴史

	経営学の基礎	
企業の仕事の流れ→	事業戦略	1. 顧客は誰か	→ 第Ⅱ章　国際企業の顧客は誰か
		2. 顧客にとっての価値	→ 第Ⅲ章　国際企業の顧客にとっての価値
		3. 事業遂行能力　組織と人的資源管理	→ 第Ⅳ章　国際企業の事業遂行能力
		4. 収益モデル　会計	→ 第Ⅴ章　国際企業をどう黒字化するか
	5. 企業戦略		→ 第Ⅵ章　国際企業の企業戦略

　本書の構成は、第Ⅰ章では、1. 国際ビジネスの基本用語として、国際企業、多国籍企業、グローバル企業、国際化などの言葉の定義を紹介する。

　2. 企業を理解する方法として、経営学の構成や基本的な概念、用語を紹介する。

　3. 国際企業が発展している現在の経済環境を理解するために、グローバル化の経済史を紹介する。大航海時代、産業革命、近代資本主義、植民地、自由経済主義と共産主義が対立した冷戦、1991年に社会主義国が崩壊して現在まで続くグローバル化が始まった。グローバル化のメリットとして、いくつかの新興国が発展して先進国になり、努力すればどの国の人でも豊かになる可能性ができた。他方、デメリットとして、貧困の連鎖、格差、政治・社会不安も起きている。

　4. WTO（世界貿易機関）が貿易のグローバル化を支える国際ルールを担っていて、旧社会主義国もWTOに加盟した。2001年以降、WTOのルールの改訂、進化が止まっているため、2国間や地域での経済連携協定への取組みが盛んになっている。

　5. 国際ビジネスの実務を理解するため、コマツ、日立建機、資生堂の3社の事例を紹介し、国際企業の分析手法を示す。

　第Ⅱ章では、1. 企業は、顧客に商品を売ってお金を受け取る。その際に、「顧客は誰か」が明確でないとうまくいかないことを紹介する。

　2. 顧客を絞りこんでターゲティングする必要性と、その方法であるSTPマーケティングを紹介する。

　3. 国際企業の市場戦略は、国の発展レベルに応じて売れる商品が異なるため、世界市場を先進国、新興国、途上国に分類してターゲティングしている。同時に、世界

を近接地域ごとに分けて営業、物流を運用していることを紹介する。

　第Ⅲ章では、1．マーケティングは、顧客にとっての商品の価値から始まる。顧客にとっての商品の価値は、顧客の欲求（ニーズ，Needs）、ウォンツを反映していることを紹介する。

　2．マーケティング理論の集大成と言われる製品ライフサイクル理論を国際企業に応用すると、企業が国際展開する合理性を説明できることを紹介する。

　3．企業が事業を多角化し、国際展開していく理論として、シナジー、範囲の経済を紹介し、国際企業の多角化の成功例、失敗例を紹介する。

　4．分担協力すると皆が得をするという比較優位理論と、その課題を紹介する。

　第Ⅳ章では、1．顧客（ターゲット）に価値（バリュー）を提供する事業遂行能力（ケイパビリティ）、バリューチェーン理論、バリューチェーンの一部を他社に委託する分業、系列の理論を紹介する。バリューチェーンの中で、付加価値をつけやすい部分とつけにくい部分があるというスマイルカーブ理論で、GAFAに代表される先進国の高収益企業と、利益をあげにくい途上国企業の問題を紹介する。

　2．企業が事業遂行能力を実現するための組織の理論を紹介する。企業の中にはバリューチェーンの必要な部分を担う人材の集まりである職種があり、それぞれの職種の人たちがどのように仕事で成長し、海外ビジネスに取り組むかを紹介する。これらの人材を採用し、教育し、モチベーションを高め、能力を発揮し続けるようマネジメントする人的資源管理の理論を紹介する。

　3．企業が事業遂行能力を高める手法として、デザイン思考、トヨタ生産方式、品質管理手法などを紹介する。

　4．国際企業が国外に事業遂行能力を高めていくための段階的な手法、人的資源管理、本社と国外子会社との関係を考える理論や、海外で知的財産を守る手法を紹介する。

　5．外国の人材を理解するための知識として、宗教、戦争、政治体制を紹介する。

　第Ⅴ章では、1．企業が利益を得る方法を考える収益モデル理論やイールドコントロールなどの実務知識を紹介する。

　2．ビジネスで、おカネの問題は重要であり、財務会計の基礎や、社内の事業の健全性を日々確認する管理会計を紹介する。

　第Ⅵ章では、1．企業戦略の作り方や、2．国際企業の戦略を、グローバルとローカルの類型、ポジショニング、経営資源からの視点（リソース・ベースド・ビュー）で考える理論を紹介する。

　第Ⅶ章では、前章まででは簡潔な紹介にとどめた諸理論・実務知識の詳細を紹介する。

理論・実務知識目次

［理論］

理論 1　マネジメントの基本理論 ……………………………………… 19

理論 2　マクロ経済学 …………………………………………………… 25

理論 3　雁行型発展理論は成り立たなくなった ……………………… 33

理論 4　市場メカニズム ………………………………………………… 38

理論 5　ＳＴＰマーケティング ………………………………………… 63

理論 6　マーケティング・ミックス …………………………………… 66

理論 7　全体最適と部分最適 …………………………………………… 67

理論 8　マズローの欲求５段階説 ……………………………………… 68

理論 9　効用、限界効用 ………………………………………………… 69

理論10　使用価値、交換価値、知覚価値 ……………………………… 71

理論11　プロダクト三層モデル ………………………………………… 72

理論12　製品ライフサイクル（PLC, Product Life Cycle）理論 ……… 75

理論13　イノベーション普及理論 ……………………………………… 77

理論14　ブルーオーシャン・レッドオーシャン ……………………… 79

理論15　国際製品ライフサイクル理論 ………………………………… 80

理論16　多角化戦略・範囲の経済（scope of economy）……………… 81

理論17　顧客提供価値マトリクス ……………………………………… 83

理論18　事業遂行能力は、経営資源とオペレーションの組み合わせ … 88

理論19　バリューチェーン（value chain）…………………………… 89

理論20　垂直統合、系列、水平分業 …………………………………… 92

理論21　スマイルカーブ ………………………………………………… 94

理論22　オープンイノベーション ……………………………………… 97

理論23　モジュラー型 …………………………………………………… 98

理論24　コンティンジェンシー理論 …………………………… 99、195

理論25　セカンド・ベスト理論 ………………………………………… 99

理論26　サービスの性質 ……………………………………………… 101

理論27　バーナードの組織の３要素 ………………………………… 105

理論28　組織、権限、権力 …………………………………………… 105

理論29　デザイン思考 ………………………………………………… 125

理論30　国際企業の国外市場への進出は段階的に進む ……………………… 131
理論31　取引コスト（transaction cost）理論 …………………………………… 134
理論32　ダイバーシティ、インクルージョン ………………………………… 141
理論33　国際企業の本社の国外対応組織 ……………………………………… 144
理論34　公式メカニズム・非公式メカニズム ………………………………… 146
理論35　収益モデル ……………………………………………………………… 167
理論36　市場浸透、地域展開、囲い込み ……………………………………… 169
理論37　ファイブフォース分析 ………………………………………………… 173
理論38　成長・シェアマトリクス ……………………………………………… 186
理論39　マルチナショナル・グローバル・インターナショナル・トランスナショナル … 188
理論40　ポジショニング、コスト・リーダーシップ戦略、差別化戦略、集中戦略 ……… 190
理論41　国際企業のポジショニング戦略 ……………………………………… 191
理論42　経営資源からの視点（リソース・ベースド・ビュー） …………… 193
理論43　模倣可能性（Imitability）、移動可能性（Transferability）、代替可能性
　　　　（Substitutability）、希少性（Scarcity）、耐久性（Durability） … 195
理論44　ゲーム理論 ……………………………………………………………… 197
理論45　比較優位理論（theory of comparative advantage） ………………… 200
理論46　幼稚産業育成論 ………………………………………………………… 202
理論47　リーダーシップ理論 …………………………………………………… 203
理論48　リーダーシップの素朴理論 …………………………………………… 204
理論49　信頼蓄積理論 …………………………………………………………… 205
理論50　PM 理論 ………………………………………………………………… 205
理論51　リーダーシップ理論の歴史 …………………………………………… 206
理論52　サーバント・リーダーシップ ………………………………………… 207

［実務知識］
実務知識 1　国際企業の人材活用・販売チャネルと近代世界史 …………… 25
実務知識 2　ココム（COCOM） ……………………………………………… 27
実務知識 3　産業スパイ ………………………………………………………… 27
実務知識 4　ワッセナー・アレンジメント（The Wassenaar Arrangement） ……… 30
実務知識 5　タックスヘイブン ………………………………………………… 35
実務知識 6　BRICS ……………………………………………………………… 36
実務知識 7　成果主義 …………………………………………………………… 41

実務知識 8　日銀短観 ………………………………………………… 42

実務知識 9　日本人と途上国の従業員の差 ……………………………… 45

実務知識10　ＷＴＯ …………………………………………………… 46

実務知識11　自由貿易協定（FTA） …………………………………… 47

実務知識12　経済連携協定（EPA） …………………………………… 48

実務知識13　世界市場の分類 ………………………………………… 63

実務知識14　ニーズ、ウォンツ ……………………………………… 68

実務知識15　マーケットインとプロダクトアウト ……………………… 70

実務知識16　BtoB ビジネスの顧客にとっての価値―ＱＣＤＳ― ……… 74

実務知識17　定番商品 ………………………………………………… 78

実務知識18　ベンチマーキング ……………………………………… 79

実務知識19　企業を永続させるには常に革新が必要 …………………… 81

実務知識20　浮利に趨らず・浮利を追わず …………………………… 86

実務知識21　ファブレス企業 ………………………………………… 93

実務知識22　ＧＡＦＡ ………………………………………………… 95

実務知識23　プラットフォームビジネス ……………………………… 95

実務知識24　サプライチェーンマネジメント（supply chain management） …… 97

実務知識25　デジタル・情報技術の共通知識 ………………………… 102

実務知識26　職種 ……………………………………………………… 111

実務知識27　国際標準職業分類（ISCO）の Task, Job, Skill, Occupation …… 111

実務知識28　20代の仕事力の身に着け方 ……………………………… 115

実務知識29　リストラ・人員削減（downsizing） …………………… 124

実務知識30　デザイン ………………………………………………… 126

実務知識31　タイムベース戦略 ……………………………………… 127

実務知識32　QC 7つ道具 …………………………………………… 131

実務知識33　海外子会社に派遣する社員のマネジメント ……………… 141

実務知識34　企業文化 ………………………………………………… 147

実務知識35　国際知的財産権 ………………………………………… 149

実務知識36　宗教、戦争、政治体制 ………………………………… 152

実務知識37　海外には日本軍の被害者・その家族がいることを意識する必要 …… 160

実務知識38　カントリーリスク　貿易保険 …………………………… 165

実務知識39　イールドコントロール（yield control） ………………… 168

実務知識40　ダイナミック・プライシング（dynamic pricing） ……… 168

実務知識41　倒産 ……………………………………………………… 174

実務知識42　財務会計、税務会計、管理会計 ……………………………………… 175

実務知識43　減価償却（depreciation）………………………………………… 178

実務知識44　連結決算 ……………………………………………………………… 182

実務知識45　FRS（国際財務報告基準）………………………………………… 182

実務知識46　コア・コンピタンス（core competence）……………………… 194

実務知識47　PDCA サイクル（PDCA cycle）………………………………… 194

実務知識48　コンカレントエンジニアリング ………………………………… 208

実務知識49　垂直立ち上げ ……………………………………………………… 209

実務知識50　シックスシグマ（6 σ）…………………………………………… 209

実務知識51　バリューエンジニアリング・VE（Value Engineering）……… 210

実務知識52　層別（stratification）……………………………………………… 211

実務知識53　パレート図 ………………………………………………………… 211

実務知識54　ABC 分析 …………………………………………………………… 211

実務知識55　特性要因図・フィッシュボーン図 ……………………………… 212

実務知識56　ヒストグラム（histogram）……………………………………… 213

実務知識57　散布図（scatter plot）……………………………………………… 214

実務知識58　チェックシート（check sheet）………………………………… 215

実務知識59　管理図（control chart）…………………………………………… 216

目　　次

は じ め に ……………………………………………………………………… 1

理論・実務知識目次 ………………………………………………………… 4

●第I章　国際ビジネスの基本用語と歴史————————— 15

1. 国際企業 —— 多国籍企業とグローバル企業 —— ………… 15
　　1. 用語の定義 ……………………………………………………… 15
　　2. 狭い意味のグローバル企業 ………………………………… 16

2. 経営学を学べば企業がわかる ……………………………… 17
　　1. 経営学の構成 ………………………………………………… 18
　　2. 経営学の源流 —— ドラッカーのマネジメント —— ……… 18
　　3. 仕事の流れと経営学 ………………………………………… 20

3. グローバル化の経済史 ………………………………………… 22
　　1. 大航海時代と近代資本主義・植民地 …………………… 22
　　2. 近代資本主義の問題点と自由経済国・社会主義国 …… 25
　　3. 社会主義国の消滅と経済のグローバル化 ……………… 29
　　4. 情報通信技術（ICT）と航空物流がグローバル化に貢献 … 33
　　5. 経済のグローバル化の副作用——マージナライゼーション—— … 34

4. WTOとGATT、経済連携協定 ……………………………… 46
　　1. GATTの基本条文 …………………………………………… 46
　　2. GATTの例外規定としての自由貿易協定 ……………… 47
　　3. WTOの枠を超える経済連携協定 ………………………… 48
　　4. ゲーム理論 —— 国際ビジネス交渉のために —— ……… 50

5. 国際ビジネスの実務 …………………………………………… 50
　　1. コマツ ………………………………………………………… 50
　　2. 日立建機 ……………………………………………………… 51

　　3．資生堂 ……………………………………………………………… 54

　　4．コマツ、日立建機、資生堂の国際ビジネス ………………………… 56

　　5．日本企業の国際直接投資の歴史 …………………………………… 58

第Ⅱ章　国際企業の顧客は誰か ———————————— 61

1．顧客は誰か —— 使用者、意思決定者、支払者 —— …………………… 61

2．ＳＴＰマーケティング …………………………………………………… 62

3．国際企業の市場戦略 ……………………………………………………… 63

第Ⅲ章　国際企業の顧客にとっての価値 ———————— 66

1．顧客にとっての価値 ……………………………………………………… 66

　　1．マーケティングと顧客にとっての価値 ……………………………… 66

　　2．マーケティング・ミックス ………………………………………… 66

　　3．ニーズ、ウォンツ …………………………………………………… 68

　　4．効用、限界効用 ……………………………………………………… 69

　　5．価値の分類 …………………………………………………………… 71

　　6．BtoB ビジネスの顧客にとっての価値 ……………………………… 74

2．製品ライフサイクル理論 ………………………………………………… 75

　　1．製品ライフサイクル理論 …………………………………………… 75

　　2．国際製品ライフサイクル理論 ……………………………………… 80

　　3．企業の永続性 ………………………………………………………… 81

3．多角化戦略と国際展開 …………………………………………………… 81

　　1．多角化とシナジー …………………………………………………… 81

　　2．多角化の顧客提供価値マトリクス ………………………………… 83

　　3．多角化の事例 ………………………………………………………… 84

第Ⅳ章　国際企業の事業遂行能力 ————————————— 87

1．事業遂行能力（ケイパビリティ） ……………………………………… 87

　　1．事業遂行能力（ケイパビリティ） ………………………………… 87

　　2．製造業のバリューチェーン ………………………………………… 89

　　3．比較優位理論 ………………………………………………………… 101

    4．その他のバリューチェーン ·· 101

2．組織と人的資源管理 ··· 105
    1．組織 ·· 105
    2．職種——企業内のバリューチェーンの機能分担—— ······················ 111
    3．人的資源管理 ·· 124

3．事業遂行能力を高める手法 ·· 125
    1．デザイン思考 ·· 125
    2．トヨタ生産方式 ··· 127
    3．その他の事業遂行能力を高める手法 ·· 130
    4．品質管理の手法 ·· 130

4．国際企業の事業遂行能力 (ケイパビリティ) ···················· 131
    1．国際企業のオペレーション——国外市場への進出法—— ··············· 131
    2．国際企業の国外流通 ·· 137
    3．国際企業の人的資源管理 ··· 138
    4．国際企業の本社の国外対応組織 ·· 144
    5．本社と国外子会社の関係 ··· 146
    6．国際企業の知的財産権 ·· 149

5．宗教、戦争、政治体制 ··· 151
    —— 海外市場・外国人材を理解するために ——
    1．世界の宗教 ·· 152
    2．第二次世界大戦以降の戦争・内戦 ··· 157
    3．世界各国の政治体制 ·· 164
    4．世界各国のカントリーリスク ··· 165

●Ⅴ● 国際企業が利益を得る —————————————— 167

1．収益モデル ··· 167
    1．収益モデルの基本 ·· 167
    2．売上げの増やし方の基本 ··· 169
    3．収益モデルの進化 ·· 171
    4．ファイブフォース分析 ·· 173

2．会計 ··· 174
    1．ビジネスの資金問題——資金不足、赤字、黒字倒産—— ················· 174
    2．会計の目的——財務会計、税務会計、管理会計—— ······················ 175
    3．経理担当でなくても必要な会計知識——P/L、B/S、CF—— ··············· 176

　　3．国際企業の会計 ……………………………………………………… 182

◉第VI章◉ 国際企業の企業戦略 ─────────── 184

　1．企業理念、経営計画 ………………………………………………… 184
　　　1．全社ベースの企業理念、経営計画 ………………………… 184
　　　2．事業経営 ………………………………………………………… 185
　　　3．企業経営・社内の事業間の資源配分 …………………… 186
　2．国際企業の企業戦略 ………………………………………………… 187
　　　1．グローバル統合とローカル適応 …………………………… 187
　　　2．マーケティング戦略 ………………………………………… 189
　　　3．国際企業のポジショニング戦略 …………………………… 190
　　　4．経営資源からの視点 ………………………………………… 193
　　　5．コンティンジェンシー理論 ………………………………… 195

◉第VII章◉ 理論・実務知識の詳細 ─────────── 197

　第Ⅰ章関係 …………………………………………………………………… 197
　　　1．囚人のジレンマ ……………………………………………… 197
　　　2．ツリー図 ………………………………………………………… 198
　第Ⅳ章関係 …………………………………………………………………… 200

　図・表・写真等目次 ……………………………………………………… 217

　　脚　　注 …………………………………………………………………… 225
　　参考文献 …………………………………………………………………… 240
　　索　　引 …………………………………………………………………… 245

　謝　　辞 ……………………………………………………………………… 249

国際ビジネスの理論と実務

予備知識なしで読める・わかる

第 I 章　国際ビジネスの基本用語と歴史

1. 国際企業──多国籍企業とグローバル企業──

1. 用語の定義

　国際企業 (International corporation) は、国際的に活動する企業をいう。

　多国籍企業 (Multinational corporation) は、対外直接投資をして、複数の国に生産と流通の拠点をもち、国際的規模で事業活動する企業をいう。多くの国に子会社や在外支社をもち、売上高、資産、利益、雇用などの国外比率が高い[1]。米国初の大規模公共事業を実施したテネシー川流域開発公社の理事を務めたリリエンソール (Lilienthal) が1960年に造語として作って広まった[2]。

　グローバル企業 (Global corporation) は、地球規模で活動する企業をいう[3]。グローバル (global) は、globe (球状のもの、地球) から派生している。グローバル化は、ものごとが地球規模に拡大発展することをいう。

　1991年の冷戦終結後、多国籍企業の世界展開が進み、1980年代半ばからの情報コミュニケーション技術 (ICT) や航空物流の革新も後押しして、企業のグローバル化が進んだ[4]。

　本書では、多国籍企業、グローバル企業を含む国際企業について述べるときは国際企業という用語を、多国籍企業、グローバル企業について区別して述べるとき、および引用する原典がその用語を用いているときは、多国籍企業、グローバル企業という用語を用いる。国際化 (internationalization) は、国内から国外へと活動範囲を広げていくことをいうのに対して、グローバル化は、世界規模で経済活動の相互依存が進む状態をいう[5]。

　また、日本以外に本社を持つ国際企業を含む場合、本社以外の国・地域は「国外」という語を用い、日本の国際企業の日本以外の国・地域は「海外」という語を用いる。日本および日本企業では「海外」の語が定着しているからである。

16

[図２] グローバル化と国際化のイメージ

グローバル化 　　　　　　　　　　　　　　国際化

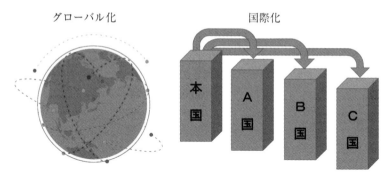

提供：イラストAC

２．狭い意味のグローバル企業

　グローバル企業は、本社の国から世界に展開しているという広い意味（国際企業と同じ意味）と、**世界中で等しく売り上げを上げているという狭い意味**がある。ただし、現実には、世界各国の市場で平均的に売り上げを上げている企業は少なく、2001年のデータによる調査では、IBM、インテル、フィリップス、ノキア、コカ・コーラ、フレクストロニクス、モエ・ヘネシー・ルイ・ヴィトン、ソニー、キヤノンの**世界で9社だけだった**[6]。2003年に日本企業だけを同様に追加調査した研究でもマツダが加わっただけであった[7]。日本の国際企業も、例えば、ホンダは米国市場に強く、資生堂は中国、東南アジアで強いなど、世界中で平均的に売り上げを得ている企業は少ない。**狭い意味のグローバル企業に該当する企業は、世界でも10社程度**と非常に少ない。

> ### コラム1
>
> #### 多国籍企業論の創始者 ハイマー
>
> 　ハイマー（Stephen H. Hymer）は、1960年、多国籍企業に関する論文を大学院生の博士論文として発表した。多国籍企業論の先駆者の一人として著名である。ハイマーは、企業が経営資源を国外の投資先の国に移転する直接投資と、外国企業の株式を取得するだけの証券投資を区別して考えた。資産運用だけの動機であれば、利子の高い国に証券投資すれば良いので、直接投資する理由を説明できない。企業が国外に直接投資する動機は、

①国外市場でのライバル企業を M&A（合併・買収）して競争相手を無くす。

②国外子会社の利益をすべて手に入れるために100％子会社にする。

が目的である[8]と考えた。

ハイマーは、一般に、企業が国外で事業活動しようとすると様々な障害があると指摘した。具体的には、

①企業にとっては国内市場の方が楽に優位に立てる。

②国外市場では、自らが「外国企業、外国人」として制限されたり、排除されやすい。

③為替リスクがある。

ことを挙げている[9]。

このような障害を乗り越えて国外で事業活動するには、外国での事業の困難を上回るような優位性を企業が持っていなければ進出できない。その優位性の源泉は、企業の経営資源、すなわち、信用力、製品開発力、生産力、マーケティング力などである。国外進出先に新規企業に対する参入障壁（barriers to entry, 新規参入企業がその産業に入り込もうとするときの負担[10]）がある時は、現地企業との合弁、連携など、参入しやすい手段を採ると考えた[11]。これらのハイマーの問題提起が、その後のほとんどの多国籍企業に関わる理論の基礎となった[12]。

2．経営学を学べば企業がわかる

経営学は、企業経営のための人類の知識の蓄積である。学生や若い社会人が、企業を体系的、理論的に理解しようとするなら、経営学の全体像を知るのが早道である。実務経験を重ねるには年月が必要だが、理論は読めばわかる。この節では、経営学の成り立ちと構造、企業の仕事と経営学の関係を解説する。

[図3] 経営学の構成

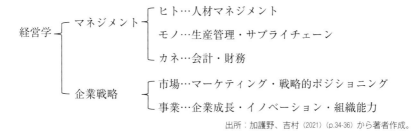

出所：加護野、吉村 (2021) (p.34-36) から著者作成。

1. 経営学の構成

広い意味での**経営学**は、図3のように、
①マネジメント
②企業戦略
の2分野から構成される。経営学、マネジメント、マーケティングなどに関してネット上に多くの情報がある。経営学を体系的に学ぶには、大学、大学院などで学ぶほか、入門書を読み、さらに専門書を読んでいく方法がある。

経営学は学際性がある。経営学は、20世紀の初めころから始まった[13] 比較的新しい学問であり、他の学問から多くの概念や理論などを取り込んで、主に米国で、実務に学んで理論を発展させてきた。経営学の用語に英語が多いのはそのためである。1887年（明治20年）に設立された日本初の経営学の高等教育機関である東京高等商業学校の系譜を引く一橋大学など、米国の経営学が伝わる以前からの歴史がある大学では「商学部」という名称が使われている。

2. 経営学の源流 ── ドラッカーのマネジメント ──

マネジメントを学ぶことは、誰にとっても役立つ。学生であれば、部活、サークルの運営や、就職して社会人になった時に良い仕事をするために役立つ。社会に出れば、高校や大学で理系、文系、どのような勉強をしていたとしても、管理する側にも管理される側にもなる。その際に、マネジメントの知識は役立つ[14]。
マネジメント（management）は、組織が目的を設定し、変化する環境下で効率的に目的実現するために、決定し、実行するための思考、仕組み、人材、技術・技法やそ

［図4］マネジメントの全体像

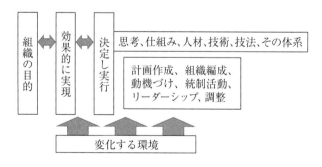

の体系をいう。マネジメントの基本は、計画作成、組織編成、動機づけ、統制活動、リーダーシップ、調整である[15]。

　マネジメントは、日本語で経営や管理と翻訳される[16] ことがある。
　「行政やNPOを経営する」という日本語表現は定着していない。日本では、「経営」は利益を追求する行動であると受け止められているからであろう。しかし、非営利組織も適切にマネジメントしなければ非効率になる。例えば、行政や病院が赤字になったり、感染症対策を迅速に行えなかったりする。
　「管理」は、ものの状態、性質などがかわらないよう保ち続ける[17] といった意味であり、マネジメントの意味の全体を表していない。
　したがって、本書では、Management を管理や経営という訳語ではなく「マネジメント」というカタカナで、企業、行政、非営利組織のマネジメントの意味で使用する。

　ドラッカー（Peter Ferdinand Drucker）は、経営学の創始者の一人で、近代経営学の父、マネジメントの父とされる[18]。ドラッカーは、著書『マネジメント』[19] で、以下のようにマネジメントの基本を述べている。

理論1　マネジメントの基本理論
- 何事かを成し遂げようとするには、事業の目的と使命を明確にすること。そうすれば、優先順位、戦略、計画が決まる。
- 戦略が決まれば、組織の在り方、活動の基本が決まる[20]。
- 事業の目的と使命を明確にするには、「顧客は誰か」という問いが最重要である[21]。
- 顧客にとっての価値は多様なので答えを推察してはならない。顧客に直接に聞かなければならない。
- 目標設定の中心は、マーケティングとイノベーションである。顧客が、対価を支払うのは、この2つの領域の成果と貢献に対してだけである[22]。
- マーケティングの目標設定は、①どの市場に集中するか、戦場の決定、②いかなるセグメント、製品、サービス、価値でリーダーとなろうとするのか市場地位の決定である[23]。
- イノベーションの目標は、われわれの事業は何であるべきかとの問いに対する答えを、具体的な行動に移すためのものである。
- イノベーションには、①製品、サービスにおけるイノベーション。②市場におけるイノベーション。③製品、サービスを市場に持っていくまでの流通チャネルのイノベーションの3種類がある[24]。

　学生や若い社会人から見ると、企業は前から存在していて、社員は日々の課題に取り組んでいたら安定的に給料がもらえるところだと思うかもしれない。しかし、企業は、何事かを成し遂げようと、事業の目的と使命を明確にして創業者が作ったものである。今も継続できているのは、企業を支える人たちが「顧客は誰か」という問いを問い続けて、顧客に価値を提供し続けているから、収入を継続的に得て存続できている。

【推薦図書１】経営学・マネジメントの歴史
- スティーブン P. ロビンス他, 高木 晴夫 訳（2014）『マネジメント入門 —— グローバル経営のための理論と実践』ダイヤモンド社
  エジプトのピラミッド造りから現代までのマネジメントの歴史が書かれている。（pp.29 〜 36）
- 三谷 宏治（2019）『すべての働く人のための新しい経営学』ディスカヴァー・トゥエンティワン
  近現代の経営学の発展の歴史と内容を、現在のビジネスマンにも役立つように解説している。（pp.290 〜 317）

3. 仕事の流れと経営学

　三谷宏治教授の『すべての働く人のための新しい経営学』[25] では、経営学の学問分野別の分類ではなく、**イシュー**（考えるべき課題, issue）ごとに、
1. 顧客は誰か（ターゲット）
2. 顧客にとっての価値（バリュー）
3. 企業の事業遂行能力（ケイパビリティ）
4. どう黒字化するか（収益モデル）

という順で学び、それらを学んだうえで企業全体の戦略を学んだ方が良いと提唱している。仕事の課題（イシュー）と経営学の学問分野は**表１**のような関係にあるとしている[26]。

　本書は、この考え方に沿って、第Ⅱ章　国際企業の顧客は誰か、第Ⅲ章　国際企業の顧客にとっての価値、第Ⅳ章　国際企業の事業遂行能力、第Ⅴ章　国際企業をどう黒字化するか、第Ⅵ章　国際企業の企業戦略という構成としている。各章で、国際企業についての理論を紹介し、事例や実務知識を挙げながら解説する。それぞれのテーマについて、読者がさらに深く学ぶための推薦図書を紹介していく。

【推薦図書２】経営学の入門書
- 三谷 宏治（2019）『すべての働く人のための新しい経営学』ディスカヴァー・

[表1]　仕事の課題（イシュー）と経営学の学問分野

		経営学の学問分野					
		1. 経営戦略	2. マーケティング	3. アカウンティング	4. ファイナンス	5. 人・組織	6. オペレーション
仕事の流れに合わせて考えるべきこと・イシュー	1.顧客は誰か	事業戦略	市場戦略				
	2.顧客にとっての価値	事業戦略	市場戦略マーケティング・ミックス				
	3.企業の事業遂行能力	事業戦略	市場戦略マーケティング・ミックス			組織管理人事管理リーダーシップ組織文化ナレッジ・マネジメント	製品特性オペレーション・マネジメント
	4.どう黒字化するか	事業戦略	市場戦略マーケティング・ミックス	財務会計管理会計	資金調達		

出所：三谷（2019）（p.31）

トゥエンティワン

　経営学の本を何冊か読んだことはあるが、良くわからないという人や、仕事でマネジメントの知識が必要で切迫している人に最適。学生で、初めて経営学の本を読む人にもお薦め。

● 加護野 忠男、吉村 典久（2021）『1からの経営学 第3版』碩学舎

　著名な経営学者が書いた入門書として定評がある。各章に、さらに詳しく学びたい場合の参考文献が記されている。

● 楠木 健（2012）『ストーリーとしての競争戦略』東洋経済新報社

　経営戦略のベストセラー本。長い期間にわたってもうかり続ける収益モデルを生み出す経営戦略の必要条件を解き明かす。経済学とは違う経営学の世界観を学べる。

● Drucker（1973）（上田訳　2008）『マネジメント』上中下　ダイヤモンド社

　管理職なら一度は読んでおきたい古典。

● Drucker（1990）（上田訳　2007）『非営利組織の経営』ダイヤモンド社

ドラッカーが晩年に力を注いだ病院などの非営利組織のマネジメント論。経済団体で活動する経営者や、行政、団体職員に必要な非営利組織のマネジメントの古典。
- Kotler（2003）（恩藏，大川訳　2003）『コトラーのマーケティング・コンセプト』丸井工文社

マーケティングで著名な経営学者が、マーケティング用語を解説したもの。
- 入山 章栄（2019）『世界標準の経営理論』ダイヤモンド社

経営学の主要理論を、ひととおり、すべて見ておきたいという学究肌のビジネスマンに最適。元の論文や著作へのガイドもある。

3．グローバル化の経済史

　シルクロードを通じて東洋と西洋が交易していたように、国際ビジネスは古代からある。しかし、1991年の冷戦終結以降、グローバル化が急速に進んでいる。現在の国際経済情勢を理解するためには、近代資本主義から現代社会につながる一連の経済史を知る必要がある。

【推薦図書3】グローバル化の歴史
- Geoffrey Jones（2005）Multinationals And Global Capitalism: From The Nineteenth To The Twenty First Century, Oxford Univ Pr（ジェフリー・ジョーンズ，安室憲一・海野巨利訳（2007）『国際経営講義』有斐閣）

紀元前3500年ころの古代アッシリアから2000年頃までのグローバル化の歴史を記述している（pp.21-55）。
- Richard Baldwin（2016）The Great Convergence, Information technology And the New Globalization, Belknap Press（R. ボールドウィン，遠藤真美 訳（2018）『世界経済　大いなる収斂』日本経済新聞出版社）

紀元前20万年前から現在までのグローバル化を、①人類が地球上に広く拡散する、②ローカル経済化する、③産業革命でグローバル化する、④情報通信技術でグローバル化するという4つの段階に分けて解説している（pp.31-141）。

1．大航海時代と近代資本主義・植民地

1－1．大航海時代と近代資本主義・植民地
15～17世紀前半の**大航海時代**は、ポルトガル、スペインなどが遠洋航海をした。ガマのインド航路開拓、コロンブスのアメリカ大陸発見、マゼランの世界周航など[27]、

グローバルな世界が初めて共有された。

　18世紀後半、英国で、蒸気機関などの技術革新による産業・経済・社会の大変革が起きた。**産業革命**である。19世紀前半には産業革命は欧州諸国に広がり、機械設備による大量生産によって社会が大きく変化して、**近代資本主義という経済運営の仕組み**が確立した[28]。近代資本主義を採り入れた欧州諸国は、経済活動が飛躍的に大きくなり、軍事力も強くなった。古代から4000年以上も世界最高水準の文明を繁栄させてきた中国、インド、ペルシャなどの強国も、この短期間で欧州諸国との力関係が逆転した[29]。

　16世紀のインカ帝国滅亡から20世紀初期まで、**近代資本主義諸国が地球上の土地を可能な限り植民地化した。植民地支配は、アジアでは1945年ころ、アフリカでは1960年まで続く。**現在のアジア、アフリカは、先住民が独立した国が多い。北米、南米、南アフリカは、現在も欧州系住民が国の支配者層となっている国が多い。

　16〜20世紀初期まで、欧米諸国や日本などの近代資本主義国に**軍事的に対抗できなかった国・地域は植民地化された**か、半植民地化（形式的には独立しているが、実質は植民地にされること）された。その多くは、抵抗したが戦いに敗れて植民地化された。

1−2．アジアの植民地化と日本

　日本は、1867年の大政奉還を経た明治維新、1870-80年代の富国強兵、殖産興業政策[30]で、近代資本主義国となり、欧米に対抗して国の独立を守ることに成功し、植民地にされなかった。1894-95年の日清戦争以降は、武力で植民地を得る側となった。

　非白人（有色人種, colored）国で植民地にされた歴史がないのは日本、タイ、トルコである。タイは、19〜20世紀初、イギリス、フランスに東西から侵略され、国土の多くを失ったが、イギリス、フランスの緩衝地帯（対立する国の衝突を緩和するために設けた中立地帯[31]として独立を保った。自力で独立を維持したわけではない[32]。トルコは、13世紀にできたオスマン帝国が東欧、西アジア、北アフリカの広い領土を支配したが、1878年から1920年までに多くの領土を失って現在の領土となりながら独立を維持した[33]。

　米欧日諸国は、中国とのアヘン戦争、日清戦争などにより、上海などの租界（外国人居留地）や香港、マカオ、台湾などの植民地を作り、その後も中国は抵抗を試みたが武力で半植民地化された。1899-1901年、義和団事件が起きた。米欧日諸国の植民地支配に反抗して、義和団（宗教的秘密結社）を中心に民衆が抵抗した。各国公使館やキリスト教会を襲撃し、清朝政府の支持を受けて勢いがあったが、日本を含む8か国連合軍に鎮圧された。この結果、中国はさらに半植民地化された[34]。

　植民地は、支配する国（東アジアではイギリス、フランス、オランダなど）に役立つ作物を作らされる（モノカルチャー経済）など、自分たちの収入を上げることができず、生活は貧しかった。自治や文化の伝統も壊された。

24

[図5] 宗主国と植民地 (1914年)

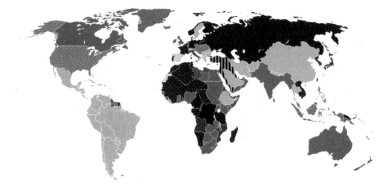

出所：wikimedia.org

注：北米、南米は、1776年アメリカ合衆国、1816年アルゼンチン独立など、
欧州系住民を主導として独立したため、1914年時点では植民地ではない。

モノカルチャー経済 (monoculture economy) は、植民地が、少数品目の農産物や鉱物生産だけを行わされている経済をいう。例えば、ガーナのココア、キューバの砂糖、スリランカの紅茶とゴム、ナイジェリアのヤシとココア、落花生、石油などである。植民地は、宗主国の要求に応じた食糧、原料の供給基地にされ、宗主国や現地の宗主国出身者が鉱山、農園などを支配し、原住民を安く働かせるため、経済が長く停滞する。植民地から独立して独立国になっても、モノカルチャー経済を脱しないと、経済的には植民地時代のまま、停滞した途上国のままという課題がある[35]。

1945年の第二次世界大戦終結後、多くのアジアの植民地が独立したが、平和的な独立ではなかった。例えば、インドネシアは4年5か月、ベトナムは8年、旧支配国が派兵したオランダ軍、フランス軍と戦い、それぞれ、80万人、数百万人以上の死者を出して独立した[36]。アフリカは1960年まで、ほとんどが植民地であった。

1−3．人種差別
現在も深刻な人種差別問題は、差別する側の、政治的経済的優位性を維持したいという欲望と、社会的、歴史的な人種的偏見による。かつては、米国や南アフリカなどの国内問題、本国と植民地の問題であったが、植民地各国の独立によって、国際政治の課題になった[37]。
人種差別は、支配した側の一部の人たちの心の内面の問題が主因である。先住民が独立した場合は、旧支配国の一部の人たちが、旧植民地の人たちを差別する構図である。旧支配者の欧州系住民が中心となって独立した場合は、欧州系住民の一部が、先

住民や、他国から奴隷として連れて来られた人たちの子孫を差別する構図である。これらが、白人の一部が有色人種を差別するという人種差別の基本である。

　そのほかにも、地域の歴史によって、さまざまな差別や憎しみが世界各地にある。

　実務知識1　国際企業の人材活用・販売チャネルと近代世界史

　国際企業が現地企業の従業員構成を検討したり、ある国の支社から隣国への販売チャネルを検討したりするときは、国と国や、国内の民族間の差別感情、敵対感情、その背景にある近代世界史を調査して、慎重に検討しなければならない。例えば、A国が過去にB国を侵略して、B国にはA国の軍隊に身内を殺された人がいるような場合、A国に物流拠点があって交通の便がいいからと言って、A国の営業マンがB国に売りに行くことにして大丈夫なのか、現地の人たちの心の内面をよく調査する必要がある。

2．近代資本主義の問題点と自由経済国・社会主義国

　18世紀後半からの近代資本主義を採用した国の経済は、極端な好況・不況を繰り返した。1930年代の大恐慌では、諸国は荒廃し、人々の生活は苦しく、飢えて死ぬ人もいた。日本でも、同じ年に昭和恐慌になり、デフレ（デフレーションの略称）となった。デフレになると、継続的にモノの値段が下がり続け、経済全体が縮んでいく。モノの値段が下がると賃金が下がり、賃金が下がると消費が減り、モノが売れないので、モノの価格がさらに下がるという悪循環が続き、景気が落ち込み続ける[38]。農村は飢え、企業倒産が続出し、都会は失業者であふれた[39]。

　英国などが大恐慌に対応するために仲間内だけで貿易する経済のブロック化（仲間でない国と貿易しない諸国の集まり[40]）をしたため、ドイツなどとの経済的対立が大きくなったことが、1939年からの第2次世界大戦が起きた原因の一つと考えられている。

2－1．自由経済国とマクロ経済学

　理論2　マクロ経済学

　このような近代資本主義の問題点に対して、自由経済国（企業に自由な経済活動を認める国）では、英国の経済学者のケインズが1936年に考案した[41]財政金融政策で、政府がデフレ対策を始めた。マクロ経済学の成立である。近代資本主義の経済運営をそのまま続ける国はなくなった。自由経済国では、経済活動を規制せず、企業に自由を認め、価格メカニズムを使う考え方[42]に加えて、政府が必要に応じて景気対策をする経済運営方法が採用された。それ以降、2020年のCOVID-19（新型コロナ）による不況まで、世界的な不況は何度もあったが、1930年代の大恐慌のような深刻な不況は回避されている。

26

[図6] 社会主義を経験した国

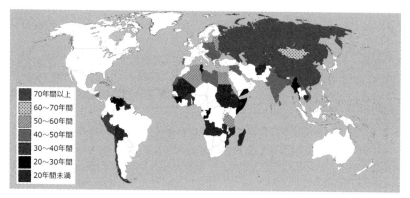

70年間以上
60〜70年間
50〜60年間
40〜50年間
30〜40年間
20〜30年間
20年間未満

出所：wikimedia.org

　健康保険、生活保護、年金制度、労働法制といった国民生活を保障したり、雇用される人の権利を守る制度を、多くの自由経済国の政府が採用している。近代資本主義は、企業と労働者の契約は自由、政府は介入しないという政策をとったため、このようなセーフティネット（予想される危険や損害の発生に備えて、被害の回避や最小限化を図る目的で準備される制度やしくみ[43]）は行わなかった。近代資本主義が好況・不況を繰り返す中で、不況期は人々が失業したり、飢えたりして、社会がたびたび不安定化した。

2-2. 社会主義国
　別の経済運営方法も考案された。**政府が経済を全面的に管理・規制（計画経済）して大不況を起こさないようにする考え方である。**マルクス（1818年生〜1883年没）が主張した**マルクス主義（Marxism）**は、資本家と労働者の階級闘争、労働者階級の革命運動などを考える思想をいう。資本主義社会の次に社会主義社会が出現し、その次に、理想的な共産主義社会が実現すると考えた。
　社会主義社会は、能力に応じて労働し、労働に応じた分配を受ける社会をいう。共産主義社会は、生産力が高度に発展し、能力に応じて労働し、必要に応じて分配を受ける社会をいう[44]。プロレタリア革命は、社会主義社会を武力で実現することをいう[45]。
　レーニン（Lenin）は、ロシアのマルクス主義者で、学生時代から革命運動に従事し、流刑・亡命の生活を経て、**1917年、武力で帝政ロシアを倒すロシア革命に成功した。**ロシアを中心とする社会主義国であるソビエト社会主義共和国連邦（以下「ソビエト」）を作った[46]。日本は、1904年の日露戦争（日本と帝政ロシアの戦争）を有利にするため、ロシア国内の社会主義者を援助した[47]。
　ソビエトや、ソビエトの支援で社会主義国となった中国の働きかけなどにより、**社**

会主義国は図６のように拡大した。

２−３．冷戦と貿易

冷戦（cold war）は、第２次大戦（1939-45年）後の米国とソビエト（現在のロシアなど）を中心とする二大勢力の対立状態をいう。冷戦という用語は1947-48年ころから使われ始めた。実際の戦争は少なかったが、核兵器の恐怖の均衡状態が続いた。自由経済主義（Liberal democratic）と共産主義（Communist）というイデオロギー（政治思想、社会思想[48]）の対立でもあった。

1948年、自由経済国の国際通商ルールとしてＧＡＴＴ（General Agreement on Tariffs and Trade, 関税貿易に関する一般協定）協定・国際機関ができた[49]。社会主義国はＧＡＴＴに加盟せず、冷戦の時代には自由経済圏と社会主義圏との貿易や経済関係は分断されていた。

実務知識２　ココム（COCOM）

1949年に発足したココム（COCOM, Coordinating Committee for Export Control, 対共産圏輸出統制委員会）は、自由経済国から社会主義国向けの高度技術の輸出を、社会主義国の軍事力が強くならないように規制した。

管理は厳しく、例えば、1987年、東芝機械が、ココム規則に違反しているのを自覚しながら工作機械をソビエトに輸出した事案を、米国の国防総省が摘発した。日米政府間の外交問題になり、親企業である東芝の会長と社長が責任をとって辞任した[50]。

２−４．冷戦と工作活動・産業スパイ

冷戦の間、二大勢力の相互に、激しいスパイ・工作活動が行われた。

日本は、第二次世界大戦後は情報機関（諜報機関。交戦国に対するスパイ活動を行う機関[51]）を持たなかったため、対応は限られていた。日本は自由経済国に属していたため、社会主義国から味方になるようスパイ・工作活動を受けた。ソビエトや中国は、外交官やジャーナリストなどに身分を偽って情報機関の工作員を日本に送り、日本人の協力者を作り、政策、軍事、技術の秘密を違法に取得したり、意思決定を操作するなどの工作活動（ある目的を達成するため、計画的に非合法な活動をすること[52]）をした[53]。

このようなスパイ・工作活動は現在も続いていて、企業に対しても行われている。

実務知識３　産業スパイ

産業スパイは、企業情報で秘密にされているものを探知・入手する行為の総称をいう。スパイをする者も産業スパイという[54]。国の工作機関が他国企業の産業スパイをしたり、企業がライバル企業の秘密を盗むために産業スパイを雇うこともある。

[写真１]
銀行倒産で預金がなくなる
ことを心配してアメリカ連
合銀行に集まった群衆

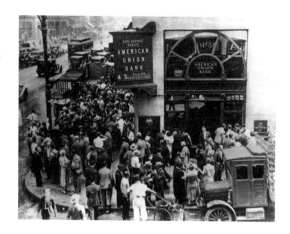

提供：Wikimedia Commons

　2022年、在日ロシア通商代表部の職員が、先端技術をもつ日本企業の社員に産業スパイ活動を試みていることがわかり、警視庁が被害に合わないよう日本企業に注意を促した[55]。

　国際企業は、工作活動・産業スパイの脅威が、今も国内・海外で身近にあることを意識して経営する必要がある。

質問コーナー ・・

　Q1　1930年代の不況はどのようなものだったのか気になりました。

　答え　1930年代の世界的な景気悪化・デフレ（大恐慌）の始まりは、1929年10月24日木曜日（暗黒の木曜日）、米国のニューヨーク株式市場の大暴落でした。

　米国から資本主義諸国に景気悪化が波及し、**1929-33年までの間、史上最大規模の景気悪化**となりました。例えば、この間に、工業生産は、米国56％、英国32％、ドイツ52％、フランス36％も低下しました。失業者は1930年400万人、1932年1250万人、1933年1600万人となり、失業率は30％となりました[56]。１万以上の銀行が倒産し、多くの人々の貯蓄が失われました。

　英国が大恐慌に対応するために仲間内だけで貿易する**経済のブロック化（仲間でない国と貿易しない諸国の集まり**[57]）をしたため、ドイツが生活に困り、飢えて人が死ぬなど、国と国の経済格差が大きくなり、ヒトラー（Adolf Hitler, ドイツの政治家）の全体主義、民族主義が、経済的に苦しんでいたドイツ国民から支持されました[58]。世界の景気悪化（1929～1930年代後半）は、**第二次世界大戦（1939-45年）**が起きる原因となりました。

　1930年代の世界的な景気悪化・デフレ（大恐慌）に対しては、米国では、1933年から、失業者の救済や公共事業を行うニューディル政策を行いました。しかし、生活不安は解消せず、1939年からの第二次世界大戦で、武器や関連物資への財政政策を強めた結果[59]、ようやくデフレが収まりました。1945年、第二次世界大戦が終わって以降は、自由経済国で、財政金融政策の重要性が認識され、大恐慌にならないように景気対策が必要に応じて行われています。

　歴史の教訓からわかることは、平和を願うなら、経済学を理解して、世界経済の安定を保つ必要があります。ただ平和を祈ったり、戦争に反対したりするだけでは、平和は維持できません。

3．社会主義国の消滅と経済のグローバル化

3−1．社会主義国の消滅

　社会主義国は、計画経済によって大恐慌のような不況を起こさないことには成功したが、市場メカニズムを使わないことによる非効率、働いても働かなくても収入が変わらないことによる個人のモチベーションの低下などから経済運営がうまくいかなくなった。ソ連は、市場経済の導入（ペレストロイカ）、情報公開（グラスノスチ）などの改革を試みた[60]。しかし、東欧の旧社会主義諸国では、ソビエトの支配から独立したいという人々の意識が高まり、1989年、ベルリンの壁が市民によって壊され、欧州の旧社会主義国が機能停止し、1991年、ソ連は崩壊した。

[写真２]　壁の崩壊に歓喜するベルリン市民

出所：Wikimedia Commons

[図7] グローバル化の前の経済史の概略

15〜17世紀前半 大航海時代
18世紀後半 英国で産業革命
↳19世紀前半 近代資本主義が欧州諸国に
　↳欧州諸国の経済力・軍事力が飛躍的に強くなり植民地支配
　　↳近代資本主義の副作用 1930年代の大恐慌
　　　ひどい不況への2つの対策
　　　┌ 1936年 財政金融政策 自由経済主義 マクロ経済学の成立
　　　└ 1917年 ロシア革命 社会主義
　　　　↳1947-48年〜冷戦
　　　　米国・自由経済主義国　VS ソ連・社会主義国
　　　　┌ 1978年〜 中国は市場経済に（改革開放）
　　　　└ 〜1991年 社会主義国が消滅 冷戦が終わった
　　　　　↳グローバル化の始まり
　　　　　2001年〜旧社会主義国のWTO加盟

　社会主義国が消滅して**冷戦の時代は終わり**、2001年中国、2006年ベトナム、2008年ウクライナ、2012年ロシアなどがWTOに加盟して、**現在につながる経済のグローバル化**が始まった。

　他方、**中国は1978年**から社会主義の経済運営をやめ、市場経済を採り入れた（改革開放）ため、中国共産党による一党独裁（単一の政党が政治権力を独占的に掌握すること[61]）、政治の面での社会主義体制を継続できている。早めに市場経済を取り入れて（社会主義市場経済）、経済が発展して国民が豊かになったからである。しかし、WTOのルールに違反して国内企業を優遇し、世界の雇用やビジネスに悪影響を与え[62]、軍事力を強化・近代化（宇宙・サイバー・電磁波など）し、東シナ海、南シナ海などで、力による一方的な現状変更の試みを続けており[63]、中国の社会主義体制の政治が、世界の不安定要因の一つになっている。

3−2．武器の輸出管理
実務知識4　ワッセナー・アレンジメント（The Wassenaar Arrangement）
　ココムは1994年に廃止された。1996年、ココムに代わるものとして、通常兵器及び関連汎用品・技術の輸出管理に関する**ワッセナー・アレンジメント**（The Wassenaar Arrangement on Export Controls for Conventional Arms and Dual-Use Goods and Technologies）が、紳士協定（信義に基づく法的でない約束[64]）として発足した。ココムは社会主義国を

対象にしていたが、ワッセナー・アレンジメントは、すべての国家・地域や、テロリストを対象としている。日本を含む自由主義国、ロシアなどが参加していて、中国は参加していない[65]。2020年、米国は、中国、ロシア、ベネズエラ向けの軍事用途、軍事最終需要者への輸出許可の手続きを厳格化した[66]。

　国際企業は、これらの**国際ルールや手続きを法令順守**する必要がある。

コラム2

貿易自由化の力 ──Take it or leave it, Juggernaut effect──

　国際機関は、国の集まりであり、国内法令で人や企業を規制するようには加盟国をコントロールできない。求心力は弱く、加盟国がすべて同意しないと動けない。したがって、国際機関は成果が上がりにくいのが普通である。ＧＡＴＴ、ＷＴＯは、例外的に「強い強制力を加盟国に対して持つ国際機関」であると言われる。

　その理由の一つが、**Take it or leave it**（無条件に全部を受け入れるか、加盟しないかどちらかを選ばなければならない。一部分を良いとこ取りすることは認めない）という基本原則である。ＧＡＴＴ協定を含むＷＴＯ設立協定の全部を受け入れれば、加盟国どうしの低い関税での貿易の利益を受け取れる。自国の産業の一部をどうしても保護したくて協定の一部でも認めないならば、まったく参加することが許されない。貿易の利益が手に入らない。「受け入れる（take）か、加盟しないで離れる（leave）か、どちらでも好きな方をあなたが選んでください」という方針を固く守っている。例えば、中国やロシアも、貿易の利益を受け取るために、痛みを伴う国内制度の修正をし、日本もコメの輸入に応じた。

　Juggernaut effect（ジャガノート効果）のJuggernaut は、インド神話のジャガンナート、クリシュナ神のことで、人間に対して盲目的服従や恐ろしい犠牲を強いる絶対的な力、不可抗力的な力を持つ神[67]である。

　貿易自由化のジャガノート効果の意味は、ＷＴＯ交渉や2国間交渉で関税が引き下げられると、国内の輸出産業の存在感が増し、輸入品との競争に敗れた国内産業の存在感が小さくなっていく。それが繰り返されると、国内の世論で、輸出産業の意見が強くなり、輸入品に反対する産業の意見は弱くなる。こうして、ますます貿易の自由化が進み、様々な国内業界、企業が衰退、撤退していく[b]。このような効果を、貿易自由化のジャガノート効果という[68]。

---

b）著者は、1984-2015年の経済産業省勤務で、アルミ精錬業、洋食器製造業、自転車・部品製造業など、日本の様々な業界、企業が、ジャガノート効果で衰退、撤退していく場面に立ち会った。

［表2］貿易を自由化することのメリット・デメリット　考察の例

	メリット	デメリット
国内産業・雇用	市場メカニズムによって全体としては良くなる。 国内に、弱い産業がなくなる。	一部の企業、産業、農業などが倒産、廃業する。その雇用がなくなる。途上国の産業が発達して競争相手になるので、日本など先進国の人の賃金も競争させられて安くなる。
消費者が買う価格	世界で一番安くて良いものが買える。貿易を自由化しないと、国産の高いものを買うしか選択肢がない。	食料やエネルギーの安全保障が損なわれる。
世界経済	経済学の比較優位理論で、各国は得意な産業に特化し、世界経済全体は良くなる。	途上国が、低賃金を利用した労働集約型の付加価値が小さい産業に従事させられ続ける。
製品の安全性	国際機関でISO, HACCPなどの基準を作ることはできる。しかし、すべての国、企業に守らせることは難しい。	安全性が不明な外国製品が店に並ぶ。貿易を自由化しなければ、国産で生産者の顔が見えるものを買える。
政治家と企業の癒着	貿易を自由化すると、保護するための政治家と企業の癒着がなくなる。	貿易を自由化しないと、国内企業や農業を保護するための政治家と企業などの癒着や汚職が続く。
戦争	経済がブロック化しないので、戦争に結びつかない。	経済のブロック化が進むと、第二次世界大戦の前のように、経済に困った国が戦争を起こす恐れが高まる。
途上国	グローバル化で経済成長する（新興国）。	グローバル化で経済成長する新興国と、取り残される停滞国で、途上国の中でも格差が広がる。 国内でも金持ちと貧しい人の格差が広がる。

質問コーナー ●

Q2　貿易を自由化することのメリット・デメリットは何ですか？

答え　経済学では、人為的に規制していたものを自由化すると、市場メカニズムによって全体としては良くなると考えます。しかし、立場によって貿易の自由化のメリット・デメリットは違うかもしれません。貿易の自由化で倒産する企業や、経営が成り立たなくなる農作物もあるでしょう。そういった人たちは仕事がなくなってしまいます。家族も生活に困るでしょう。その家の子供は大学への進学をあきらめるかもしれません。人生が大きく変わります。いろいろな視点から考えてみましょう。

[図8]
マイクロソフト オフィスは
世界中の人たちが仕事で使う

提供：イラスト AC

4．情報通信技術（ICT）と航空物流がグローバル化に貢献

4－1．情報通信技術（ICT）と航空物流の変化

産業革命は、18世紀後半から19世紀前半まで、数十年をかけて英国から欧州内に広がったが、**情報通信技術（ICT）の革命的変化は、1980年代半ば以降、毎月、毎年のように大きな変化を世界同時にもたらした。**

通信で、情報をどこにでも安い費用で送ることができるようになったので、国際ビジネスのマネジメントや、国境を越えた企業間の関係が変化した。国外工場での複雑な調整を本社から指示できるようになったので、生産を工程ごとに分割（モジュラー化）して、国外生産することが簡単になった。メールと Word、Excel、専門的なソフトウェアを使って、離れていても仕事を調整することが簡単になった。Covid-19（新型コロナ）以降は ZOOM など対面に近いコミュニケーションが急速に普及した。国際企業は、社内の様々な機能（第Ⅳ章で解説するバリューチェーン）の一部だけでも賃金の安い国に移転して利益を得ることができるようになった。

1985年頃から、信頼できる航空物流（国際航空貨物サービス）が提供され始めた。スピードの速い航空物流によって、軽量で付加価値が高いモノは飛行機ですぐに世界中に送ることが可能になった。情報通信技術（ICT）と航空物流で、国外工場も国内工場と同じように事業を行うことができる範囲が広がった[69]。

4－2．途上国の発展方法の変化

理論3　雁行型発展理論は成り立たなくなった

雁行型発展理論という途上国の発展に関する理論が主張されたことがあった。先進国、途上国の工業化には発展段階があり、労働集約的な軽工業部門から、装置産業である重化学工業、そして技術集約的なハイテク産業へと順を追って進む。東アジアでは、日本が先導役になり、1970年代以降、韓国、台湾、香港、そして、東南アジア諸国が工業化した。このように、国ごとに順々に工業化したことを、雁の群が飛ぶ様子に見立てて、雁行型発展理論と名付けた[70]。

[写真3]
雁の群れの
V字編隊飛行

提供：写真AC

　しかし、情報通信技術（ICT）と航空物流の発達により、国際企業は、様々な機能の一部だけでも賃金の安い国に移転して利益を得ることができるようになったので、国ごとに工業化するという雁行型（がんこう）発展理論は現実に合わなくなった。一般的な工業が発達していない途上国でも、自動車、オートバイ、航空機といった高度な製造業の生産工程の一部だけを生産、輸出できる事例が見られるようになった[71]。

5．経済のグローバル化の副作用 ── マージナライゼーション ──

5－1．経済のグローバル化のメリット・デメリット

　経済のグローバル化によって世界が統一市場となり、企業や個人は、より大きな舞台で活躍できるようになった。しかし、経済のグローバル化は良いことばかりではなかった。

　日本企業にとっては、高度成長期の競争相手であった自由経済圏内の西ドイツなどだけではなく、1980年代以降は、旧植民地や途上国から工業国になった韓国、台湾、タイ、インドネシアや、旧社会主義国の中国、ベトナムといった諸国の企業とも激しく競争する環境になった。**経済のグローバル化は、日本企業にとっては、市場が世界に拡大するというメリットと、企業間競争が激化するというデメリットがあった。**日本など先進国の労働者は、新興国や途上国の労働者と、賃金や生産性で比較され、競争させられるようになった。伝統的なミクロ経済学は、このような自由競争を通じて、全体の効用（人々の満足）が最適になると考える。競争によって良いモノが安く生産され、これまで貧しかった途上国や社会主義国の人々が豊かになった。

　1990年代以降、企業は世界中に進出できるようになり、「**経済のグローバル化によって、企業が国を選ぶ大競争時代が来た**」と言われた。例えば、各国が企業に対する税金を上げようとすると、企業が国外に移転して税収が増えなくなった。

| 実務知識 5 | タックスヘイブン

　タックスヘイブン（Tax Haven）は、課税を免除、軽減している国や地域をいう。イギリス領ケイマン諸島、バージン諸島、ルクセンブルク、モナコ、米国東部のデラウェア州などがある。国際企業や富裕層がタックスヘイブンに資産を移し、租税回避するケースが多く、脱税、マネーロンダリング、犯罪・テロなどに悪用されるケースもある[72]。

　シンガポールは企業への税金を世界最低レベル[73]にして企業を誘致している。かつては、国際企業のアジア支社は日本に多くあったが、税率や英語の普及率などの要因から、多くはシンガポールに移転した。これによって、日本にあった外資系企業の雇用がシンガポールに移転した。東京からシンガポールに転勤した日本人も多くみられた。2021年6月の主要8カ国首脳会議（G8サミット）では、法人税の最低税率を少なくとも15%とする共同声明を採択し、対策に着手した[74]が、現在も、アジアのビジネスはシンガポールに集中している。**日本の企業家で高利益、高収入の人たちは日本からシンガポールに移住して所得税や相続税を節税し、シンガポールから日本や世界での自分のビジネスをマネジメントする人が増えている。**

　大恐慌のときに英国などが実施したブロック経済は、高関税によって輸入を制限し、仲間内の生産、雇用を維持しようとした。同じ時期に、自国の為替を安くして、輸出促進によって生産、雇用を維持する政策もとられた。これらは、自国や仲間の生産、雇用を維持し、周りの国の生産、雇用の機会を奪うため、「**近隣窮乏化政策**（周りの国を苦しくさせる政策）」と呼ばれた[75]。現在の法人税の引き下げ競争も、近隣窮乏化政策になっている。

5−2．先進国、新興国、停滞国

　社会主義国が機能停止して冷戦が終わり、自由経済圏、社会主義圏の区別がなくなったため、1990年代以降は、経済力によって**各国を3分類する**考え方が主流になった[76]。

　第一は、**先進国**で、一人当たり国民所得が12,235ドル（約134万5,000円）／年を超える国[77]である。社会主義国は経済的に停滞していたので、当初は、自由主義先進国を意味した。1994年以降、一部の新興国、旧社会主義国も先進国になっている。

　第二は、**新興国、準新興国**である。新興国は、一人当たり国民所得が3,996（約43万5,000円）〜12,235米ドル／年の国[78]で、旧植民地や途上国から工業国になった韓国、台湾、タイ、インドネシア、メキシコや、旧社会主義国の中国、ベトナムなど、市場経済を導入して経済発展を始めた諸国である。準新興国は、一人当たり国民所得が1,006（約11万円）〜3,955[79]ドル／年で、これからの経済発展が期待される途上国である。

　先進国の集まりである OECD（経済協力開発機構）に、**1994年以降、メキシコ、チェコ、ハンガリー、ポーランド、韓国など**が加盟し、**先進国**と認められた。

[図9] 飢餓率が35％を
超える国：18カ国

出所：外務省（2007年）[80]

実務知識6 | BRICS

2001年、ブラジル、ロシア、インド、チャイナ（中国）の４カ国の頭文字をとって
BRICs と呼んで、今後の市場の拡大が見込まれるとした。2011年には南アフリカを
加えて BRICS と呼んだ[81]。

　G７各国（米国、ドイツ、日本、フランス、英国、カナダ、イタリア）の所得が世界の全体
所得に占める割合は、1970年頃は70％あったが、2010年頃には50％未満まで低下し
た。その比率の減少分のほとんどは、６つの新興国（中国、韓国、インド、ポーランド、
インドネシア、タイ）の伸びで置き換わった[82]。

　第三は、停滞国（マージナライズド・エコノミー，marginalized economy，一人当たり国民
所得が1,005ドル（約11万円）／年以下の低所得国）である。戦争や国内紛争などで行政
機能が低下し、市場経済化が進まず、経済のグローバル化の流れから取り残された
（marginalized[83]）諸国である。典型的な例は、サハラ砂漠以南のアフリカ諸国である。

　戦争や災害時に行政機能が働かないとどうなるかは、東日本大震災や各地の地震、
水害などの時に、もし行政が機能しなかったらどうなったかを想像するとわかる。避
難所で餓死したり、負傷者や病人が助かるはずの命を落としたり、疫病が流行って死
者が多く出たりするであろう。それらは停滞国で現に起こっている。これらの国で
は、経済のグローバル化の恩恵を受けられないだけでなく、経済のグローバル化に参
加して伸び始めた新興国との格差が拡大している。

　このような中で、1997年にとりまとめた日本政府の経済協力の考え方[c]は、以下
のような内容であった。

● 新興国、準新興国に対しては、生産品を買うなど貿易を通じて発展に寄与する。

　経済成長に伴う**公害問題**への対応や、**すそ野産業**（完成品を製造する企業に、必要な部品や資材を供給する産業）の育成など、自律的、持続的な経済成長を貿易・援助で支援する。

● **停滞国**に対しては、経済のグローバル化に取り残されることなく、経済発展の軌道に乗るような援助をする。停滞国への支援は、**テロや難民など国際社会の安定化のため、先進国自身にとっても必要**であるという考え方で支援する。

　地元の専門知識や人脈をもった国際機関と連携して支援する。援助の内容は、第一に、**国内紛争、難民**などには、自衛隊による平和維持活動、地雷処理など。第二に、**飢餓、疫病、災害**などには緊急援助。第三に、**行政が有効に機能していない国**で、国際協力非政府組織（NGO）が有効な支援をしている場合には、NGOへの支援。第四に、自由選挙の実施、財政官庁、産業開発企画官庁の整備など**経済発展に必要な政治・行政のソフトインフラ**（制度・基準、技術・運用ノウハウ、人材育成等のソフト面の基盤）の支援をする。

コラム3

アジア通貨危機

　1990年代、世界全体が変動相場制を採用している中で、タイ、韓国政府など、一部のアジアの国は、米国への輸出促進のため、ドルと自国通貨を固定するように為替介入していた。1997年7月からの**アジア通貨危機**は、タイ、韓国政府などが、投機筋に攻められて為替介入をする外貨準備資金を使い果たした結果、急激・大幅な自国通貨安となったもので、輸出はできるが、外国から必要なモノを買えない・輸入できない状態におちいった。

　韓国は経済が行き詰まり、外国からの借金が返せなくなって、国として経済的に破綻し、2001年までIMF（国際通貨基金）の管理下に置かれた。この苦境で始めた輸出促進・外貨獲得政策の一つが、韓流ドラマやK-POP（韓国のダンスミュージック）である。

　日本政府は、タイの金融支援国会合を東京で開催（1997年8月）し、国際機関、G7各国等と協調しながら、アジア通貨危機への初期対応で主導的な役割を果たした。一時的な資金不足対策だけでなく、円借款など日本の政策的金融手段を総動員して、長期の安定的な資金も提供した。特に、1998年10月、円借款・日本輸出入銀行融資により、合計300億ドルの与信限度額を提供し、危機に直面しているアジア

---

c)　1997年6月、通商産業省産業構造審議会経済協力部会意見具申（通商産業省（1997）に収録）。著者は、通商産業省通商政策局経済協力課長補佐、審議会の報告書の執筆者として、当時の日本政府の経済協力の考え方の取りまとめに参加した。

の国々への日本の揺るぎない支援姿勢を明らかにし、国際社会でのアジアの国の信
用回復を助けた。支援策の結果、多くの国は危機を1998年までの短期間のうちに乗
り越えた[84]。
　1997-98年、著者は、通産省貿易局筆頭課長補佐の職にあり、大蔵省（今の財務省）
との与信限度額調整など、日本政府の意思決定に、上司、同僚とともに寝る暇も惜
しんで携わった。

5－3. 生産性と収入 ── 国の格差から個人の格差へ ──

　1991年からのグローバル化以前は、米国に生まれたらお金持ち、日本に生まれたら
まあまあの生活ができるというように、国による格差が大きかった。生まれた国によ
る所得格差は、産業革命以降少しずつ拡大し1970年頃に最大となった。例えば、米
国と中国・インドに生まれるのでは所得は20倍の格差があった[85]。しかし、グローバ
ル化によって、**国の平均所得の格差は急速に縮まり**、例えば、2021年は米国63,285ド
ル、中国12,551ドルと約5倍まで縮小した。そのかわり、各国の中での**個人間の所得
格差は拡大している**[86]。

　途上国に労働集約型産業が移転するのは、平均すると賃金が安いからであるが、仕
事ができて英語や日本語が話せる優秀な現地の人の賃金は高い。どの国の人でも、グ
ローバル基準で仕事力（頼まれた仕事で利益を出す能力[87]）があれば高収入、そうでな
ければ先進国で生まれても低収入になるように、市場メカニズムが働くこととなった。

理論4 市場メカニズム

　市場メカニズムは、経済学の理論で、人々が自分の判断で自由にモノを売買する結
果、モノの価格や賃金が、世界中の買いたい人と売りたい人のバランスで、ある価格
に向かって動いて落ち着こうとするメカニズムをいう。賃金のケースでは、先進国の
仕事力が弱い人の賃金は、途上国の同程度の仕事力の人と同程度の賃金になるように
下がっていく。最低賃金制などの法規制をしたとしても、下がることを止めることは
できない。最低賃金をあえて高く設定すると、それよりも仕事力が低い人は雇用され
なくなる。**個人の収入は、「仕事力」の経済学での指標である付加価値労働生産性に
概ね比例する**（コラム4）からである。

　移民を積極的に受け入れている国では、賃金が安い仕事でも移民が請け負うので、
元々住んでいた人で仕事力が弱い人たちは、賃金が安くなったり失業したりする。グ
ローバル化は、国単位ではなく、個人に対して個別に直接的な影響を与えるようにな
った[88]。

　経済がグローバル化すると、国内や地域内などで、仕事力が高い人と低い人の収入
格差が大きくなり、**格差を身近に実感するので社会が不安定になる**。例えば、米国で

は、それまで比較的経済的に安定していた白人の中でも、貧しい人や失業者が増えて、社会に不満を持つ人たちが増えた。白人を中心に米国の利益を追求し、移民を排除する姿勢を強調したトランプ氏に支持が集まって、国内の議論が二分するなど、**経済のグローバル化は各国の政治や社会の安定を脅かす性質も持っている。**日本では、最低賃金で働く人の収入が、生活保護者の収入を下回ることが時々あり、課題となっている[89]。

コラム4

個人の貢献と収入は概ね比例する

　企業を一人で経営している人は、稼いだ利益がそのまま個人の収入となる。個人の貢献と収入は一致する。企業に入ってチームで働いて、毎月決まった給料をもらっているとわかりにくいが、社員でも個人の貢献と収入は概ね比例する。

　経済学に、付加価値労働生産性という概念がある。「個人の貢献・仕事力と収入は概ね比例する」ということを、この概念を使って、**個人の付加価値労働生産性と収入は概ね比例する**と言い換えることができる。これが正しいことを説明する。

　生産性（productivity）は、産出量（生産の総量）を、投入された生産要素の総量で割った値である。生産要素には人、モノ、カネがあるが、人の労働の生産性を労働生産性という。**労働生産性**（labor productivity）は、産出量を従業員数で割った比率である。

$$労働生産性 = \frac{産出量}{従業員数}$$

　付加価値は、**生産において新たに付け加えられた価値**をいう[90]。産出額から原材料使用額などを引いて計算する。例えば、30円の小麦粉を使って100円の価値を持つパンを製造したとすれば100−30＝70円がパン製造の付加価値である。

　付加価値額を従業員数で割った数字が**付加価値労働生産性である**[91]。

$$付加価値労働生産性 = \frac{付加価値}{従業員数}$$

　企業が付加価値を生み出す過程をイメージするために、学園祭に模擬店を出す例で考えよう。サークルAは、10人で、1日テントを借りて、鶏肉を切って串に刺して、たれを付けて焼いて、紙袋に入れて焼き鳥を売って、売り上げから仕入れやテントを借りた費用などを引いて20万円残ったとすると、付加価値は20万円である。人数で割ると付加価値労働生産性は2万円となる。同じようにサークルBの10人が10万円残したとすると、付加価値は10万円である。付加価値労働生産性は1万円となる。

　残った金額を各々メンバーで均等に分けたとすると、１人当たりの付加価値労働生産性も収入も、それぞれ２万円と１万円になる。これが**付加価値労働生産性と収入は比例する関係にある、個人の貢献・仕事力と収入は概ね比例する**という意味である。

　サークルＡの方が高付加価値労働生産性、高収入となった理由は何であろうか。模擬店の場所が良かった、鳥を焼く段取りが良くてお客を待たせなかったのでたくさん売れた、前売り券を売っていて通りすがりの人だけでなく固定客をつかんでいたなど、様々な理由が考えられる。

　企業は、学園祭の模擬店とは異なり、投資をして工場やオフィスを整備し、人を雇用して毎月ほぼ定額で給料を出すが、基本となる考え方は模擬店の例と同じである。**付加価値を多く出せれば従業員に高い給料を払えるし、付加価値が出なければ利益も出ないので、従業員の賃金カットや企業の倒産になる。**

　学園祭の模擬店では、毎年、利益を参加者で分けるので一人当たり付加価値と収入は正確に同じになる。しかし、企業は、毎年、利益を役職員で分けて解散したりはしない。企業は、継続的に事業をし、将来、より多くの付加価値を出すため、コンピュータ・システムや工場・機械などへの投資をしたり、おカネを貯めて不況に備えたりする。付加価値のすべてを従業員で山分けするのではなく、一定の割合を投資と内部留保（企業が、税引後利益から配当金などの社外流出額を差し引いて、残余を企業内に留保すること[92]）に振り向ける。したがって、**従業員の一人当たりの収入は、一人当たりの付加価値労働生産性が大きいほど大きく、企業が投資や内部留保にあまりお金を回さないで、従業員に配るお金の比率（労働分配率）を増やせば大きくなる。**このことは、次の分数式で確認できる。

$$\text{従業員の一人当たりの収入} = \frac{\text{給与総額}}{\text{従業員数}}$$

$$\text{付加価値労働生産性} = \frac{\text{付加価値}}{\text{従業員数}}$$

$$\text{労働分配率} = \frac{\text{給与総額}}{\text{付加価値}}$$

$$\text{従業員の一人当たりの収入} = \text{付加価値労働生産性} \times \text{労働分配率}$$

$$\text{なぜならば、} \frac{\text{給与総額}}{\text{従業員数}} = \frac{\text{付加価値}}{\text{従業員数}} \times \frac{\text{給与総額}}{\text{付加価値}}$$

　内部留保や労働分配率は、企業の利益や投資判断で年によって変化するが、極端に増減することは少ない。したがって、**従業員の一人当たりの収入は、個人の付加価値労働生産性に概ね比例する**と言える。

[図10] リーマンショック前後の有効求人倍率の推移（2006年1月〜2012年12月）

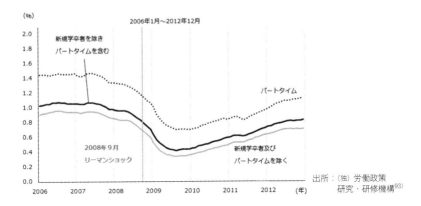

出所：（独）労働政策
研究・研修機構[93]

5-4. 成果主義、リストラ、内部留保

実務知識7　成果主義

　成果主義は、個人の付加価値労働生産性に比例した給料を払う考え方をいう。**欧米企業は成果主義が基本であるといわれているが、それは、大学卒の中間層以上や高度人材に限定される。**工場やオフィスで働く一般の労働者は、職務賃金（職務の種類・内容などに応じて支給される賃金[94]）である。仕事のランクに応じて賃金が決まっていて、個人ごとの成果主義ではない。また、北米の労働組合は、一般の労働者が個人ごとに賃金に差ができることを認めないので、さらに成果主義ではない。

　日本企業でも成果主義の導入は進んでいるが、大きな差はつけていない。仕事ができる人も、できない人・しない人も、あまり給料を違えていない。付加価値労働生産性が給料よりも低い社員は、企業にとっては損失なので、辞めて欲しいと企業から思われるが、日本や欧州には正社員を指名して解雇しにくい労働法制がある。逆に、仕事力がある人を平均的な給料で雇うと、企業にとっては得になるが、本人は不満を持つ。そこで早く昇進させて給料をいくらかでも上げたり、モチベーションが上がるように人事管理する。それでも不満な社員は、もっと給料が高い企業や、外資系などの成果主義の企業に転職していくことがある。

　2008年9月に起こったリーマンショックの時に、正社員が保護されて、非正規社員が雇止め（契約期間終了時に更新しないで雇用を継続しないこと）されたことが社会問題となった。リーマンショック以前は、非正規社員の方が同一労働では正社員よりも時給が高く、長期に休みを取って海外旅行などにも行きやすいなどのメリットが感じら

れ、自分で選択する人も多くいた。派遣先企業から「正社員として採用したい」と頼まれても応じない人も多かった。収入の安定よりも、束縛されないことを望む人も多かった。しかし、リーマンショック後は、**正社員志向が高まった。**

　企業の業績が悪くなったときに、人件費を削るために、退職金を多く払って退職希望者を募集（リストラ）することがある。多くの場合、仕事力がある人が割増の退職金を手にして転職し、普通の人や仕事ができない人が残る。人件費は削減されるが、削減した人件費以上に、付加価値労働生産性と、企業の事業遂行能力（ケイパビリティ）が落ちることが多く、企業のデメリットは大きい（事業遂行能力は第Ⅳ章で解説する）。企業は、最悪の事態である倒産を避けるために、デメリットが大きいとわかっていながらリストラをしなければならないことがある。

実務知識8　日銀短観

　日本の景気の状況を知るには、**日銀短観**（日本銀行全国企業短期経済観測調査）が最も信頼されている。日銀短観は、日本銀行が行う統計調査で、全国の約1万社の企業に職員が出向いて聴き取り調査し、四半期（3ヵ月）ごとに実施・公表している。短観では、企業の業況や経済の現状・先行きをどうみているか、売上高や収益、設備投資額の実績・予測値などを調査している[95]。

　日銀短観の業況判断のグラフは、景気を良いと考える企業数から悪いと考える企業数を引いた数字を示している。みんなが「景気が良い」と思えば高い数字に、「悪い」と思えば低い数字になる。COVID-19（新型コロナ）の影響を見ると、製造業は、2019年には景気後退が始まっており、COVID-19でいっそう落ち込んだことがわかる。非製造業は、2019年の終わりまでは好調だったのに、2020年にかけて一気に景気が悪化していることがわかる。COVID-19で飲食業、交通などの需要が急減したことを反映している。製造業、非製造業ともに、2020年4月が最悪で、7，10月は横ばいか少し回復している。その後も、飲食、観光以外の産業は回復か好調の状態にある。

　2020年のCOVID-19（新型コロナ）による景気の落ち込みと、過去の景気後退を比較すると図12の上段（2000年〜）では、2001年のITバブル崩壊による景気悪化、2008年9月からのリーマンショックによる景気悪化に相当している。図12の下段（1974年〜）では、1974-75年の第一次石油危機による景気悪化、1992-93年のバブル崩壊による景気悪化、1997-98年の北海道拓殖銀行、山一證券など、金融機関の相次ぐ倒産を伴う景気悪化、が、2020年のCOVID-19による景気の落ち込みに匹敵する。このように、COVID-19による景気の落ち込みは、歴史に残る大きな景気悪化の一つであると言える。

[図11] 日本銀行全国企業短期経済観測調査（日銀短観）業況判断（2015年〜）

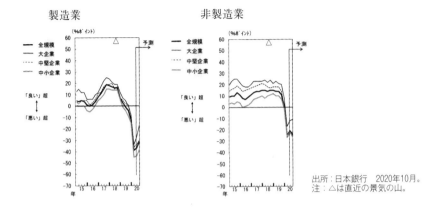

製造業　　　　　　　　　非製造業

出所：日本銀行　2020年10月。
注：△は直近の景気の山。

[図12] 日本銀行全国企業短期経済観測調査（日銀短観）製造業の業況判断（2000年〜）

（1974年〜）

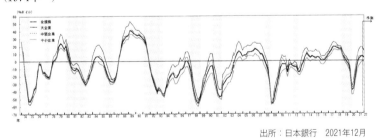

出所：日本銀行　2021年12月

> **コラム5**
>
> ## 企業は内部留保を賃金として従業員に配るべきか
>
> 　従業員の収入を増やすために「企業は内部留保を賃金として従業員に配るべきだ」という主張がある。大企業が設備投資や賃上げにお金を使わず貯め込むことが、景気が良くならない一因だと批判されてきた。
>
> 　**内部留保は、企業の利益から税金、配当などを引いて社内に残ったものをいう。**総資産に対する内部留保の比率は、財務の健全性を示す指標[96]である。2022年9月、日本企業の内部留保は516.5兆円（前年度から6.6%増）と過去最高となった。現預金の保有額は281兆億円（8.3%増）に増えた[97]。企業の利益が改善しても、人件費、設備投資、配当などを増やさなかったので、内部留保、現預金が増加した[98]。
>
> 　工作機械メーカーは、良いとき、悪いときの差が激しい業種の一つである。景気が良くて顧客企業が設備投資するときは、生産が追い付かないほど注文が来る。しかし、景気が悪くなって、顧客企業が設備投資を中止すると、注文がキャンセルされ、その後何年も仕事がなくなるといったことが過去に繰り返されてきた。そこで、工作機械メーカーは、景気が良いときでも賃金はあまり上げず、内部留保、現預金を増やし、景気が悪いときに内部留保、現預金を使って従業員の雇用を守ってきた。同様に、内部留保は新型コロナ（Covid-19）による収益悪化に対して、倒産を防ぐ効果があった[99]と指摘されている。
>
> 　内部留保を従業員に配ると、その分、一回だけ賃金は上がる。そのかわり、不況になれば、すぐにリストラしなければならなくなるし、倒産するリスクが高くなる。企業が倒産すれば、従業員は、前月の給料も退職金も受け取れずに失業者として放り出されることになる。また、企業に貢献できるように長年スキルを高めてきた従業員は、自分の人生の大きな部分を失うような喪失感を感じる。企業再生できなければ、企業の財産やノウハウなどのすべてが失われ、元には戻らない。本社や工場がある地元の経済も落ち込む。
>
> 　「企業は内部留保を賃金として従業員に配るべきだ」という主張には、メリットとデメリットがあるので、慎重に考える必要がある。

5-5. 貧困・低生産性の原因

　個人の収入を決定づける付加価値労働生産性は、どのように決まるのであろうか？なぜ貧困は生じるのであろうか？

　日本国内の**貧困連鎖の原因**として、家庭の経済状況と子供の学力に強い相関があると指摘されている。**家庭の経済状況が悪いと、栄養バランスが悪く、健診を受けられず、健康面の課題が生じる。**家庭内での人間関係が難しいと、子どもの自己肯定感がなくなり、地域社会との関係性が持てないなど**精神面の課題**が生じる。学習習慣がつ

[写真４] チャド（アフリカ大陸中央部）の難民キャンプ

出所：Wikimedia Commons

かない、経済的に進学できないなど**教育面の課題**が生じる。このような多面的・複合的な課題が子供に生じる[100]。

<u>実務知識９</u>　日本人と途上国の従業員の差

　日本企業の海外進出の事例から日本人と途上国の従業員の差を見ると、毎日出勤する習慣がない（職業意識、勤勉さ）、工場に入る時に手を洗ったり、靴の泥を落としたりする**清潔にする習慣**がない、日本でなら当然守られるはずの**約束や納期が守られない**。言葉だけでなく常識も違い、**職業観や商習慣、仕事の進め方も違う**などが指摘されている[101]。途上国政府の中には、**わいろ**（不正な意図で他人に金品を贈与すること[102]）が日常化している国もある[103]。

　最貧途上国における貧困の連鎖の原因に、**戦争、テロ、治安の悪さ**によって子供が教育を受ける機会を奪われてしまう。難民の避難先の国と祖国との言語の違いによって、情報を得ることが難しくなる。貧困な状況で生きていくために、小さな子どもたちが教育を受けないまま労働力として使われるなど、**子供が教育を受けられない状況**[104]がある。

　このように、個人の収入を決定づける**付加価値労働生産性には**、家庭、教育、仕事の進め方のスキル、人間関係・コミュニケーション能力、職業意識、勤勉さ、約束や納期を守る習慣、商習慣、清潔にする習慣、健康などが関係しており、これらを大人になるまでに身につけることができない子供たちの背景に、親・家庭の貧困問題、社会問題として戦争、治安の悪さ、教育機会がないなどの問題がある。

　貧困から抜け出すためには、子どもが教育を受け、若い人たちが仕事力を身に着け、高い付加価値を生む企業で大人たちが働く必要がある。そのためには、個人の努

力だけでなく、国・社会の安定、経済・ビジネスの付加価値向上が必要である。

　日本人が世界に出てわかることの一つは、日本はとても恵まれた、extraordinary な（普通でない、並はずれた、風変わりな、すばらしい）国だということである。親の世代、その前の世代……に感謝しなければならない。若い人で、海外に行ったことがない人は、短期間でも、どの国でも良いので、外国を見てほしい。

4．WTOとGATT、経済連携協定

　実務知識10　WTO

　1995年に発効した**WTO設立協定**（世界貿易機関を設立するマラケシュ協定）は、同年に設立されたWTOの組織、加盟、意思決定等を規定している。1948年にできた**GATT協定**（関税貿易に関する一般協定）は、WTO設立協定の付属書として現在も有効である。WTO設立協定の付属書には、WTO設立以前にはなかった「貿易に関連する投資措置」「サービスの貿易に関する一般協定」「知的所有権の貿易関連の側面」などの協定も追加された[d]。

1．GATTの基本条文

WTO、GATTの基本となる条文は以下のとおりである。

①**最恵国待遇原則**（Most Favored Nation Treatment, MFN 原則）

　GATT 第1章「最恵国待遇」第1条：輸出入の際の関税等について、いずれかの国の産品に与える最も有利な待遇を、他の全ての加盟国の同種の産品に対して、即時かつ無条件に与えなければならない。

　表3の例では、日本のある商品（牛肉など）の輸入関税が、どの国にも40％であったとする。もし、米国に対して関税を30％に下げたならば、豪州、EU などにも最恵国待遇を与えなければならないので、30％に下げなければならない。

②**内国民待遇原則**（National Treatment）

　GATT 第2章「内国民待遇」第3条：輸入品に対して適用される内国税や国内法令について、同種の国内産品に対して与える待遇より不利でない待遇を与えなければならない。

---

d）　著者は、1987年10月〜1988年11月、通商政策局国際経済課係長として、「貿易に関連する投資措置」「サービスの貿易に関する一般協定」「知的所有権の貿易関連の側面」などの業務に関わった。

[表3]
最恵国待遇の例
（日本の輸入関税）

米国	40%	→30%	
豪州	40%		→30%
仏	40%		→30%
独	40%		→30%

③数量制限の一般的廃止の原則

　　GATT　第3章「数量制限」第11条：加盟国は関税その他の課徴金以外のいかなる禁止又は制限も新設し、又は維持してはならない。

　　これは、数量制限措置が関税措置よりも国内産業保護の度合いが強く、自由貿易を歪曲する（本来あるべき状態と違う状態にする）ため禁じている[105]。

2．GATTの例外規定としての自由貿易協定

実務知識11　自由貿易協定（FTA）

　　自由貿易協定（FTA, Free Trade Agreement）は、特定の国や地域の間で、関税やサービス貿易の障壁等を削減・撤廃して貿易を自由化することを目的とする協定である。GATT 第24条は、域外に対して障壁を高めないことや、域内での障壁を実質上のすべての貿易で撤廃すること等の一定の要件を満たすことを条件に、最恵国待遇原則の例外として、関税同盟（Customs Union）、自由貿易地域（Free-Trade Area）などを認めている[e]。GATT 第24条が、域外に対して障壁を高めないことを定めているのは、

[図13] 自由貿易協定(A・B国)は域外に対しての関税を以前より高めないことが条件

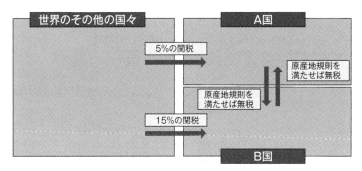

出所：関沢（2018）(p.1)

---

e）　著者は、1987年10月～1988年11月、通商政策局国際経済課係長として、1988年に結ばれた米国・カナダ自由貿易協定が日本にどのような影響を与えるかを調査し、受け入れてよいかを判断する業務に関わった。

第二次世界大戦の一因となった経済のブロック化（域外に対して障壁を高くする）を防止するためである。

3．WTOの枠を超える経済連携協定

実務知識12　経済連携協定（EPA）

　経済連携協定（EPA, Economic Partnership Agreement）は、**貿易の自由化に加え、投資、人の移動、知的財産の保護や競争政策におけるルール作り、様々な分野での協力の要素等を含む、幅広い経済関係の強化を目的とする協定**をいう[106]。

　各国で経済連携協定への取組みが盛んになっているのは、**2001年から、WTOのルールの改訂、進化が止まっている**ためである。WTOルールの決定は、161の国と地域の全会一致を必要とするため、先進国と途上国の対立で交渉が進んでいない。このため、**先進国、新興国などによる2国間交渉が主流になった**。日本は、WTOを重視して初期は2国間交渉に慎重であったが、2002年、シンガポールとのEPAを初めて結び、2021年現在、21の自由貿易協定、経済連携協定を結んでいる[107]。

　世界では、2015年現在で271の経済連携協定がある。2国間交渉は手間がかかるので、日本は地域協定（複数国間の協定）の交渉にも取組んでいる。2016年に締結された**TPP**（Trans-Pacific Partnership Agreement, 環太平洋パートナーシップ協定）は、太平洋

[図14]　ＴＰＰ（環太平洋パートナーシップ）協定 交渉参加国12か国の経済規模

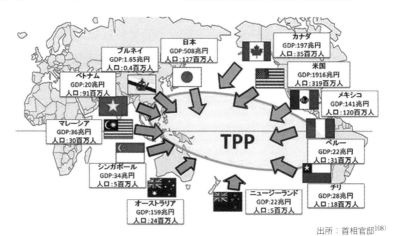

出所：首相官邸[108]

注：交渉参加12か国の GDP 合計は世界の4割。2017年11月、11か国で大筋合意したが、米国は脱退した。2022年8月までに、メキシコ、日本、シンガポール、ニュージーランド、カナダ、オーストラリア、ベトナム、ペルーの8か国が手続きを完了した。

を囲む11か国が参加を合意している。

　TPP にトランプ大統領の米国が不参加となったので、2019年、日本は米国と**日米貿易協定**を結んだ。これにより、1960年代から1995年の日米自動車摩擦まで激しい貿易摩擦が続いた歴史を持つ日米の貿易関係に大きな区切りがつけられた。さらに、交渉中のものとして、日 EU 自由貿易協定、RCEP（Regional Comprehensive Economic Partnership, 東アジア地域包括的経済連携）などがある[109]。

> ## コラム6
>
> ## GATT、WTO、日米自動車交渉の現場
>
> 　著者は、1987-88年、通商産業省通商政策局国際経済課係長として、ＧＡＴＴからＷＴＯに移行する交渉や、米国カナダ自由貿易協定の日本としての対応の業務に関わり、1995年５月から交渉が決着する６月末まで、通商産業省自動車課課長補佐として日米自動車協議に関わった。
>
> 　ＧＡＴＴとＷＴＯの主な違いは、第一に、投資、サービス貿易、知的所有権など、ＧＡＴＴでは扱っていなかった分野のルールをＷＴＯでは決めたこと、第二に、ルールを破った時に受ける制裁の強さである。ＷＴＯ設立以前では、ＧＡＴＴルールを破っても制裁されにくかったので、米国が相手国に一方的に利害や考えを押し付け、相手が受け入れて公平でない結果になることがあった。1950〜70年代の日米繊維交渉、1980年代の日本から米国への自動車輸出自主規制などは、米国に日本が力負けして決着した。第二次世界大戦後からしばらくは、世界市場の中で米国が圧倒的に大きな市場だったので、米国市場に売り込みたい各国は、米国政府の主張が公平でなくても、受け入れるしかなかった。
>
> 　しかし、1995年の日米自動車協議は、同年１月にＷＴＯが発足した直後に交渉が行われたため、それ以前とは違う経過をたどった。米国は従来どおり「６月末までに決着しなければ、国内法で日本製自動車の輸入を止める」と日本を脅した。ＧＡＴＴ時代であれば、日本は従来のように力負けして受け入れたかもしれないが、ＷＴＯ制度の下では、米国が国内法で輸入を止めれば、米国の行動はＷＴＯでルール違反と判断され、重い制裁が米国に課されると見込まれた。そうなれば、米国政府は、米国民や米国の自動車企業の支持を失うことになる。1995年６月末に日本が納得できる内容で米国と合意できた背景には、ＷＴＯルールの強化による影響を、米国政府も無視できなかったことがあった。日本側も、ＷＴＯが発足した直後に米国のルール違反を受け入れてしまうと、今後も受け入れ続けなければならないことや、これ以降、東アジアの新興国なども米国の不公正な要求を受け入れ続けることになると考えたので、受け入れなかった。
>
> 　著者は、日米自動車協議では、交渉を支える事務作業や、交渉が決裂して自動車

輸出を止められた場合の国内の自動車関連産業の雇用対策、下請企業対策を関係省庁と協力して作る準備に、寝る暇も惜しんで携わった。最終的に交渉が決着したので、準備した国内対策の多くは実行されなかった。

4．ゲーム理論 ── 国際ビジネス交渉のために ──

　国際ビジネスでは、外国人と厳しい交渉をしなければならない場面が多い。外国人は、情ではなくて理詰めで交渉してくる。日本人からすると、意外だったり、強引だと思うような主張をぶつけてくる。ゲーム理論を知っていれば、こちらと相手のその時々の実力に応じた、合理的で妥当な決着を得ることができる。（詳しくは第Ⅶ章理論44　ゲーム理論を参照）

5．国際ビジネスの実務

　グローバル化が進んでいる業界の一つである建設機械業界のコマツ、日立建機と化粧品業界トップの資生堂の国際ビジネスの実務を見てみよう。

1．コマツ

　1921年、コマツは創業された。1943年、第二次世界大戦中に陸軍の要請でブルドーザーの原型を開発、製造した。

　第二次世界大戦後の1947年、ブルドーザーの生産を再開し、1950年にはコマツ全社の生産額の53％を占めた。日本では、土木事業が盛んとなってブルドーザーの需要が増え、1960年にはコマツ全社の生産額の90％を建設機械が占めた。

　1955年から、第二次世界大戦で日本から戦争被害を受けた国々との賠償交渉がまとまり始め、ビルマ（現在のミャンマー）、フィリピン、インドネシアに、日本から各国への賠償として、国の経費で建設機械が輸出され始めた。インドは日本に賠償を要求しなかったが、経済協力として国の経費で建設機械を輸出した。1957-60年は、コマツの輸出額の80％以上が日本から各国への賠償または経済協力として行われた。

　1956年以降、コマツは日本からの賠償、経済協力以外の輸出も増やすことに取り組み始めた。海外の見本市にブルドーザーを出品し、海外の顧客に宣伝し、海外で注文を取るために代理店を置いた（1962年からはソビエト、中国などへの輸出も開始した）。

　1966年、コマツとして総合的輸出戦略を作った。この戦略に基づいて、海外に社員を多く送り、海外事業本部を作り、海外事務所を増やした。1970年の主な輸出先は、

[写真5]
国産ブルドーザーの原型
「小松1型均土機」

提供：コマツ[110]

[写真6]
1975年コマツブ
ラジル㈲、1985
年小松アメリカ
マニュファクチ
ャリング㈱設立

提供：コマツ[111]

ソビエト、中国、欧州、東南アジアであった[112]。

　1975年、ブラジルで初の海外現地生産を開始し、1985年、米国に製造子会社を作って生産を開始するなど、生産の国際化も進めた。

２．日立建機

　日立建機は、日立製作所の建設機械部門として発足した。日立建機は、油圧ショベル、ホイールローダ、道路機械、鉱山機械などの開発・製造・販売・サービスの事業をグローバルで展開している建設機械メーカーである。新車販売以外の事業である部品・サービス、レンタル、中古車、部品再生などの「バリューチェーン事業」の強化に注力し、デジタル技術を活用することで、顧客に提供するソリューション（解決策）を深化させている。世界に約25,000人の従業員がおり[113]、2021年度の連結売上収益は1兆250億円、海外売上収益比率は約80％である[114]。

　日立製作所の歴史は、1910年、日立鉱山の機械修理工場ができ、1920年、日立製作所は電機メーカーとして創業された。1948年、日立製作所亀有工場が、建設省から機械式ショベルを受注、製作した。

[写真7]
純国産技術による
日本初の機械式
ショベル「U05」

提供：日立建機[115)]

　1950年、当時外国であった沖縄に輸出したのが初めての輸出で、1952年ビルマ（現在のミャンマー）、1954年ブラジル、1955年フィリピン、1956年スペイン、1957年マレーシアに輸出するなど、各国への輸出が始まった。

　1970年、日立製作所の建設機械の製造、販売・サービス、輸出部門を集めて独立し、日立建機を設立した。発足時から取締役副社長を輸出担当と定め、海外事業部を設置した。1972年、海外本部を設置し、カナダ、オランダに子会社、事業所を作り、人員を増やし、輸出額を増やした。1977年、シンガポール、エジプト、イラン、南アフリカ、1978年、米国、豪州に事務所を作った。1970年から1979年までに輸出額は6倍となり、主な輸出先は、アジア、欧州、北米であった。

　1949〜71年は1ドル360円の固定為替相場であったが、1971年以降、円高ドル安が進み[116)]、日立建機の輸出は1973年に減少した。1974年以降、輸出が増加し、新車売上全体の中の輸出比率が20％を超えた。1972年、オランダの提携先企業が倒産したため100％出資を行い、子会社として発足させた。

　1983年、米国の大手農機メーカーの「ディア＆カンパニー（Deere ＆Company）社へのOEM供給（相手ブランドで製造供給すること）を開始、2001年には北米・中南米での販売サービスを委託する提携を結んだ[117)]。1985年、インドのタタ（TATA）グループの子会社と提携してインドでの製造を開始した。現在は、タタ日立コンストラクションマシナリーになっている。

　1985年、欧州で日本の建設機械メーカー5社に対してダンピングが認定され、輸出規制された。1988年、イタリアのフィアット（FIAT）社と提携し、本格的な現地生産を開始した。

　ダンピング（dumping）は、商品の安売りのことをいう。特に、輸出ダンピングは、国内市場でつけている価格よりも安い価格で外国に輸出することをいう[118)]。急に円高・ドル安、ユーロ安になった時は、円で同じ値段であっても、ドルやユーロでは値

[写真8]
インドのタタ日立コンストラクションマシナリーとの提携工場タタ（TATA）社との提携工場で累積5万台出荷（2016年）

提供：日立建機[119]

段が安くなるので、ダンピングになりやすい。ダンピングをされた国の政府は、ダンピングをした企業や国を非難することが多い。

　ＷＴＯ（世界貿易機関）のルールでは、①輸出ダンピングが行われていること、②国内産業に損害がでていること、③輸出ダンピングと国内産業の損害に因果関係（原因と結果の関係）がある場合だけ、被害国は、緊急に輸入制限をするなど輸出ダンピングに対処して良いと決めている[120]。輸出ダンピングは、相手国の産業や人々の雇用や生活に損害を与えるようであれば規制できるというルール（国際法）になっている。

　1980年代は、海外事務所を各地に作り、アジア、米国、欧州での製造・販売体制を作った。1997年、国際事業本部を設置した。2000年、国際事業本部に、製品別に全世

[図15] 日立建機とディア＆カンパニーの提携の歴史と市場ニーズの変化

提携の歴史

ディア社へのOEM
供給開始
1983年
OEM供給

ディア社との
製造合弁
1988年
併行販売

ディア社と
マネジメント一本化
ディア社と合弁提携*
2001年

ディア社の1マネジメント
2ブランド販売

ディア社との提携解消
2022年2月末

市場ニーズの
変化

信頼性が高い製品の新車販売が中心

ライフサイクル全体への
ソリューション提供

出所：日立建機[121]

　注：ディア社との合弁提携では、油圧ショベルの開発ならびに部品・完成車のOEM供給は日立建機が担当し、販売とサービスをディア社が担当していた。1マネジメント2ブランド販売とは、ディア社がHITACHIとDeereの2つのブランドの製品をマネジメントすること。

界を統一的に扱う営業組織と、アジア、米国、欧州を担当する地域統括責任者、各国の現地を担当する総支配人を置いた。

　2021年、日立建機はディア社との提携の解消に合意し、2022年3月から、北米、中南米で販売・サービスを自ら行い、利益を高めていくため、独自の販売・サービス網の再構築に取り組んだ。これまで米国では販売していなかった遠隔監視システムを搭載した油圧ショベルの最新機種も発売した[122]。

3．資生堂

　1872年（明治5年）、海軍病院に勤めていた福原有信が、西洋の薬を取扱うことを目的として、東京・銀座に資生堂薬局を創業した。

　1897年、化粧品の製造販売を開始した。「オイデルミン」のほか数点の化粧品を発売した。資生堂は、化粧品も、薬品と同様に大学の研究に基づく科学的で高品質な商品の開発をめざした。当時の化粧水は日本風の名称が大半であったが、オイデルミンはギリシャ語の「eu」（良い）と「derma」（皮膚）からの造語で、容器のガラス瓶も美しく、液体が赤ワインを思わせる鮮やかな色味をしていたので、「資生堂の赤い水」の愛称で親しまれた。オイデルミンは、発売から100年以上たつ現在も多くの人に愛用されている超ロングセラー商品である。発売100年にあたる1997年、「オイデルミングローバル」を日本、海外で同時発売した。中味もさらに進化させ、乾燥から肌の水分を保持し肌の生まれかわりのリズムを整える高機能化粧液となっている[123]。

　1958年、大阪の国際見本市に出品し、第二次世界大戦前に国内として事業を行っていた台湾で化粧品の製造、販売を再開した。1960年、ハワイで資生堂化粧品の販売を開始し、1962、資生堂が出資した初の海外の販売子会社「資生堂オブハワイ」を設

[写真9]
創業時の資生堂
（1872年）

提供：資生堂[124]

[写真10]
1897年発売の化粧品
「オイデルミン」

提供：資生堂[125]

立した。

　1963年以降、欧州への輸出を開始し、1965年、米国ニューヨークに販売子会社を作り、米国本土の百貨店での販売を開始した。1971年、創業100年の長期方針 7 項目の 3 項目目として「欧米の拠点を強固にし、世界の資生堂への道を確立する」という方針を決めた[126]。1981年、中国で化粧品販売を開始、1982年、フランスで現地生産開始した[127]。

[写真11]
資生堂オブハワイ設立

提供：資生堂[128]

質問コーナー ●

　Q3　中国や東南アジアで美白化粧品、欧米で香水を売ることは、多角化の顧客提供価値について、先生はどう考えているのか教えてください。
　答え　資生堂にとって、中国や東南アジアで美白化粧品を売ることは、中国は人口が多く、東南アジアはこれから人口が増えて所得が増えるすばらしい市場に、自社の

強い製品を売り込めるという利益が期待できる多角化です。やらない選択肢はないでしょう。

　欧米で香水を売ることは、新しいチャレンジです。資生堂としては、欧米でも、製品の品ぞろえをフルラインナップにした世界の一流化粧品ブランドになりたいという大きな会社の目標を達成するために、欧米に香水を売るというチャレンジをしているのだと思います。

4．コマツ、日立建機、資生堂の国際ビジネス

　コマツ、日立建機（2018年度）、資生堂（2019暦年）の世界市場での売上高を見ると、日本市場の比率は、8.9％、19.9％、46.1％と、建設機械業界のグローバル化が進んでいることがわかる。ただし、日本の GDP は世界の5.7％（2018暦年）[129] なので、コマツでも、日本市場での売上高の比率は相対的には高い。

　日本を含むアジア、大洋州、中国といった近隣市場の計は、それぞれ29.5％、62.5％、75.2％である。コマツは米州で強く、日立建機は欧州、ロシア・CIS（Commonwealth of Independent States, 旧ソビエトの連合体）で強い。資生堂は、中国、東南アジアで人気であることがわかる。

［表4］大手建設機械企業と資生堂の市場別売上高（2018年度, 2019暦年, 億円, ％）

	コマツ	比率	日立建機	比率	資生堂	比率
世界市場計	34984	100.0	10336	100.0	17179	100.0
日本	3127	8.9	2061	19.9	4516	46.1
アジア、大洋州						
アジア	3390	9.7	3204	31.0	698	7.1
オセアニア	2156	6.2				
中国	1648	4.7	1199	11.6	2162	22.1
日本、アジア大洋州計	10321	29.5	6464	62.5	7376	75.2
米州						
北米	6122	17.5	1857	18.0	1243	12.7
中南米	3256	9.3				
欧州	2075	5.9	1116	10.8		
ロシア・CIS、アフリカ、中近東					1184	12.1
CIS	1346	3.8	899	8.7		
アフリカ	1241	3.5				
中近東	302	0.9				

出所：日立建機[130]、コマツ[131]、資生堂[132] ホームページから著者作成。
注：資生堂の世界市場計は、各市場ごとの数字を足したもの。

[図16]
コマツ　建設機械・
車両の地域別売上

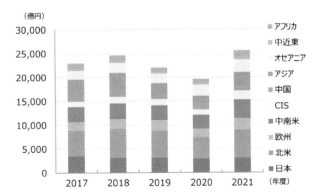

出所：コマツ[133]

[図17]
日立建機の売上
（国内・海外）

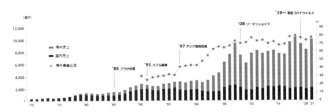

出所：日立建機[134]

[図18]
資生堂の
地域別売上

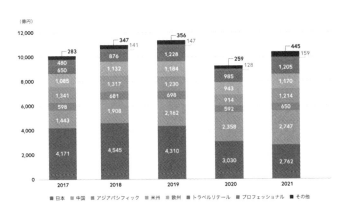

出所：資生堂[135]

５．日本企業の国際直接投資の歴史

　日本は、1872年からの富国強兵、殖産興業政策で近代資本主義国となり、日本企業の国際化は、日本の近代工業化とともに始まった。最初に、貿易商社などの海外事業拠点が作られ、1895年の日清戦争以降は植民地となった台湾への投資、日露戦争後以降は満洲をはじめとする中国大陸への資源開発、満州鉄道建設、綿糸などの紡績業などの投資が進められた。前節の事例の資生堂も、第二次世界大戦前にも、国内として台湾で事業を行っていた。第二次世界大戦の敗戦で、いったん全世界で失われた日本の海外事業は、戦後1950年代から再開された[136]。

　1955年から、第二次世界大戦で日本から戦争被害を受けた国々との賠償交渉がまとまり始め、前節の事例のコマツにみられるように、日本から各国への賠償または経済協力として輸出が行われた。日本円は、1949～1971年、１ドル＝360円に固定された[137]。この環境下で、日本のGDPと貿易は高度成長を遂げ、国際直接投資も増加していった。

　第二次世界大戦後の日本の国際直接投資は、日本の高度成長とともに、技術力のある製造業などは世界市場に展開して貿易を増やし、段階的に現地工場生産を始め、直接投資を増やしていった。1990年代までは、市場を求めて米欧への直接投資が多い。

　1971年、１ドル＝360円の固定相場が終わり、段階を経て円高になっていき、1985年には１ドル＝150円程度までに円高となった。日本人の賃金がドルで２倍以上になったことになる。日本企業は、労働賃金の安さを求めて中国、東南アジアに工場を作るなどの直接投資が増えていった。中国、東南アジアの所得が増えるに連れて、市場を求めるための直接投資も増えていった。

　また、1969年の日米繊維摩擦から1995年のＷＴＯ設立、日米自動車協議の決着、2020年の日米自由貿易協定締結まで、米国から日本に対し、国内産業保護のために輸出の自粛や、米国での現地生産を求める圧力が続いた。これに伴って、米国や米国と自由貿易協定を結んだメキシコに工場建設などの直接投資が行われた。中国や東南アジアでは、自国に進出した企業に、一定の割合以上の部品等の自国での調達を義務づける（ローカルコンテント要求）[138] を行った。日本の海外直接投資の一部は、このような相手国政府からの要請や義務付けで行われた。

　2023年現在の日本の国際企業の状況は、

　第一に、グローバル企業を目指して、日米欧、新興国の市場への販売、現地生産、流通を自社や海外100％子会社で整えたり、商品の品ぞろえを増やすためや、海外市場の販売力を得るために、他社を買収したりしている企業がある。自動車、建設機械、工作機械などのトップメーカーなどは、この戦略を採っている。

[図19]
日本のGDPと
世界に占める比率

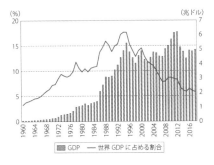

出所：経済産業省（2020）
（p.278）

[図20]
日本の貿易額

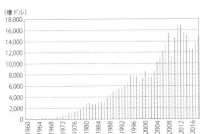

出所：経済産業省（2020）
（p.278）

[図21]
日本の直接投資
残高（業種別）

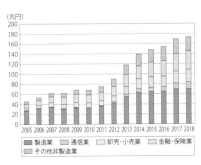

出所：経済産業省（2020）
（p.280）

[図22]
日本の直接投資
残高（地域別）

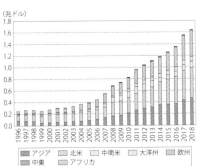

出所：経済産業省（2020）
（p.280）

[図23] 日本企業を買収した外国企業の国籍（2003～17年, 件）

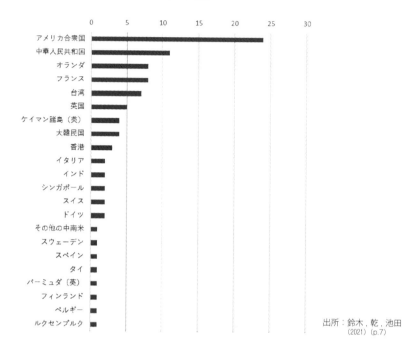

出所：鈴木, 乾, 池田
(2021) (p.7)

　第二に、日本、東アジアで存続する企業を目指して、販売、現地生産、流通を整えている企業がある。海外進出している中堅・中小企業の多くがこの戦略である。
　第三に、日本企業が、外国の国際企業に買収されたり、出資を受けてグループ企業などになる事例がある。

第Ⅱ章　国際企業の顧客は誰か

1．顧客は誰か——使用者、意思決定者、支払者——

　ドラッカーは、事業の目的と使命を明確にするには、「顧客は誰か」という問いが最重要である[139]と言っている。どのようなビジネスであっても、使用者、意思決定者、支払者などの、**顧客は誰かが明確でないと、事業の軸が定まらないのでうまくいかない**[140]。経営学でまず「顧客は誰か？」を問うのは、そのためである。

　顧客は誰か？と問うときに、アパレルを生産、販売している企業にとっては、アパレルを着るために買ってくれるお客さんが顧客で、顧客がメーカーにお店を通して商品の対価を支払う。このように、アパレルを着る人、購入を決める人、支払う人が同じである場合は「顧客は誰か」はわかりやすい。

　使う人、購入を決める人、支払う人が違う商品もある。例えば、おむつは、赤ちゃんが使うが、親が買うので、**使用者と意思決定者・支払者が別である**。大学は、学生が選ぶが、親が学費を出すことが多いので、**使用者・意思決定者と支払者が別である**。

[図24] おむつは赤ちゃんが使うが親が買う

提供：イラストAC

　製薬メーカーの**顧客は多層構造**になっている。製薬企業が病院に薬Aを売る場合、病院として薬Aを使用するかどうか。病院が使用可能と判断した場合でも、個々の医師が薬Aを患者に処方するかどうか。病院に薬を卸している医薬品卸売業者が薬Aを取り扱うかどうか。病院の処方せんを預かって患者に薬を販売する調剤薬局が薬Aを在庫・販売してくれるか。その前段階として、厚生労働省が薬Aを審査して承認し、薬価を決め、健康保険組合が保険対象として扱ってくれるかが、それぞれ関係する[141]。

テレビや YouTube では、視聴者はお金を払わないで、広告主がお金を払う。視聴者はお金を払わないから顧客ではないかというと、そうではなく、視聴者が多いから広告主はお金を払うという関係にある。**視聴者も広告主も、テレビ局や YouTuber の顧客**である。

ゲーム機や iTunes Store、メルカリなどのように、ゲームソフト、音楽、映画や、普通の人が売り買いしたいものなどの販売、購入の場を提供するビジネスがある。これらのビジネスは、**購入者だけでなく、ゲームソフトの制作企業や、アーティスト、音楽出版企業、映画配給企業、出品者なども顧客**となる[142]。

CGM（consumer generated media）は、消費者の書き込みによって内容が生成されていくインターネット上の口コミサイトなどのメディアをいう。インターネット、ウエブサイト、SNS に誰もが親しむようになって、商品の良し悪しや、サービスの使い勝手などを消費者自身が発信するようになった。企業の利害に左右されない顧客の声が集まるため、他の消費者にとって役だつことも多い[143]。CGM 運営者にとっては、投稿者がいて、そのコンテンツを見てくれる閲覧者が増えることで、広告主が付いて収入を得られる。有料会員だけが閲覧できるようにして有料会員を獲得できれば閲覧者からもお金をもらえる。このように、**CGM 運営者の顧客は、閲覧者、投稿者、広告主**となる。

質問コーナー

Q4 学校給食は使用者と意思決定者・支払者が別であると思ったが、あっていますか？ 子どもの給食費を払わない親がいるという問題を聞いたことがあるので気になりました。
答え 学校給食は使用者と意思決定者・支払者が別ですね。保護者が払って、子どもが食べます。子どもの給食費を払わない親がいるという問題は深刻ですね。

2．STPマーケティング

マーケティングは、生産者から消費者に向けて、商品（財、サービス）の流れを推進するビジネスの諸活動をいう。**マーケティングは、顧客から始まる**。生産過程から始まるのではない。マーケティングは、**標的**（ターゲティング，Targeting）市場を選定し、その標的市場に対して、最も適切なマーケティング・ミックスを実行することである[144]。

[表5] STP マーケティング

S	セグメンテーション Segmentation	市場を細分化する。
T	ターゲティング Targeting	細分化した市場の中から、自社がフォーカス（集中）するべき市場を決定する。
P	ポジショニング Positioning	集中するべき市場（ターゲットセグメント）において、顧客の記憶の中に自社製品・ブランドを位置づける。このため、自社のブランドを顧客のニーズに合わせると同時に、競争企業・ブランドと差別化する。

理論5　ＳＴＰマーケティング

　マーケティング論で最も大切なのは、STP 分析、STP マーケティングである[145]。STP マーケティングは、米国の経営学者のコトラー（Philip Kotler）が提唱した[146]。

　どの市場をターゲットとするか。市場の細分化（セグメンテーション）は、年齢や居住地、顧客の好みなどで分類していけば、いくらでも細分化は可能である。しかし、細分化するほど市場は小さくなるので売上げは減り、個別の対応が増えるのでコストは上がる。逆に、細分化しないと、いろいろな性格の顧客がターゲットの中に混じってしまい、誰からも望まれない"ぼやけた"商品になってしまって売れない。したがって、**市場の細分化には、大きすぎず、小さすぎず、ちょうど良いサイズがある**[147]。STP マーケティングするためには、どういう視点で顧客を分類していくのか、どれくらいの市場規模のどのような顧客をターゲットとするのかを決めることが、実際の仕事では成功と失敗を分ける。

3．国際企業の市場戦略

実務知識13　世界市場の分類

　国際企業は、世界市場を目的に応じて分類してマーケティングや流通・物流、サプライチェーンに役立てている。

　分類の仕方は、第一に、国の発展レベルに応じて、**先進国、新興国、途上国**などに分ける。この場合、先進国市場は日米欧の３市場、新興国市場は BRICS（ブラジル、ロシア、インド、中国、南アフリカ）、東南アジア諸国などを中心に考える。

　例えば、高機能・高感性・高価格のスマートフォンは、日本など先進国では市場占有率が高いが、所得が低い途上国では売れない。途上国では、機能は限られるが低価格のスマートフォンが売れる。先進国、新興国、途上国などの分類は、このような市

［図25］ アイフォン(iPhone)とアンドロイドスマートフォンの国別シェア(2020-2021年)

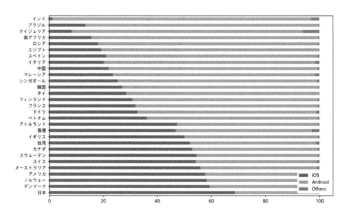

出所：アイデアノート[148]

場特性の違いに注目した分類で、企業と製品の必要に応じて分けられる。

　第二に、北米、欧州、アジア太平洋、インド、中東、ロシア・東欧、南米、アフリカといった**地域ごとの分類**がある。主に販売チャネルや流通・物流、サプライチェーンのための分類である。国外営業子会社をどこに置くか、国外営業子会社の下の営業店をどこに置くか、国外営業子会社や営業店の販売領域をどう決めるかなどのために、地域を分類する。**大きな市場との距離、港湾、物流センターからの運びやすさ、言語、文化の類似性・緊張関係**などを検討する。

　例えば、日系の国際企業の場合は、
- 日本本社が日本
- 北米支社が北米と中南米
- 上海支社が中国
- シンガポール支社が東南アジアと豪州、ニュージーランド
- ドバイ支社が中東
- 欧州支社が欧州と北アフリカ
- 南アフリカ支社が南部アフリカ

の各市場を担当するなどの販売チャネルを作って対応をしている。

　ケーススタディ１　企業ごとの市場分類

　企業は、事業遂行しやすいように市場分類をする。コマツ、日立建機、資生堂の株主総会資料[149] で、市場ごとの売上げが記載されている地域は表６の○印のとおりで

[表6] 企業ごとの市場分類

	小松製作所	日立建機	資生堂	経済産業省
日本	○	○	○	
アジア、大洋州		○	○	アジア大洋州課
アジア	○			南西アジア室 韓国室
オセアニア	○			
中国	○	○	○	北東アジア課
米州		○	○	米州課
北米	○			
中南米	○			中南米室
欧州	○	○	○	欧州課
ロシア・CIS、 アフリカ、中近東		○		ロシア・中央アジア・ コーカサス室
CIS	○			
アフリカ	○			アフリカ室
中近東	○			中東アフリカ課

出所：各組織ホームページから著者作成。

注：中央省庁では、民間と異なり、室は課の下部組織である。

ある。経済産業省の市場分類と比較すると、各企業、日本政府が、世界市場をどのように分類して戦略を立てているか特色がわかる。各企業とも、中国、欧州は独立して分類している。コマツは、世界市場を最も細分化して株主に報告している。各企業の国外営業子会社の立地、その下の営業店の立地を追っていけば、各社の世界市場への取組み、分類の考え方を知ることができる。

第III章 国際企業の顧客にとっての価値

1．顧客にとっての価値

1．マーケティングと顧客にとっての価値

　マーケティングは、生産者から消費者に向けて、商品（財、サービス）の流れを推進するビジネスの諸活動をいう。マーケティングは、顧客にとっての商品の価値から始まる。マーケティングの理論は、前述の「理論5　STPマーケティング」が最重要で、考慮要因を列挙する理論としてマーケティング・ミックスがある。

2．マーケティング・ミックス

　| 理論6 | マーケティング・ミックス

　コトラーは、サービスの特性を考慮したマーケティング・ミックスの要素として、マーケティング論で有名な4P（Product（製品）、Price（価格）、Place（流通）、Promotion（プロモーション））に、People、Physical Evidence、Process を加えた、以下の7Pを提唱した[150]。
1．プロダクツ（Products）サービスの質、特性、サブ・サービス、パッケージ、ブランド、保証など
2．価格（Price）価格水準、割引など
3．場所・流通チャネル（Place）サービスの提供拠点、交通、中継点など
4．プロモーション（Promotion）広報、広告などによる販売促進、人的コミュニケーション、インセンティブ（誘因）など
5．人材（People）サービス・マーケティングにおいて、人材が重要な要素である。
6．物的環境（Physical Evidence）サービスの提供は、顧客にとっては「体験」である。提供される場の施設や設備、雰囲気などの物理的な環境は「よい体験」にとって重要な要素である。
7．提供プロセス（Process）サービスは、生産と同時に消費が進行するため、そのプロセスの管理では、提供する側の従業員と顧客の双方を意識することが必要

[図26] マーケティング・ミックス、全体最適と部分最適

運賃

CAの質

機内清掃

機内食

提供：イラストAC

になる[151]。

　これらの要素の一部にばかり資金を使うのではなく、バランスよくミックスさせることが**マーケティング・ミックス**である。

理論7　全体最適と部分最適

　コトラーは、マーケティング・ミックスの重要性を次のように例示している。**ある航空企業のマーケティング担当役員が、機内食の質を上げ、機内を清潔にし、キャビンアテンダントを再教育し、運賃を値下げして顧客を増やそうと考えた。**しかし、機内食の担当部署は仕入れ食材、加工業者の費用を安く抑えようとし、整備部署は掃除が行き届かないが対価が安い清掃業者を選び、人事部署はコミュニケーション能力を見ずにキャビンアテンダントを採用し、財務・経理部署は運賃値下げを拒否した。こうして、マーケティング担当役員のマーケティング・ミックスは挫折した[152]。

　このように、実際の仕事では、マーケティング・ミックスは、仕事の要素を担当している各部署の**部分最適**（経営学の用語で、システムや組織の一部のみが最適化された状態。この例では、安い清掃業者を選んで、自分が担当する部署のコストを削減して利益目標を達成するなど）ではなく、企業全体の方針に基づく**全体最適**（経営学の用語で、システムや組織の全体が最適化された状態）を実現できるかどうかが成功の決め手になる。**部分最適と全体最適の戦い**は、企業や行政のあちこちで毎日のように起こっている。

　4P、7Pは、マーケティング論で最も知られている基礎概念であるが、マーケティング活動の領域を示しているだけなので、STPマーケティングが、マーケティング活動の指針となる重要な理論である[153]。

••

Q5 部分最適の例にあるように経費削減が行われれば、全体最適になると感じましたが、なぜこれではいけないのでしょうか？

答え 経営は、投資のコスパ（費用対効果）を考える必要があります。部分最適な経費節減をしても、良い顧客を逃がせば、じり貧となって倒産してしまいます。

例えば、外食をするときに、美味しくて、雰囲気も良い店を選びますよね。人件費削減、食材の経費削減、インテリアの経費削減ばかり考えていて、貧相で美味しくない店に行きたいとは思わないでしょう。

Q6 マーケティング・ミックスで、要素の一部に注力して資金を使うのは良くないと考えられているということはわかりました。ただ、要素をバランスよくミックスするというのは、7P全てに資金を使う必要はないけど、その企業にとって重要になる要素を併せてそれらに資金を注ぐという理解であっていますか？ それとも7P全てにバランスよく資金を注ぐべき、ということでしょうか？

答え 7P全てに資金を使う必要はないけど、その企業にとって重要になる要素を併せてそれらに資金を注ぐという理解であっています。

経営は勝負ですから、力を入れるところを明確にして、他社に勝つ必要があります。

••

3．ニーズ、ウォンツ

顧客にとっての商品の価値は、顧客の欲求（ニーズ，Needs）、ウォンツを反映している[154]。

実務知識14 ニーズ、ウォンツ

ニーズは、欠乏状態での人の本質的な欲求で、食べたい、飲みたい、休みたいなど、人が共通して抱く欲求をいう。

ウォンツ（Wants）は、消費者の個性や性格、経験などによって特定化された欲求をいう。例えば、「高級レストランのフランス料理が食べたい」「ハワイのリゾートホテルで休みたい」「ブランドもののバッグが欲しい」などである[155]。

理論8 マズローの欲求5段階説

人間の欲求については、米国の心理学者であるマズローの欲求5段階説[156]が著名である。人間の欲求は、もっとも下位の①生理的欲求に始まり、②安全欲求、③社会

[図27]　マズローの欲求５段階説

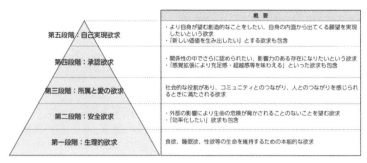

出所：総務省（2019）(p.187)

的欲求、④尊敬（自我）欲求、⑤自己実現欲求へと順に高次の欲求を満たす方向に進むとする[157]。このような**人間の欲求・ニーズに応えること**が、**顧客にとっての価値を生み出すことになる**[158]。

４．効用、限界効用

理論9　効用、限界効用

　経済学は、**効用**（utility）という概念で消費者の満足度と購入の関係を分析する。消費者は、一定の予算制約（限られたお金しか持っていないこと）の条件下で、自分の主観的判断で、効用を最大にするように、各種の財・サービスに支出する（限られたお金で、できるだけ満足できるように、何をいくら買うか考えて決める）と仮定して分析をする[159]。

　限界効用理論を、焼き肉屋でお肉を注文する例で解説する。「今日は焼肉だぁ」と言ってコンロの前に座り、カルビ、ロース、牛タンなどから、自分の好きなカルビの一皿目を注文する。お腹も空いていて、久しぶりのカルビに大満足。一皿500円だが、心の中の満足度としては、１皿目は2000円だとしても満足だっただろう。これを

[図28]
焼肉の限界効用

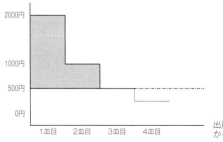

出所：伊藤（2015）(p.55)
から著者作成。

経済学では、カルビの１皿目の効用が2000円相当であるという。

　2000円分の満足を500円で買えるので、1500円分「お買い得」である。このようなお得感を経済学の用語で「余剰（surplus）」という。

　もう１皿カルビを頼む。ちょっとお腹は落ち着いてきて、口の中も焼肉のタレの後味が残っている。期待していたので、やはり美味しい。500円は安い。心の中の満足度としては、２皿目は1000円でも OK だ。

　勢いで３皿目も同じカルビを頼んだ。半分くらいまでは美味しかったが、後半飽きてきた。500円の価値はあるが、それより高ければもう頼まない。肉の種類をロース、牛タンなどに変えるか野菜にしよう。ということを３皿目の効用が500円相当であるという。

　経済学では、その財の消費される最後の１単位（ここでは３皿目）の効用が、交換価値（焼肉１皿の値段。500円）よりも高いところまで需要があると考える。図28の例の４皿目は、効用は300円で価格は500円なので注文しないと考える。

　カルビの１皿目の効用が一番大きく、２皿目、３皿目はだんだんと効用が小さくなっていくことを限界効用逓減の法則（diminishing marginal utility）という。逓減とは、だんだん減ることである。

　図28の斜線部分は、消費者の焼肉を買って食べた「お得感」の合計を表している。これを経済学の用語で「消費者余剰」という。

【推薦図書４】伊藤 元重（2015）『入門経済学』日本評論社　第１、２章
　　　　効用と交換価値の例は、p.55に解説されている。

[実務知識15] マーケットインとプロダクトアウト

　企業の製品開発は、消費者のニーズやウォンツの理解から出発する場合と、企業のシーズ（種。企業の独自技術やアイデア）の提案からなされる場合がある。マーケットイン（market-in）は、消費者の目線で商品開発・生産をする方法、プロダクトアウト（product out）は、企業の目線や手持ちの技術で商品開発をする方法である[160]。企業は、自社が取り組むべき市場・顧客と、自社の強みである技術・ノウハウの両方、すなわち、マーケットインとプロダクトアウトを同時に考えて商品開発をする[161]。

[質問コーナー] ・・・・・・・・・・・・・・・・・・・・・・・・・・・

　Q7　限界効用逓減の法則が成り立たないケースはありますか？

　答え　お金は、好きなものと交換できるので、お金はいくらあっても困らない、限界効用逓減の法則が成り立たないケースです。

> 「やめられない、とまらない」と宣伝しているお菓子があり、それが本当なら限界効用逓減の法則が成り立たないケースになりますが、たぶん、お腹がいっぱいになる前に限界効用逓減の法則が成り立つでしょう。
>
> 薬物依存、ギャンブル依存、買い物依存は、すればするほど続けたくなるので、限界効用逓減の法則が成り立たないケースです。恐ろしいですね。

5．価値の分類

5－1．使用価値、交換価値、知覚価値

理論10　使用価値、交換価値、知覚価値

使用価値（value in use）は、経済学の用語で、人間のなんらかの欲望を満足させる価値をいう[162]。

交換価値（exchange value）は、他の商品の一定量と交換できるようなある商品の価値をいう[163]。人にとって何がどれくらいの価値を持つかは、心の内面の問題で本当のところはわからないが、どれくらいのお金と交換するかを見ることで、その人がその財にいくらの価値を認めているかを推測することができる。

使用価値が交換価値よりも高くないと売れない。例えば、カルビの例では、顧客にとって4皿目のカルビは、使用価値は300円と低く、値段は500円なので売れない。

人にとって何がどれくらいの価値を持つかは、心の内面の問題なので、使用価値、交換価値は人によって違う。ある商品は、特定のこだわりや好みを持つ人には値段が高くても売れることがある。また、ある顧客にとっての商品・サービスの使用価値は一定であるが、**交換価値は、市場の需要と供給のバランスで変わる**。企業の生産・販売量（供給）が一定でも、需要（顧客全体が求める量）が増えれば、品薄になって価格が上がり、需要が減れば余って価格は下がる。

例えば、人気のアーティストや野球のチケットを高く転売する人がいるのは、人気が出て需要が多くなり、供給が一定なので品薄になって価格が上がるからである。需要が一定で、供給が少なくなれば価格は上がり、供給が多くなれば価格は下がる。例えば、石油産出国が石油の産出を制限すれば、石油価格は上がる[164]。景気が悪くなって石油の消費量が減れば、石油価格は下がる。

知覚価値（perceived value）は、感覚を通じて相手が認識した価値をいう[165]。企業は、広告・販売促進によって知覚価値を高めることができる。ただし、知覚価値を誇大な宣伝で実際以上に高めてしまうと、大きすぎる期待感をもった消費者が実際の商品を見て「期待外れで良くない」と感じてしまうので注意が必要である。

［図29］宣伝を見て期待したよりも実際の方が悪いとがっかりする

提供：イラスト AC

　企業は、商品の使用価値、交換価値、知覚価値の関係を以下のように保つ必要がある。

　　使用価値　＞　知覚価値　＞　交換価値

　思ったよりも安いな、満足度が高いなと思える価値（使用価値・知覚価値＞交換価値）を提供し、宣伝を見て期待したよりも実際の方がよかったと思える顧客満足（使用価値＞知覚価値）を提供することが、顧客満足の持続可能性のために必要である。

　例えば、インスタ映え（写真や動画を投稿する SNS「Instagram」（インスタグラム）で「映える（すばらしく見える）」）写真で飲食店などの宣伝をすると、それを見て来店した顧客の評価は期待よりも悪い印象を受けて低くなり、悪い評価を食べログなどのグルメ・レビュー・サイトに付ける傾向になるという。インスタ映えする写真ではなく、顧客が店に入ったときの自然な目線の写真を投稿すると、それを見て来店した顧客は、過大な期待を持たないでサービスを受けるので、結果として飲食店のグルメ・レビュー・サイトの評価は上がる傾向だという[166]。
　商品の持続可能性のためには、企業に、このような商品づくり、広告・販売促進の姿勢が求められる[167]。

　5－2．機能価値、象徴的価値、付随価値
　理論11　プロダクト三層モデル
　コトラーのプロダクト三層モデルは、使用価値を機能価値、象徴的価値、付随価値の３種類に分けて考える。

[表7]　プロダクト三層モデル

機能価値	それがないと買わない基本機能
象徴的価値	それがあるものを買いたい、品質、ブランド、デザイン、特殊機能
付随価値	そうだとちょっとうれしい、保証、アフターサービス、信用力

　例えば、食品の機能価値は栄養があって毒性がないなどであるが、たいていの食品はそれを満たしているので、それだけでは付加価値の高い商品にはならない。ただし、毒性のある食品を売ったら、顧客の機能価値への信用が失われ、企業が倒産する危機になる。

　コトラーは、企業が顧客満足を追求するあまり、無用な費用が増える傾向を懸念している。例えば、ホテルが、連泊者に対して、朝だけでなく夕方も清掃やベッドメーキングする新しいサービスを検討する場合、それに一部屋当たり200円かかるとすれば、顧客がそのサービスに200円以上払う気があるかどうかをアンケート調査で確認するべきだ。顧客が費用に見合う追加料金を払う気がないサービスはするべきでない。逆に、一部屋200円の費用でアイロンとアイロン台を置いて、顧客がそのサービスに300円の価値を認めるなら、そのサービスを導入するべきだ[168]と、費用対効果の考え方を例示している。

　象徴的価値（品質、ブランド、デザイン）が優れていたのでヒットした商品の例を見てみよう。地域商社の主な例とされる岩手県産は、1964年創業で、岩手県産品の販路拡大を通じて、県内の産業振興に寄与することを目的とし、主な事業は、県産品の卸・小売、物産展や見本市への参画、県内生産者への情報提供及び商品開発・改良の各種相談業務[169]である。

　「Ça va（サヴァ）？缶」は、岩手県産㈱が、地元企業等と連携して2013年に発売し

[写真12]
岩手県産が開発・
販売し、ヒットした
「Ça va（サヴァ）？缶」

提供：岩手県産[170]

tた。東日本大震災で衰退した被災地三陸からオリジナルブランドの加工品を発信しようと、国産サバを使用したオリジナルの洋風缶詰として開発・販売した。「Ça va?（サヴァ）？」はフランス語『元気ですか？』という意味で、「元気ですか？」と岩手から全国へ向けて声をかけるイメージで名づけられた[171]。「Ça va（サヴァ）？缶」は、普通のサバ缶の3倍の値段がするので、最初はどこのスーパーマーケットにも置いてもらえなかったが、セレクトショップ、雑貨屋、パン屋で置かれはじめ、おしゃれなデザインが受けて、女性誌やライフスタイル誌に採り上げられ、大ヒット商品となった[172]。

さばの魚肉食品で保存が効くものという**機能価値**は他の缶詰や冷凍食品と同等だが、味付けやデザインなどの**象徴的価値**が優れているのでヒット商品となった。

6．BtoB ビジネスの顧客にとっての価値

企業と企業の取引を BtoB ビジネスという。BtoB ビジネスでは、顧客である企業にとっての価値を、目に見える金額で提供できれば、ビジネスを成功させることができる。例えば、納入品の不良品をゼロにして、顧客が不良品をチェックする手間・費用を省くことができれば、顧客にとっては、自社の人件費を削減できる価値となる。

ジャストインタイム（Just In Time, 必要な物を、必要な時に、必要な量だけ）に納品すれば、顧客が在庫する手間・費用を省くことができて、人、スペース、在庫にかかる費用削減できる[173]。

このように、BtoB ビジネスの場合、顧客も企業なので、相手のコスト削減に貢献したり、相手の付加価値を上げることに貢献すると、ビジネスに結びつきやすい。

実務知識16 BtoB ビジネスの顧客にとっての価値―ＱＣＤＳ―

前節までは、企業から消費者向け（BtoC, Business to Consume）の顧客にとっての価値を考えてきたが、企業と企業の取引（BtoB, Business to Business）の場合は、商品・サービスにＱＣＤＳが求められる。

[表8] ＱＣＤＳ

Q	品質（Quality）	スペック（製品の基準）を満たさない不良品率が少ない。
C	価格（Cost）	価格が安い
D	納期や入手性（Delivery）	いつまでに納入可能か。どこでも入手できるか。
S	対応やサポート（Service）	買った後も故障や消耗品の補給に対応してくれるか。

[図30]
カフェオレの
ペットボトルの
スペックの例

提供：イラストAC

　この中で、もっとも強い買い手企業のニーズは**価格**である。
　スペック（製品の基準）は、相手企業のニーズによって決まる。例えば、カフェオレ
を製造する飲料メーカーに、ペットボトルを製造する化学品加工メーカーがBtoB取
引をしたいとする。化学品加工メーカーは、飲料メーカーのペットボトルに対する
ニーズを聴き取って、スペック（製品の基準）を満たすペットボトルを設計、試作し
て、商談を進める。

　カフェオレが入ったペットボトルのスペックを考えてみよう[174]。
- ●冷凍庫に入れたり、温めたりする温度変化に耐えられる。
- ●輸送中に穴が開いたり、破けない。
- ●捨てるときに、つぶしやすい。燃やしても有毒ガスが出ない。
- ●中身が美味しそうに見えるように透明。
- ●消費者が求めない過剰装飾、過剰品質、過剰機能で値段が高くなっていないか。

などが、スペックとして必要である。
　海洋プラスチック問題を考えると、海水に入ると溶けて固形物ではなくなってしま
うといったスペックが必要になるかもしれない。

2．製品ライフサイクル理論

1．製品ライフサイクル理論

理論12　**製品ライフサイクル（PLC, Product Life Cycle）理論**
　製品ライフサイクル（PLC, Product Life Cycle）理論は、製品が市場に登場して、成
長してから衰退するまでの状態を、売上高、利益の変化などから、以下の4つに時期
に分類してとらえる理論で、**マーケティング論の集大成**と言われる。

[表9] 製品ライフサイクル理論[175)

1	商品導入期	ブランドの確立期でマーケティングコストに対しての売上げが低いため利益を生み出しにくい状態。
2	成長期	市場浸透期で需要の増大に伴い出荷も増えるが、競合の参入も増えていく時期。
3	成熟期	他社との差別化が重要となる時期で、マーケティングによる差別化や広告によるイメージチェンジなどが必要となる。
4	衰退期	売上げが急速に減少し、市場からの撤退やイノベーションによる新しい価値の創造が迫られる時期

　コトラーは、製品ライフサイクルの段階に応じて、広告などのマーケティング・ツール（道具）を使い分ける必要があると指摘している[176)。
- 商品導入期、成長期は広告とパブリシティ（企業が広告代金を払わないで、マスメディアの記事として掲載・報道されるように働きかける活動）が最も費用対効果が高い。その目的は、製品に対する意識と関心を高めることである。
- 成熟期は、販売員によって顧客に製品の利点や価値を説明して、顧客が納得するようにすることが重要である。
- 衰退期には、広告、パブリシティ、販売員は縮小し、その他の販売促進（サンプル配布、実演、代理店支援など[177)）だけにするべきである。

[表10] イノベーション普及理論の顧客の性格の5つのタイプ[178)

1	革新的な人 Innovators	2.5%	画期的なイノベーションをまず採り入れる冒険好きな人たちである。社会にイノベーションを普及させる窓口の役割を担っている。全体の2.5%に当たる。製品ライフサイクル理論の「初めは売上げが低い時期」の顧客となり、新しいものが好きなので高くても買う人に当たる。
2	初期に受け入れる人 Early Adopters	13.5%	次に採り入れる。冒険的ではなく、新しいアイデアを上手に思慮深く利用する。したがって、普通の人たちにとって初期に受け入れる人たちの行動は参考になる。
3	多数派・前期 Early Majority	34%	次に採り入れる。革新的な人とは異なり、リーズナブルな価格でないと買わないが、人数が多いので商品は成長していく。
4	多数派・後期 Late Majority	34%	新しいことに警戒感を持つ人たちである。
5	流行に鈍感な人 Laggards	16%	流行に鈍感な人が買うころには、革新的な人や初期に受け入れる人が商品から離れて、商品は衰退期に入る。
	計	100%	

理論13　イノベーション普及理論

　製品ライフサイクル理論の元になった理論が、**イノベーション普及理論**である[179]。米国の社会学者のロジャーズ（Everett M. Rogers）は、アフリカのナイジェリアの農民たちが、西欧の新しい農機具などにどう反応するかを実地調査（フィールドワーク）して、農民たちの性格を分類する理論を作った[180]。ロジャーズは、画期的な商品を目にしたときにどのような反応を示すかによって、顧客の性格を5つのタイプに分けた。

　製品ライフサイクル理論をイノベーション普及理論が裏付けることを示したのが図31である。\

[図31]　製品ライフサイクル理論とイノベーション普及理論

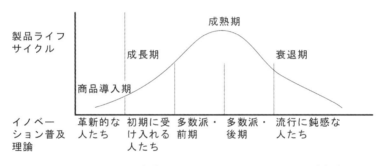

出所：Kotler（2003）（恩藏．大川訳（2003））（p.145）および Rogers（2003）（ロジャーズ，三藤（訳．2007））（pp.226-235）から著者作成。

　製品ライフサイクル理論とイノベーション普及理論は、街で見かけるアパレルのファッションの流行でも実感できる。例えば、初めのころは、おしゃれで似合う人が着るので、街で目立つし、かっこよい。だんだん、みんなが真似し始めると、元々のブ

[図32]
製品ライフサイクル理論と
イノベーション普及理論は
街の流行でも実感できる

提供：写真 AC

ランドだけでなく、普及品のブランドでも似た感じのアパレルが安く売られ始めて、人が集まるところでは誰かが着ている感じになる。そのうち、似合っていなくて、かっこ悪く着こなしている人も多く見られはじめ、初めのころの新しさや、かっこよさのイメージがなくなり、かっこ悪いイメージになっていく。そのころには、おしゃれな人は着るのをやめていて、終わった感じがしてくる。そして、誰も着なくなる。

　しかし、企業は、主力製品が衰退期を迎えたからといって、倒産するわけにはいかない。したがって、新規製品やイノベーションで、新しい市場、製品を開発していく。例えば、ユニクロには、初期のフリースのほか、エアリズム、ウルトラライトダウンなどのヒット商品や定番商品がある。

［図33］ 新規製品やイノベーションの効果

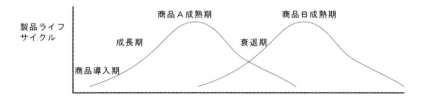

製品ライフ
サイクル

商品Ａ成熟期　　　　　　商品Ｂ成熟期

成長期　　　　　　衰退期

商品導入期

質問コーナー ●

Q8 製品ライフサイクル理論に反する商品はありますか？
答え 定番商品（regular assortment）がありますね。

　実務知識17 定番商品
　定番商品は、流行に左右されず安定した需要をもつ商品をいう。商品番号が一定しているところから、主にファッション業界で用いられてきた用語であるが、今日では小売業一般に用いられる。消費需要の細分化や高級化などを背景として同一商品市場に数多くの商品が投じられ、商品サイクルも短縮化される傾向にあるなかで、常に一定以上の売上げを記録し続ける定番商品は限られている。しかし、このような定番商品が売上げ額の大半を占めることも珍しくなく、経営者にとってはそれに続く定番商品の開発が課題となっている。定番商品の存在は、多様化する消費者の好みにもある程度の同質性があることを示すと同時に、消費者のもつ高い商品評価能力をも示している[181]。

Q9　成長期には競合の参入も増えますが、ライバル企業がいた方がお互い高め合い顧客に対して有利に働くことの方が多いですか？

答え　独占状態の方が、企業は楽に儲けられていいです。経営学の「ブルーオーシャン戦略」は、従来存在しなかった新しい領域に事業を展開していく戦略で、他社と競合することなく事業を展開して儲けることができます[182]。しかし、市場が成長すると参入する企業が増えるので、長くその状態は続かないですね。

ライバル企業を参考にしてお互い高め合うことは、ベンチマーキングといい、どの企業も取り組んでいます。

ラーメン屋、クレープ屋などが一カ所に集まるのは、消費者が集まるので相乗効果があるからといわれています。

$\boxed{\text{理論14}}$ ブルーオーシャン・レッドオーシャン

経営学の用語で、血で血を洗うような激しい価格競争が行われている既存市場をレッドオーシャン（red ocean）と言い、競争のない未開拓市場、新しい商品やサービスを開発・投入することで創出される競合相手のいない市場をブルーオーシャン（blue ocean）という[183]。

$\boxed{\text{実務知識18}}$ ベンチマーキング

ベンチマーキング（benchmarking）は、企業などが自らの製品や事業、組織、プロセスなどを他社の優れた事例を指標として比較・分析し、改善すべき点を見出す手法をいう。比較対象とする相手やその実績などを「ベンチマーク」（benchmark）という。改善対象となる分野や関心領域について、既存の優れた実践事例（ベストプラクティス）、自らより優れている競合他社の事例などを比較対象として選択し、同じ基準に揃えたデータなどを用いて比較・対照し、改善のために行うべき施策を検討・実施する。

具体的な手法は様々だが、対象とする領域や主題を明確にすること、比較のために必要なデータや情報は彼我で同じ基準や参照元、調査手法により得ること、分析に終わらず具体的な施策に落とし込み、実施結果を評価することなどが重要であるとされる。選択した主題によっては、比較対象として同じ業界内の競合ではなく、他分野・異業種でその主題について優れた実践を行っている組織などを選択する方が良い場合もある。航空企業が給油手順の改善のため自動車レースのプロチームに学んだ事例などが知られている[184]。

2．国際製品ライフサイクル理論

理論15 国際製品ライフサイクル理論

　製品ライフサイクル理論を、企業の国際化に応用したのが国際製品ライフサイクル
理論[185] である。

　企業が、ある商品で、製品ライフサイクルの商品導入期、成長期で利益を上げ、大
量生産の体制を整えると、やがて製品ライフサイクルの成熟期、衰退期を国内市場で
迎え、国内では生産能力はあるのに商品が売れない状況になる。国内市場だけを考え
ると、生産や販売促進を縮小する時期になる。図34で、左側の山しかなければ、製品
ライフサイクルは終わる。

　しかし、企業は、国内生産を拡大する過程で、輸出も検討し、可能なら増やしてい
く。図34で、左側の山だけでなく、右側の山も、少しずつ高くしていく。

　国外市場も成熟期を迎え、ライバル企業との競争が激しくなり、売れ行きも悪くな
っていったら、生産や販売促進を縮小する時期になり、製品ライフサイクルは終わる
場合もある。図34で、左側の山だけでなく、右側の山も低くなって終わる。

[図34] 国際製品ライフサイクル理論のイメージ

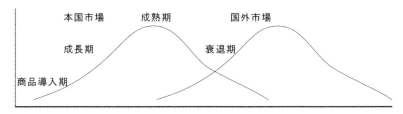

出所：Vernon（1971）（バーノン，霍見 訳（1973））（pp. 71-85）から著者作成

　ただし、現実の企業は、製品ライフサイクル理論で衰退した商品を、すべて見捨て
るわけではない。世界市場で商品が成長期、成熟期を迎えたら、**人件費の安い途上国
で生産し、世界中に販売する戦略**（グローバル経営戦略）も検討する。

　例えば、iPhone は、米国内で開発、試作され、2007年に米国で発売された。日本
など通信方式が異なる国では販売されなかった。2008年、北米や欧州、オーストラリ
ア、日本、香港など22地域で発売された。2009年以降は、中国など世界各国で販売さ
れた。iPhone の製造は、アップルの社の委託を受けた台湾のメーカーが、ブラジル、
中国、インドのメーカーに委託している[186]。アップル社は、開発は得意だが製造は
苦手であったため、早い段階で米国の自社工場での製造をやめ、生産委託した[187]。
iPhone の利益率が高かった初期のころ（導入期、成長期）は、日本製部品が多く使われ

ていたが、iPhone も成熟期を迎え、他社のスマートフォンとの価格競争も激しくなって、2019年発売の iPhone 11の日本製部品のシェアは13.8％、2020年発売の iPhone 12は13.2％へと低下し、日本製の液晶から韓国製の有機 EL パネルに代わるなど、韓国企業のシェアが高まっている[188]。

　このように、**製品ライフサイクル理論は、企業が多国籍化し、グローバル経営をする原因の一つを説明する理論としても応用できる。**

【推薦図書５】浅川 和宏（2003）『グローバル経営入門』日本経済新聞出版社　第１章

３．企業の永続性

実務知識19　企業を永続させるには常に革新が必要

　個々の製品や事業は衰退期をいずれ迎えるので、**企業が永続するためには、次々と新しい製品、事業に挑戦していかなければならない。**企業の経営者は、自社を現状分析し、所属する業界の情報を集め、予測し、新規事業を考え、営業、開発、設計、仕入れ、製造などの業務をマネジメントし、自己啓発や人脈作り、政府の助成策の情報も集めている。このような多くの課題の中でも、**経営者にとって新規事業を考えることは、思考の数割を占めている**という。今ある仕事はいずれなくなるので、企業を継続させるために自社で何ができるのか常に考えている[189]。

３．多角化戦略と国際展開

１．多角化とシナジー

１－１．多角化戦略

理論16　多角化戦略・範囲の経済（scope of economy）

　多角化戦略は、単一の事業ではなく、複数の事業をもつ戦略をいう。多角化には、元の事業と関連のある事業を増やしていく**関連多角化**と、あまり関連のない事業に新規に取り組む**無関連多角化**がある。

　多角化の目的は、第一に、今の事業以外に将来性のある事業機会があると考えて、**企業が成長するために挑戦する**ことである。第二に、製品ライフサイクルによって、一つの商品や事業が衰退しても**企業が存続できるように新規事業に取り組み続ける**ことである[190]。

　多角化するには、自社の経営資源（人、モノ、カネ）を使って、新規事業に取り組む

方法と、**M&A**（merger and acquisition，合併と買収）によって、他社の経営資源を手に入れる方法がある。M&A の手法としては、TOB（株式の公開買い付け）や、LBO（レバレッジ・バイアウト，買収先企業の資産や収益力を担保にした借入金による買収）がある[191]。

　例えば、建設機械製造業では、顧客である建設企業が欲しいものをすべて揃えることを目的に多角化してきた。建設企業は、必要なものを買うのに、たくさんの建設機械メーカーと話をするよりも1社でまとめて済ませられる方が楽なので、品ぞろえの豊富な建設機械メーカーを選ぶ。コマツはブルドーザー、日立建機は油圧ショベルが元々の得意な製品であったが、両社とも、大小の油圧ショベル、ホイールローダーなどを建設企業に一括提供できるように、建設機械の品揃えを増やしてきた。そのために事業を多角化したり、他社と提携したりしている。

1-2. 範囲の経済、間接費、シナジー効果

　経営学の**範囲の経済**（scope of economy）は、企業が製品数を増やしたり、事業を多角化したりするほど、1製品あたり1事業あたりのコストが低下することをいう。範囲の経済が働く理由は、多角化した複数の事業で同じ設備を共有で利用できたり、管理費などの**間接費**を共通で使えたりして、安く済むためである[192]。建設機械製造業の例では、建設企業への営業や物流は共通なので、範囲の経済が働きやすい。

　間接費（indirect cost）は、複数の製品の製造または販売のために共通的に発生し、特定の製品に直接関係づけることのできない原価[193]をいう。

　特定の顧客に対して便利になるように製品のラインナップを広げることや、追加の経費があまりかからない新規事業を始めるなどの事業の多角化であれば、**シナジー効果**、範囲の経済のメリットが働く。逆に、シナジー効果が低い組み合わせの多角化は、範囲の経済が働くとは限らない。

　シナジー効果（synergy）は、相乗効果。特に経営戦略で、事業や経営資源を適切に結合することで生まれる相乗効果[194]をいう。

1-3. 多角化のシナジー効果

　米国の経営学者のポーターは、企業が価値を生み出すプロセスをバリューチェーンという考え方で整理した。バリューチェーンには、製造、販売などの主活動と、主活動を支える支援活動がある（詳細は後述する）。

　図35の左図は、事業が一つの場合で、支援活動、間接部門は、一つの事業を支えている。図35の右図は、新規事業を始めて多角化している。購買物流、製造などの主活動、直接部門は、新規事業のために人モノカネを新しく用意する必要がある。しかし、支援活動、間接部門は、これまでの事業の技術、ノウハウが新規事業でも共通に使えたり、人事部署などは多少の人員増加やコンピュータのシステム容量の追加で対

[図35] 多角化のシナジー効果——バリューチェーン理論での説明——

多角化前　　　　　　　　　　　多角化後

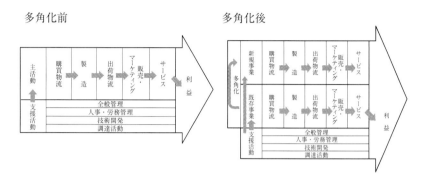

出所：Porter（1980）（土岐ほか訳（1985））（p.49）から著者作成

応できることがある。このような場合、新規事業と既存事業には、シナジー効果がある。

2．多角化の顧客提供価値マトリクス

理論17　顧客提供価値マトリクス
　顧客提供価値マトリクスは、企業の多角化戦略を考える手法である。
　マトリクス（matrix）は、数学の「行列」の意味で、縦と横の関係でものごとを整理するツール（道具）をいう。
　顧客提供価値マトリクスは、多くの事業をもつ企業が、各事業の優先順位をどうマネジメントするかという問いに、初めて論理的な思考方法を提示するものであった。

[表11] 多角化の顧客提供価値マトリクス

ターゲット（顧客）

		既存	新規
（商品・サービス）バリュー	既存	1．市場浸透戦略 （既存商品を既存顧客に売る） 低リスク・低リターン	2．新市場開発戦略 （他地域での顧客開拓し、既存商品を売る） 中リスク・中リターン
	新規	3．新製品開発戦略 （既存顧客に新商品・サービスの開発・売り込み） 中リスク・中リターン	4．非関連多角化 高リスク・高リターン

出所：Ansoff（1979）（アンゾフ，中村 訳（2007））（p.305）から著者作成。

企業の中の多くの事業について、一つひとつの事業が、**表11**の４つの枠のどれに当てはまるかを考え、企業全体の多角化戦略などを考えていく。

- 1．市場浸透戦略（左上）は、既存顧客に対して既存の商品・サービスを提供し続けることなので、リスクは低いが伸びも期待できない。
- 2．新市場開発戦略（右上）は、既存の商品・サービスを、これまで付き合いのない顧客に売るので、難しい挑戦になるが、商品・サービスは実績があるので自信をもって勧めることができる。
- 3．新製品開発戦略（左下）の、既存顧客に新しい商品・サービスを売り込む方法は、既に関係性ができている顧客に営業をかけられるのでやりやすい。
- 4．非関連多角化（右下）は、これまで付き合いのない顧客に対して、売ったことのない商品・サービスを売ろうとするので、ベンチャー企業に近いゼロからの挑戦となる。

3．多角化の事例

　ある企業が、従来から積み上げてきた事業を元に、**関連がある事業に多角化**する場合は、シナジー効果がある。例えば、工作機械、鉱山機械の製造で創業したコマツが、ブルドーザー製造事業に多角化するのはシナジー効果がある。西洋薬局として創業した資生堂が、肌に効能がある化粧品事業に多角化するのはシナジー効果がある。

　従来行ってきた事業とは**関連のない事業**に多角化する企業もある。技術や市場に関連性のない事業の複合企業をコングロマリット（conglomerate）企業という[195]。コングロマリットのメリットは、関連のない多様な事業を持っているので、経済社会の変化に対して、**経営リスクを分散できる**ことである。例えば、新型コロナ（Covid-19）が世界で流行したときに、影響を強く受けて不況になった業種と、あまり影響を受けなかった業種、少数だが売上げが増えた業種があった。コングロマリットは多様な事業を持っているので、影響を受けない事業も持っていて、経営危機を回避できる可能性が高くなる。

　コングロマリットのデメリットは、シナジー効果がない事業をバラバラに持つので、全体の効率が上がらないことである。したがって、コングロマリット企業全体の価値が、個々の事業の価値の合計よりも小さいことがある。これを、コングロマリット・ディスカウント（コングロマリット経営をしているために、企業価値の総額が値引きされている状態）という[196]。

3−1．ゼネラル・エレクトリック（GE）社の多角化の結末

　米国のゼネラル・エレクトリック（GE）社は、発明王エジソンが1878年創業した。1981-2001年、GE の最高経営責任者を務めたウェルチ氏が、M&A（合併と買収）で多

角化した。社内の事業部門ごとに、その業界で1位か2位でない事業は売却し、1位か2位の企業を買収するという戦略を採り[197]、利益率が高いコングロマリットになった。特に、利益率の高い金融業の比率を強めた。しかし、2021年、GE は、業績が悪化し、航空機リース事業を売却し、金融子会社も解散すると発表した。一時は世界の企業が手本とした GE の多角化経営は終わり、今後は、電力タービンや医療機器などの製造業に専念すると報じられた[198]。電気事業を中心とする製造業であった GE にとって、自社製品に関連のない金融業は「非関連多角化」であり、高リスク・高リターンであった。一時は大きな利益をもたらしたが、長期的には企業に損失をもたらす結果となった。

3−2．ソニー

　関連がある事業への多角化と、関連のない事業への多角化を組み合わせている企業もある。例えば、ソニーは、1946年、東京通信工業株式会社として創業し、エレクトロニクス、画像センサー、ミュージックなどのエンターテインメント、ゲーム機器、交通系カードに使用されている非接触式 IC カードの技術など、シナジー効果のある事業に展開している。他方、ソニーフィナンシャルグループも創り、生命保険、損害保険、銀行、介護事業にも多角化している。これらの事業も、**表12**のように、ソニーの売上げ、利益に貢献している。

[表12] ソニーの事業別売上げ・利益 (2020,2021年度)

		2020	2021
ゲーム＆ネットワークサービス（G&NS）	売上高	26,563	27,398
	営業利益	3,417	3,461
音楽	売上高	9,399	11,169
	営業利益	1,848	2,109
映画	売上高	7,530	12,389
	営業利益	799	2,174
エレクトロニクス・プロダクツ＆ソリューション（EP&S）*	売上高	20,681	23,392
	営業利益	1,279	2,129
イメージング＆センシング・ソリューション（I&SS）	売上高	10,125	10,764
	営業利益	1,459	1,556
金融	金融ビジネス収入	16,740	15,338
	営業利益	1,548	1,501
その他	売上高	1,007	988
	営業利益	72	180
全社（共通）及びセグメント間取引消去	売上高	△2,058	△2,223
	営業利益	△868	△1,087
連結	売上高	89,987	99,215
	営業利益	9,553	12,023

出所：ソニー[199]

3-3. 楽に儲けようとすると失敗する

　日本では、バブル期に、多くの企業が本業以外の財テク（企業の余裕資金を、高金利・高リスクの金融商品に投資すること。ハイ・テクノロジーをもじって流行した言葉[200]。）におカネを使って、損をしたり、倒産したりした。

| 実務知識20 | 浮利に趨らず・浮利を追わず

　住友家の家訓である「確実を旨とし浮利に趨らず」、すなわち、苦労しないで得られる目先の利益を追わず、信用を重んじ確実を旨とする住友の事業精神[201]が、再評価された。

第IV章 国際企業の事業遂行能力

1. 事業遂行能力（ケイパビリティ）

1. 事業遂行能力（ケイパビリティ）

　事業遂行能力（ケイパビリティ）は、**顧客**（ターゲット）に**価値**（バリュー）を提供する能力をいう。

　事業遂行能力を生み出す仕組みの構築や維持には、どのような企業でも、例えば、地方の小売店でも、大規模製造業でも多額のコストがかかる。事業の成功、不成功は、多くの場合、事業遂行能力の良し悪しで決まる。事業遂行能力の内容は、とても深くて広い。**事業遂行能力の内容**は、顧客（ターゲット）に価値（バリュー）を提供する企業活動の連鎖（バリューチェーン）で示される。

1-1. 事業遂行能力の例

　例えば、地方の"よろず屋"は、車で立ち寄りやすい集落の便利なところにあり、地元の人が必要なものを何でも売るという事業遂行能力（ケイパビリティ）を持っている。

　宮崎県串間市の"よろずや"スーパーケンちゃんは、食品、酒、たばこを売ってい

[写真13] 宮崎県串間市の"よろずや"スーパーケンちゃん

提供：スーパーケンちゃん

て、配達もしている。1990年頃、店舗と隣に自宅を建て、日曜の定休日を除き、家族４人と従業員２人で、朝７時半から夜19時半まで休まずに店番・電話番をし、毎日のように配達をしている。

　食品は、肉、魚、野菜や、調理師免許をもっていて、オリジナルの弁当、鶏のから揚げ、サラダを売っている。焼くだけで食べられる "味付き鶏肉・ホルモン" が人気である。刺身は親戚が調理したものを売っている。酒とたばこは免許をとって売っている。店名にちなんだオリジナル焼酎「すうけん」を委託製造、販売している。

　配達は、個人向けと業務用がある。個人向けは、例えば、一人暮らしのお年寄りの家に注文されたものを届け、時々、給水機のタンク交換などのちょっとした用事を頼まれたり、その家で採れたものを "おすそわけ" でいただいたりする。業務用は、病院、老人施設、保育園に給食材料を配達したり、居酒屋に野菜を配達する。コンビニに野菜を置いてもらい売ってもらっている。

　SNS には「味付き鶏肉の急な注文にも応じて頂き、いつも助かってます。m(＿)m」「刺身を注文してみて、すごく仕事が丁寧です！」「地元のスーパー必要です」「店主の人柄がいい」「とにかく親切」などのクチコミがある。

１−２．事業遂行能力は経営資源とオペレーションの組み合わせ

理論18 事業遂行能力は、経営資源とオペレーションの組み合わせ

　事業遂行能力は、経営資源とオペレーションの組み合わせである[202]。

　経営資源（managerial resources）は、企業が事業を遂行し、目標を達成するのに必要な潜在諸力を持っているものをいう。資本、物財、人材、能力、知識、情報、経験、ノウハウ、商標、信用などの総体であり、活力ある組織風土（climate）・社風を加えることがある。経営資源の有効な利用や組合せが経営効率に大きな影響を与える[203]。

　オペレーション（operation）は、機械などの運転、操作、運行、動き方[204] の意味であるが、経営学では、どうやって商品やサービスを作るか、運ぶか、売るかといったバリューチェーン、ノウハウ、組織をさす。ある企業のオペレーションを理解するには、仕事の流れを示すバリューチェーンと、仕事の担当、階層を示す組織に注目すれば良い。

　経営資源の中核は人材で、正社員、契約社員、パートタイマーなどの従業員、経営陣、管理職や、業務委託先のメンバーも含まれる。これらの人材の能力やモチベーションで、企業や業績は、一瞬で良くも悪くもなる[205]。

１−３．人材の能力、モチベーション

　ドラッカーは、人材の能力やモチベーションがビジネスの成功の決定的要素だと指

摘している。米国の自動車メーカーであるフォード社が「エドセル」というブランド名の自動車を発売したが失敗した。マーケットリサーチ、基本設計、エンジニアリングをほぼ完璧に準備していた。欠けていたものはひとつだけ。全身を投げ打つ者だった。コミットさえあれば成功するということではないが、心からのコミットメント（結果を出すために責任を引き受けて深く関わること）なしには成功のしようもなかった[206]とエドセルの失敗の原因を指摘している。

1－4．事業遂行能力による価値創造

　新しい事業遂行能力で、新しい顧客や価値を生むこともできる。例えば、日本や欧州の産業革命以前の輸送は、海、川、運河による水運が主力で、港からは馬車などであった。蒸気機関車と鉄道は、新しい事業遂行能力で大量高速輸送を可能とし、モノを運ぶ、輸送というニーズは同じであるが、新しい顧客や価値を生んだ。

　優れたSTPマーケティング（理論5　STPマーケティング　参照）は事業成功の必要な条件だが、それだけでは他社に真似されやすい。ネットビジネスに挑戦した企業は世界中に数多くあったが、多くが真似されて競争が激しくなって消えていった。その中で、Amazonが競争力を持っているのは、倉庫への大規模投資による商品の在庫、配送前の仕分け作業などの事業遂行能力が、他のネットビジネスを圧倒したからである[207]。優れた事業遂行能力の構築と、それを常に改善していくことが、競争優位の維持につながり、事業を長く存続させることができる[208]。

【推薦図書6】楠木 健（2012）『ストーリーとしての競争戦略』東洋経済新報社　第5章

　　Amazonの競争戦略の強さと、それに至る苦労を活き活きと解説している。また、競争戦略に必要な要素と、失敗に結びつくマインドセット（思考の傾向）を理論的に示している。

2．製造業のバリューチェーン

理論19　バリューチェーン（value chain）

　バリューチェーン（value chain, 価値連鎖）という言葉の単純な意味は、図36のチェーン（くさり）のイメージのように、企業が価値を連鎖的なプロセスで生むことである。バリューチェーンの各プロセスの一連の努力が、イノベーションを含む価値の創造、全体の結果としての企業の利益をもたらしていることを示している。バリューチェーンの各プロセスには、担当部署などの組織や、その機能を担っている人たちの集団である職種が存在する。

[図36] 製造業（ものづくり）のバリューチェーンの例

(参考)

出所：Publicdomainvectors.org

　著名な経営学者のポーター（M.Poter）は、バリューチェーンという概念を図37のように提示した。バリューチェーンの要素には、主活動としての購買物流、製造、出荷物流、販売・マーケティング、アフターサービスなどのサービスと、その支援活動としての全般管理・企業内インフラ、人事管理、技術開発、調達活動などがある[209]。その上で、図37のような、企業が価値を作る各プロセスの活動と、その相互関係を検討する必要があるとした。なぜなら、同じ業界の企業でも、バリューチェーンは企業ごとに異なっており、したがって、企業の競争力を考える際には、企業全体をひとまとめにして付加価値分析やコスト分析をするだけでは足りず、企業ごとに、その企業のバリューチェーンがどのようになっているか分析しなければならないとした。

[図37] ポーターのバリューチェーン図

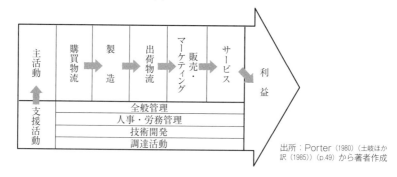

出所：Porter（1980）（土岐ほか訳（1985））（p.49）から著者作成

　このように、バリューチェーンは、企業が価値を生み出す重要な各プロセスを順に追っていく概念であるので、その重要な各プロセスには、大企業であれば、それぞれ

に該当する機能を担う人たちの集団である購買、生産技術、営業などの**職種・組織**が存在する。その機能を社外に委託する場合には、その機能に特化して業務を受託する企業が存在する。

　企業は、顧客から対価を受け取り、利益を得ることで持続可能となる。製造業は、バリューチェーンのどこで顧客から利益を得ているであろうか？

　まず、**生産して品質をチェックした製品（新品）を販売**して、コストより高く売れれば利益が出る。コストには、仕入れ費用だけでなく、従業員の給料、工場設備の借金返済、研究費用も含まれる。

　売れた製品が壊れて補修を求められたり、消耗品の補充を求められたりすれば、**補修部品や修繕サービス、消耗品**が売れる。プリンタのインクのように、消耗品の利益がメインの利益となっている商品もある。

　中古品が売れれば、新品の販売拡大に結びついたり、新品の価格を高くできる。

　このように、企業は、バリューチェーンのいくつかのプロセスで顧客から利益を得て、持続可能な経営を目指している。

　現代の企業は、バリューチェーンのすべてを自社で持つことはほとんどなく、他社に一部を依頼している。国際企業は、国外企業にバリューチェーンの一部を分担させている。国内だけに事業所を持つ企業でも、安い部品を輸入するなど、外国企業にバリューチェーンの一部を依頼していることが多い。

　他社にバリューチェーンの一部を分担させる方法には、系列、水平分業がある。

ケーススタディ2　日立建機のバリューチェーン

　日立建機の企業案内[210]で、企業が実際にバリューチェーンの考え方をどのように活かしているか見てみよう。

　まず、顧客のニーズとして、
・安全性
・生産性向上。このために、操作を簡単にする。無人化する。
・ライフサイクルコスト（買って、使って、廃棄するまでの全コスト）を低減する。
があると認識している。

　日立建機はバリューチェーンを以下のように考えている。
・機械が優秀であること。これはバリューチェーンの「設計」で決まる。
　　設計をよくするには、「営業」が顧客の声を集めて、「設計」に伝えないといけない。また、「研究」の成果を「設計」に活かさないといけない。
・バリューチェーンの一つひとつを強化すること。
　　具体的には、サービス（修理、交換部品の提供など）、中古買い取りの強化、中古機械販売の強化、建設機械レンタル（買わなくても、必要なときだけ借りて使えるよう

にする）、部品再生（壊れた部品を直したり、すり減った部品のすり減った部分だけ交換したりする）、ファイナンス（建設機械を買うときに、ローンを組む）などを充実させ、バリューチェーンの一つひとつで、顧客に効用を提供し、お金をいただいて利益を得るように考えている。

質問コーナー •

Q10 バリューチェーンを行っていない会社はありますか？

答え バリューチェーンを行っていない会社はありません。Webサイトに書いていない会社はありますが。

Q11 バリューチェーンにより、コスト削減や効率化を図ることができるメリットは理解できますが、一つの部門で問題が起きた場合には、鎖のように繋がっており関連している他の部門にまで影響が及んでしまう危険性が高いのではないでしょうか？

答え 会社は、一連のバリューチェーンで顧客に価値を提供しておカネをいただくので、一部が切れていたり、全体として良くないと意味を成しません。どこかが悪ければ、全社で取り組んで改善します。自社で改善できなければ、その工程を外部委託（アウトソーシング）することもあります。

Q12 先生が勤務していた頃から、日立建機は、部品・サービス、レンタル、中古車、部品再生、ファイナンスという5つの事業をバリューチェーン事業としていたのですか？

答え はい。5つ以外の部門でも、バリューチェーンを伸ばしたり、深めたりできないか、みんな必死で考えて行動していました。そうしないと、会社が競争に負けてしまうかもしれないと思っているからです。

• •

2−1. 系列、分業

理論20 垂直統合、系列、水平分業

垂直統合（vertical integration）は、開発、設計、生産、販売までのバリューチェーンすべてを自社内で行うビジネスモデルをいう。

1970年代までの米国の巨大企業は、**垂直統合**が多かった。例えば、自動車企業のGM（ゼネラルモーターズ）は、主要部品は自社で生産し、必要があれば、部品企業を買収する戦略をとった。ほとんどの部品を自社で生産すれば、安定的に生産することができるからである。

1980年代に入って、垂直統合した米国のGMよりも、日本のトヨタの方が生産性が高いことが明らかとなり、トヨタが垂直統合をしていないことが注目された。トヨタは、他社とコミュニケーションをとりながら、トヨタに合った品質の良い部品を安く作らせる戦略であった。

[図38] 垂直統合、系列

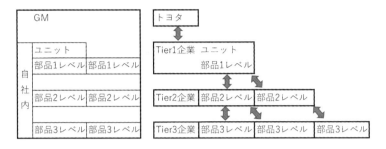

　トヨタの**系列**（Keiretsu と英語にもなった）は、Tier 1（ティアワン, 第1階層）、Tier 2（第2階層）……というように、多層の協力企業との関係で部品を調達する。トヨタは、Tier 1（第1階層）企業とだけコミュニケーションをとることで、コミュニケーション費用を節約している。Tier 1（第1階層）は、Tier 2（第2階層）企業と相談して、トヨタに納入する部品を設計、生産（自分で作ったり、Tier 2 企業に依頼する）する。
　1970年代までの GM のような垂直統合の方法は、生産は安定するが、競争がないのでコスト高になったり、新しい技術の導入が遅れたりする。1980年代以降に注目されたトヨタの系列は、トヨタが複数の Tier 1 企業を競争させ、良い提案をした企業から購入するので競争が働き、コストを安くでき、新しい技術の導入がされやすくなる。Tier 1 企業が良くないと、Tier 2 に落ちたり、取引されなくなるなど、サッカーの J リーグのような入れ替えも起こるという縦方向の競争もある。

　水平分業（horizontal specialization）は、製品を供給するためのバリューチェーンの中で、自社の得意なことを自社内で行い、ほかは外部委託するビジネスモデルをいう。依頼先の企業との関係は対等（水平）である。

実務知識21　ファブレス企業
　ファブレス（fabless）は、fabrication facility（製造施設）と less（ない）を組み合わせた造語である。**ファブレス企業は、企画、設計、開発、販売に専念し、製造を他社に依頼する。**企画、開発、設計、デザインが高い付加価値を生み出すという考えから、1980年代後半にアメリカのシリコンバレーの半導体関連企業が日本企業に生産を委託したことが始まりである。アップル、ナイキ、任天堂、セガなどが例である。
　委託先は、一般メーカーのほか、ファブレス受託を専門とするファウンドリ（foundry）企業で、生産コストの安い国の企業が選ばれることが多い。
　ファブレス企業のメリットは、製造設備や生産人員を保有しないので、①高い利益率をあげやすく、②経営方針の変更も容易で、③中小・ベンチャー企業でも取り組め

94

る。デメリットは、技術やノウハウを委託先に盗まれるリスク、自社の開発者に生産工程に関する知識が根づかない、品質管理、納期管理が難しいなどである。

2－2．スマイルカーブ

理論21 スマイルカーブ

収益性を縦軸に、事業プロセスを横軸に取ったグラフ（図39）では、企画・開発や部品製造などのいわゆる「川上」事業の収益性が高く、加工や組み立てなどの中間事業は収益性が低くなり、販売やメンテナンスなどの「川下」事業では再び収益性が高くなるとされている。曲線がU字形の笑顔のように見えるのでマイルカーブと呼ばれる。

ただし、高度で希少な製造工程を持つ企業は、付加価値・収益性が高い場合があり、スマイルカーブが当てはまらない。例えば、半導体メーカーの台湾セミコンダクター・マニュファクチャリング・カンパニー（TSMC）は、高度な半導体製造に特化[211]して大きな利益を上げている[212]。

[図39] スマイルカーブ

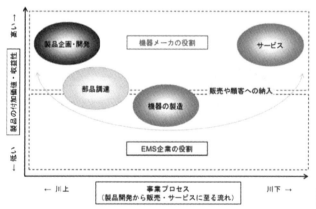

出所：総務省
(2012)（p.40)

1970年代から21世紀になるにつれて、緩かったスマイルカーブが図40のように深く急になったという指摘がある。製造工程の付加価値・収益性がますます減って、企画・研究・開発といった川上や、顧客が購入した後の部品交換、修理といった川下の付加価値・収益性がますます高くなっているというのである。しかも、付加価値・収益性が高い川上・川下は、米国のＧＡＦＡのプラットフォームビジネスなど先進国に残り、付加価値・収益性が低い仕事を途上国が受け取っているという指摘がある[213]。

[図40]　1970年代から21世紀へのスマイルカーブの変化

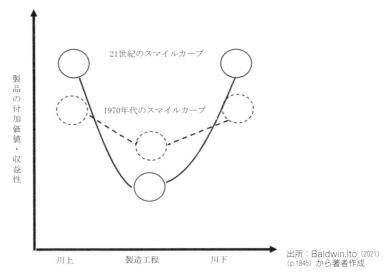

出所：Baldwin,Ito（2021）
（p.1845）から著者作成

2−3．ＧＡＦＡ、プラットフォームビジネス

実務知識22 ｜ ＧＡＦＡ

　ＧＡＦＡ（ガーファ）は、米国のグーグル（Google）、アマゾン（Amazon）、フェイスブック（Facebook）、アップル（Apple）の４社をいう。ＧＡＦＡは、インターネットで、検索、ショッピング、ソーシャルネットワーク、携帯アプリケーションなどのプラットフォームを提供し、人々の生活インフラとなっている。このため顧客に関する大規模なデータを有し、サービス改善、AI（人工知能）に役立てている。時価総額が高く、従業員の給料水準が高い。インターネット経由で事業を展開しているため、各国の税負担を軽減・回避できてしまうことが問題視されている[214]。

実務知識23 ｜ プラットフォームビジネス

　プラットフォームビジネスは、企業が顧客に商品を提供する際の基盤（プラットフォーム）を提供するビジネスをいう。プラットフォームビジネスを行う企業は、商品を提供したい企業と、顧客をつなぐプラットフォームを提供するだけで、自社は商品を提供しない[215]。

　米国のグーグル（Google）は検索する機能を、アマゾン（Amazon）は多様な企業の商品を選ぶ場を、フェイスブック（Facebook）は個人や法人が発信する場を、アップル（Apple）は音楽を選ぶ場を提供している。

　ネット通販サイトは多数あるが、アマゾンは、自社で倉庫を保有する投資を行った

ことで、多様な商品を迅速に配送ができる[216]ようになり、他のネット通販サイトに勝った。

　配車サービスのウーバーは、タクシーやデリバリー配達員と顧客を結ぶ場を提供しているが、自社では車やオートバイは保有しないし、運転手も雇用しない[217]。

　プラットフォームビジネスは4種類ある。

1．仲介型プラットフォーム　商品やサービスの提供を受けたい顧客と企業や提供者をつなぐ（ウーバー、メルカリなど）

2．OS型プラットフォーム　多様なサービスのOSとして、他社のサービス・アプリケーションを提供する（Apple Store など）

3．ソリューション型プラットフォーム　特定機能を提供し、企業と顧客の活動をデジタルツールにより支援する（ペイペイなど）

4．コンテンツ型プラットフォーム　コンテンツの蓄積により、顧客が集まり、利用価値が高まっていくもの（Twitter、Instagram、Facebook など）[218]

[図41] 世界の大企業（2022年，時価総額 億ドル）

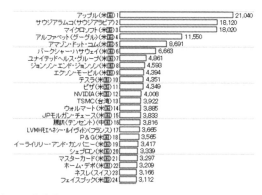

世界の大企業（1989 年，時価総額 億ドル）

出所：社会実情データ図録

実務知識24 サプライチェーンマネジメント (supply chain management)

サプライチェーンマネジメント (supply chain management) は、原材料や部品の供給、製造、卸売り、小売り、最終消費者までの供給連鎖 (サプライ・チェーン) を、関係する企業がICT技術を使って連携し[219]、発注してから納品されるまでの時間の縮小、在庫の縮小、設備の稼働率向上などを実現することによって、コストを削減し、販売機会を増やすようマネジメントすることをいう[220]。

理論22 オープンイノベーション

外部の技術やアイデアを使って行うイノベーション (経営革新) をオープンイノベーションという[221]。

米国の経営学者チェスブロウ (Chesbrough) は、1990年代の米国大企業の事例研究から、企業のイノベーションがクローズドイノベーション (社内開発 (closed innovation)) からオープンイノベーション (open innovation) に移行したと指摘した[222]。

クローズドイノベーションは、図42のように、自社内の技術の種 (シーズ) を調査して、売れそうなもの、利益の出そうなものを選別しながら、研究開発、市場への販売までを、すべて自社内で行う。選別されなかった技術の種 (シーズ) と、その技術者は活かされない。

[図42] クローズドイノベーション

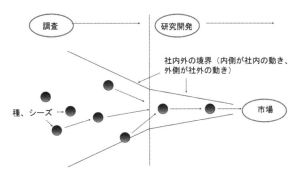

出所：Chesbrough (2003) (チェスブロウ (2004)) (p. 7)

1990年代の終わりごろ、IBM, XEROX などの米国の巨大企業でも、自社だけではイノベーションができなくなった。その原因は、第一に、社内で技術を活かすことができないと、担当の技術者がすぐに辞めて他社に技術を持ち去るようになったため、自社開発に投資できなくなった。第二に、研究開発が複雑化し費用が巨額になる一方

で、商品の寿命が短くなり、利益を上げにくくなった。自社人材などの内部経営資源だけでは複雑な研究開発ができなくなったことに加え、開発時間の短縮、開発費用の負担が課題となった。第三に、シリコンバレーで、ベンチャー企業によるイノベーションが盛んになった。このため、大企業も、外部人材などの経営資源を活用したり、ベンチャー企業が開発した成果を買い取って研究開発、商品開発するようになった[223]。

　オープンイノベーションは、図43のように、自社だけでなく、他社の技術の種（シーズ）も調査して、売れそうなもの、利益の出そうなものを探す。自社の技術の種（シーズ）で、自社で研究開発しないものは、他社が欲しがれば売ってしまう。自社で研究開発しても、自社で販売できないものは、他社が欲しがれば売ってしまう。逆に、他社が研究開発したもので、自社で販売ルートで売れそうなものがあれば、成果を買い取って商品化・販売する。

　クローズドイノベーションでは、自社と他社の境は閉ざされていたが、オープンイノベーションでは、自社と他社の境は行き来自由になっている。

[図43] オープンイノベーション

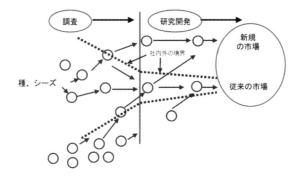

理論23 モジュラー型

　情報通信技術（ICT）と航空物流の発達により、国際企業は、工程の一部だけでも賃金の安い国に移転できるようになった。国際企業は、自社の製造工程を、国境を越えて最適にすることを考えるようになった。例えば、秘密の企業ノウハウがあって海外に知られたくない基幹部品は日本で作り、加工が簡単で秘密のノウハウがない工程は人件費が安い国で作るなど、工程設計の基本構想（アーキテクチャ）を考えるようになった。

　工程設計の基本構想（アーキテクチャ）の第一の類型は、**モジュラー型**

（modularization, モジュール型）である。モジュラー型は、製品を構成するすべての部品が独立に製造でき、相互依存性がないものをいう[224]。モジュラー型製品の場合は、それぞれの部品を最もコストパフォーマンス良く作れる国で製造することが最適となる。人件費や為替が変動してコストパフォーマンスが変われば、製造する国をどんどん変えていく。例えば、スマホ、パソコン、自転車などは、モジュラー型の製品である[225]。

　第二の類型は、**擦り合わせ型**（インテグラル型）である。擦り合わせ型は、部品間の関係が複雑で相互依存性が高いために複雑な調整が必要で、調整が未熟だと顧客が満足しない[226]。自動車、オートバイ、精密機械など、日本企業が得意とする製品分野である[227]。

質問コーナー ●

Q13　バリューチェーンや垂直統合についての理解が深まりました。昔よりも水平統合をする企業が増えており、何かに特化した企業もたくさん出ている時代であることもわかりました。今の日本は水平分業をメインに事業展開している企業が多いと思いますが、今後の企業形態はどのようになるでしょうか？

　答え　何かをするときに、自社でするのが良いのか、他企業と提携したほうが良いのか、売っているサービスをその都度買うのが良いのかを考える理論に、経済学の取引コスト理論（コラム11）があります。経営学のコンティンジェンシー理論（理論24）は、企業組織のあり方に絶対的な正解はないとしています。経済学のセカンド・ベスト理論も、経営学のコンティンジェンシー理論と同様に、環境が異なれば最適な経済行動も異なる（理論25）としています。

理論24　コンティンジェンシー理論

　かつての経営学の組織論では、どんな環境でも常に効果的な企業の組織のあり方があると考え、その組織のあり方を追求してきた。これに対して、**コンティンジェンシー理論**（contingency theory）は、**環境が異なれば企業にとって有効な組織も異なる**という理論をいう。1960年代から始まり、1970年代に盛んになった。例えば、変化の少ない環境下では自由度の少ない機械的組織が有効で、環境変化の激しい場合はその逆の有機的組織が有効であるとする[228]。

理論25　セカンド・ベスト理論

　経済学のセカンド・ベスト理論も、経営学のコンティンジェンシー理論と同様に、環境が異なれば最適な経済行動も異なることを示す理論である。ミクロ経済学では、需要と供給が一致（均衡）すれば、人モノカネの経営資源がベストな状

態で活用される（資源配分が最適）と考える。しかし、現実には、様々な経済社会の変化が瞬間瞬間に起きており、需要も供給も瞬間瞬間に変化し続ける。均衡と資源配分の最適化は理論であって、現実には実現されない。例えば、物理学で、摩擦も重力もない場合に、物は慣性によって直進するという理論がある。現実には、地球上では空気摩擦や重力があり、ボールを投げても地面に落ちる。しかし、慣性の法則と天体の重力を計算して、探査機を宇宙の目的に向かって飛ばすことができるというように理論は役に立つ。

セカンド・ベスト理論は、均衡と資源配分の最適化（ベスト）が現実には実現できない中で、セカンド・ベスト（次善）を考える理論である。ベストを達成できないときに、セカンド・ベストにするための行動は、ベストを達成するための行動とは違う可能性がある[229]。現実には、「神の見えざる手」と呼ばれるミクロ経済学の理論的な均衡状態は実現されない。実務家は、ある条件下での均衡やベストな資源配分を理論的に考え、それを参考にしながら、セカンド・ベストな経済行動を、自分の頭で考えて実行する必要がある[230]。

Q14 自社工場を持っていることが最大の強みという会社をよく目にしますが、それは垂直統合と捉えて良いのでしょうか？

答え 自社工場を持っている企業でも、工程の一部を外注したり、部品を買っている会社がほとんどで、垂直統合ではありません。自社工場に強みをもった技術があるなら会社の強みになりますが、自社工場の技術が劣っていたら会社の強みにはならず、人件費などのコストはかかるので、弱みになります。一方で、バリューチェーンの一部を国外に依頼する場合（グローバルバリューチェーン）、戦争や安全保障でのリスクがあります。例えば、米国は中国、ロシアなどに輸出規制していて、日本企業も影響を受けています[231]。

Q15 自社工場の有無だけでは垂直統合か水平分業かを見極められませんか？ポーターのバリューチェーンの他に、複数の企業を比較できるようなフレームワークが有れば教えていただきたいです。

答え 複数の企業を比較できるフレームワークは、バリューチェーンの比較、ベンチマーキング、国外子会社の規模や立地の比較、製品の品ぞろえの比較、協力会社との関係性の比較、顧客提供価値マトリクス、収益モデルの比較、財務諸表の比較、企業理念・経営計画の比較、国際企業のグローバル統合・ローカル適応の類型、経営資源からの視点（リソース・ベースド・ビュー, resource based view）、コア・コンピタンス（core competence）などがあり、それぞれ本書で解説しています。

３．比較優位理論

　比較優位理論（theory of comparative advantage。比較生産費説。）は、リカード（D. Ricardo）によって1817年に提唱された国際分業と貿易に関する経済学の理論である。それぞれの国が得意な生産、比較優位にある生産に特化（集中）し、苦手は他国に任せて国際分業を行い、貿易で生産物を交換すれば、国際分業と貿易を行わない場合よりも、みんなが利益を得られることを数学で証明した[232]。

　比較優位の理論は、得意不得意が異なる人々が協力すれば、全体としてより良くなることを教えてくれる。人々の多様性の尊重や、協力の重要性を証明できる素敵な理論である。（詳しくは、第Ⅶ章理論 45　比較優位理論（theory of comparative advantage）参照。）

　比較優位理論は、複数の産品の生産効率の比の相対的な違い（上手か下手かではなく、何が得意かが違うこと）が国や地域にある限り、国際企業は継続的に利益を得られる可能性があることを示している。

　他方、スマイルカーブの付加価値・収益性が高い川上・川下は、米国のＧＡＦＡのプラットフォームビジネスなど先進国に残り、付加価値・収益性が低い仕事を途上国が受け取っていて、途上国が発展できないままであるという指摘がある。

　比較優位論は、ある時点での得意不得意での分担の合理性を示すが、分担を固定することが将来に向かって途上国にとって良くない場合がありうる。その場合は、途上国は産業政策で分担を変更しようとすることが合理的だという経済学の理論（幼稚産業育成論）がある。（第Ⅶ章の理論 46　幼稚産業育成論を参照。）

４．その他のバリューチェーン

４－１．サービス業のバリューチェーン
理論26　サービスの性質

　"もの"は、企業は生産して在庫することができる。したがって、例えば、平日の８時から17時まで生産して在庫しておいて、週末を含め毎日販売することができる。しかし、サービスは、

　Ａ）無形性："もの"のように形がない、
　Ｂ）不可分性：生産と消費が同時に行われる、消費者も生産に関与している、
　Ｃ）異質性・変異性：厳密には同じサービスはない、
　Ｄ）消滅性：在庫が不可能
といった特徴がある[233]。

　Ａ）「"もの"のように形がない」は、例えば、医療サービスは、"もの"のような

[図44] サービスは、形がない、生産と消費が同時、同じものはない、在庫できない

[図45] サービス業のバリューチェーンの例

提供：イラストAC

企画 → 試行 → 営業 → サービス提供 ＝ サービス消費

形はないことである。

　B）の「生産と消費が同時に行われる、消費者も生産に関与している」は、医師が注射をするときは、同時に、患者は腕に注射針を刺され、体内に薬を注入されているといったことである。

　C）の「厳密には同じサービスはない」は、医師により診察、診断、処方は異なりうるし、同じ医師に同じ患者がかかっても、患者の体調は日によって違い、医師の対処も違うといったことである。

　D）の「在庫が不可能」は、医師は医療サービスを在庫しておくことはできない。患者は医師がいなければ診察を受けることはできないということである。"もの"の場合は、平日の勤務時間に作り置きしておいて、工場が休みの日でも売ることができる。

　サービス業の経営は、企業が顧客にサービスを提供し、人件費、研修費、設備費などの諸経費を上回る対価を得ることができれば利益が出る。顧客は、効用が価格を上回ればサービスを受ける。

4−2．バリューチェーンとICT技術

　ポーター（Porter）[234]は、バリューチェーンにICT技術が利用されている状況を図46のように整理している。企画、人事など間接部門、技術開発、物流・保管、生産技術、マーケティング・営業、アフターサービスなどのバリューチェーンの各プロセスの生産性を上げるために、ICT技術は、有用なツール・道具として使われている。

4−3．社会人が身につけるべきデジタル・情報通信技術の知識範囲

実務知識25 デジタル・情報技術の共通知識

　AIなどデジタル・情報通信技術の進化により、ビジネスの可能性や環境が変化し

[図46]
バリューチェーンの
各プロセスに利用さ
れるICT技術

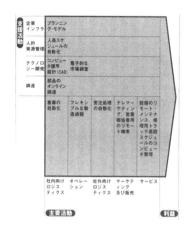

出所：Porter（1998）（竹内訳
（1999））（Ⅰ．p.144）

ている。企業では、経営者・役員、管理職、従業員のそれぞれの立場や業務のため
に、進化するデジタル・情報技術学び、自社のビジネスに利用することが求められて
いる[235]。

　デジタル・情報技術のビジネスへの応用は、図47のように、企業のバリューチェー
ンのすべての分野で行い、企業内の経営者・幹部、企画担当、デジタル・情報技術の
専門家、利用者（社員）全員が協力して取り組む必要がある。

[図47] デジタル・情報技術のビジネスへの応用のイメージ

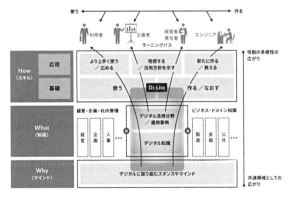

出所：デジタルリテラシー
協議会[236]

注：Di-Liteは、デジタル・
情報技術の共通知識の意味。

　デジタル・情報技術をビジネスに応用するために必要な知識を、誰もが学ぶ必要
がある。このため、2022年、高校では「情報Ⅰ」科目が導入された。大学でも、高校
「情報Ⅰ」科目に準じて、文部科学省から『数理・データサイエンス・ＡＩ教育プロ

[図48] 社会人が身につけるべきデジタル・情報通信技術の知識範囲

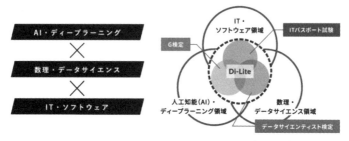

出所：デジタルリテラシー協議会[237]

グラム認定制度 (リテラシーレベル) [238]』が示され、モデルカリキュラムの導入が始まっている。

　社会人が身につけるべきデジタル・情報技術の知識範囲を、民間企業団体が**図48**のように検討している。知識範囲は、IT ソフトウェア領域、数理・データサイエンス領域、AI・ディープラーニング領域の3領域があり、それぞれを学習するための資格として、IT パスポート試験、G 検定、データサイエンティスト検定の3つの資格の内容を推奨している。

　4－4．エネルギー産業のバリューチェーン
　エネルギー産業にもバリューチェーンが存在する。

[図49] エネルギー産業のバリューチェーン例

　1814年、ジョージ・スチーブンソンが石炭で蒸気機関車を動かす研究をし、石炭輸送のための実用的な蒸気機関車を開発・設計した[239]。エネルギー資源である石炭は当時発見されていたので、

　石炭　→　エネルギー発生　→　蒸気機関車を動かす　→　何かを運んで儲ける

というバリューチェーンが完成した。
　その後、石油で暖房や、鉄道のディーゼル機関車、ガソリンエンジンの自動車など

の動力を得る研究がなされ、油田を資源探査し、原油を得て、エネルギー源とするバリューチェーンが完成した。

　ウラン鉱石からエネルギーを得るバリューチェーンも完成した。ただし、事故が起こると放射性物質が人間の生活に大きな被害を与えることが、東日本大震災の福島第一原子力発電所の津波被災などで明らかになっている。

　生活、工業生産、農業生産など人間の活動にはエネルギーが不可欠であり、エネルギーの生産・供給・消費のビジネスモデルが必要となる。

2．組織と人的資源管理

1．組織

　経営における組織（administrative organization）は、
- ●経営、管理する管理組織と、
- ●作業するための現場組織

から構成される。組織形態には、職能部門制組織、事業部制組織、マトリックス組織などがある[240]。

　理論27　バーナードの組織の3要素
　1920-30年代の米国の電話会社社長、経営学者であるバーナード（Chester Irving Barnard）は、組織が成立するための3つの要素「共通の目標」「協働の意欲（貢献意欲）」「コミュニケーション」を提唱した[241]。組織は3つの要素のどれかが欠けるとダメで、3要素とも一定基準以上が必要とした。

　共通の目的は、経営者、幹部、従業員などの関係者が目的を共有する。企業理念や個人の考えを共通の目的の達成のために共有する。また、家族のため、社会とつながりたいなどの個人の目標も同時に達成しようと考える。

　協働の意欲（貢献意欲）は、メンバーが、組織の共通目的を達成しよう、貢献しようとする意欲をいう。

　コミュニケーションは、仕事の指示、報告・連絡・相談、提案など、メンバーどうしの情報共有をいう[242]。

　1－1．組織、権限、権力
　理論28　組織、権限、権力
　組織の重要な要素に、職務の専門化、部門化、権限、権力がある。

［図50］ なぜ部門化が必要か

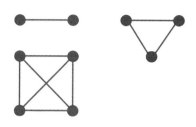

　職務の専門化は、組織の業務を個別の職務に分割し、従業員が熟練することによっ
て生産性を上げることをいう。ただし、専門化をやりすぎると、退屈、疲労、ストレ
スなどにより、かえって生産性が下がることが知られており、適度な専門化が必要で
ある。
　部門化は、業務をグループにまとめることをいう。職種別、製品別、顧客別、地域
別、工程別などの分け方・まとめ方がある。

　なぜ部門化が必要かというと、人数が増えるにつれてコミュニケーションが薄くな
っていくからである。図50で、2人のときは1対1でコミュニケーションが取れる。
3人のときは、1対1のコミュニケーションが3つあるので、コミュニケーションの
密度は1／3になる。2人が話しているとき、1人は聞き役である。4人になると、
1対1のコミュニケーションが6つでき、コミュニケーションがとりづらくなると言
われている。5人のときは10、6人のときは15、7人のときは21と増えていき、人数
が増えるにつれてコミュニケーションは人数の増加以上に薄くなっていく。
　大企業は社員が多くいるので、自然に任せるとコミュニケーションが取れない。し
たがって、業務をグループにまとめて部門化したり、組織を作って、小単位ごとに
リーダーを置く必要がある。

　権限は、組織内の管理職の地位に与えられた命令の行使の範囲をいう。地位に与え
られた権限なので、A部長が人事異動して地位から外れると、A部長にその権限は無
くなり、後任のB部長が権限を持つ。
　責任は、権限に見合った義務をいう。部長職は部下に命令する権限を持つと同時
に、部門の利益を上げて、部門員の給料分を稼ぎ出す責任を負うなど、権限に見合っ
た義務を負う。
　社長・トップから、取締役、執行役員、室長、部長、課長というように、トップか
ら現場の管理職まで階層構造でつながっていて、それぞれの役職で権限の範囲が決め
られている。指揮命令系統は、組織の上層から下層へ広がる権限の経路で、誰が誰の

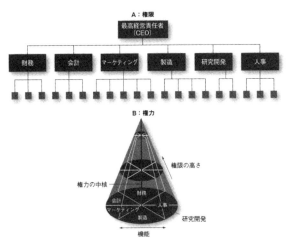

出所：Robbins (2012)（ロビンス他，高木 訳 (2014)）(p.187)

[図51]
権限と権力の
関係

部下であるかを示す。
　ライン管理職は、部下を管理する権限が与えられている管理職をいう。ライン権限は、部下を管理する権限をいう。
　スタッフ管理職は、ライン管理職が多忙で仕事が回らなくなる時に、ライン管理職の仕事の一部を支援する管理職をいう。スタッフ管理職には部下を管理する権限はない。
　権限は、**図51**の「Ａ：権限」の組織図にあるように、最高経営責任者（CEO, 日本の場合は多くは社長）にあり、財務、会計などの担当役員や、その下の室長、部長、課長など、指揮命令系統にしたがって権限が分割され委任されていく。

　権力は、意思決定に及ぼす個人の持つ影響力をいう。図51の「Ｂ：権力」は、権力が円錐の頂点（社長）に集中していることを表わしている。円錐の権限の高さは、指揮命令系統の上下を表わしている。底面の機能には、会計、製造などの権限の種類があり、それぞれの権限は底面から頂点までつながっている（垂直的調整）。
　権力の中軸は、円錐の頂点から底面の中心まで柱のように貫いているライン権限をいう。権力の中軸は、会計、製造などのすべての職種が関係していて、権限が高いか低いか（取締役か、部長か、課長か）とは別に、それぞれの権限の高さ（部長レベルや課長レベル）で、**すべての職種の権限を調整する役割**を担っている（水平的調整、水平的なコーディネーション）。その意味で、各レベルで社長と同様の統合機能を果たしているので、大きな影響力を持っている[243]。

108

コラム7

経済産業省の組織と権力

　経済産業省は、大臣を権力の頂点とした組織になっている。事業部は、庁、局という名称で、事業部のトップとして、長官や局長の職がある。その下に、課があって課長がいる。課長の下には課長補佐、職員がいる。

　大臣や長官、局長の合議体は「省議」である。その権限の高さで権限を調整する役割は、事務次官（副大臣級）、官房長（局長級）である。庁、局の筆頭課長の合議体がある。その権限の高さで権限を調整する役割は、大臣官房総務課長である。庁、局の筆頭課長補佐の合議体は法令審査委員会である。その権限の高さで権限を調整する役割は、大臣官房総務課の法令審査委員である。

　法令審査委員は、農商務省以来の局の筆頭課長補佐職であり、名前のとおり法令の審査もするが、課長補佐職以下の職員の仕事、人事のマネジメントが主要な業務である。経済産業省は、ボトムアップ型で若い職員が自由に意見を言える社風（省風）と言われるが、議論を経て合議体で決まったことは、全省を挙げて取り組む社風（省風）でもある。

　著者は、1997-98年、貿易局の法令審査委員を務め、2009-11年、製造産業局の筆頭課長職（当時の職名は参事官・政策調整官。合議体は政策調整官会議）を務めた。

　長官、局長、筆頭課長職、筆頭課長補佐職は部局の代表であると同時に、大臣、事務次官、官房長とともに経済産業省の権力の中軸（図51のB図の中心線）として、全省で大きな課題に取り組む際には、それぞれの部局の職員を動員して、同じ方向に強い力を発揮するための組織の主軸となる。

1－2．リーダーシップ

　リーダーシップは、集団、組織の諸活動や諸関係を導き、形をつくり、促進するように、ある人によって、他の人々に対して、意図的に影響力が行使される過程[244]をいう。（リーダーシップの理論は、第Ⅶ章の理論47～理論52参照のこと。）

　大きな変革を成し遂げるには、リーダーが大きな絵を描いて大勢の人を巻き込む必要がある。企業のトップは、大きな絵、すなわち、経営戦略を描いてリーダーシップを発揮する必要がある。大勢の人を巻き込むことが必要なので、戦略が理論や理屈にあっているだけでなく、役員、従業員や関係先の人たちも巻き込んでわくわくさせる必要がある。理論的な経営戦略を作ることができても、人をわくわくさせられない人は、リーダーではなく、参謀（トップを補佐して、決断に必要な材料を収集、分析し、戦略を冷静に立案する人[245]）に向いている[246]。

　組織論、リーダーシップ理論など、経営学では、企業などの組織の2つの軸、すな

わち、①目標達成、行動計画と、②人間関係維持、ネットワークが重要としている[247]。

近代組織論の父　バーナード

　近代組織論の父と言われるバーナード（1886-1961年）は、5歳で母を亡くし、働いてお金を貯めてハーバード大学に進学し、中途で退学して米国電信電話会社（AT＆T）に就職し、41歳から21年間、関連会社の社長を務め、多くの組織の役職を兼務した。母校のハーバード大学の教授たちから「組織の実際を知的に語ることができる例外的な実業家」と評され[248]、経営学の古典『経営者の役割』で、組織と個人の関係について次のように述べている。

　組織は、人が1人ではできないことをできないことをするための手段である[249]。「組織目標を達成できる」とメンバーが思わなければ、協働行動は継続できない[250]。会社が会社の目的を達成するために、必要なスキルをもった従業員を集めて実現するという考えが多いが、そのような考え方では組織の目的は達成されるかもしれないが、個人の自己実現は達成できない。個人の自由と組織内での制約がバランスし、個人と組織の目的が同時に達成されることが重要である[251]。そのためには、ミクロ経済学のように、人を経済的利益で動くと限定的に仮定して考えるのではなく、人は人格を持っていて、動機を持って行動し、自由な意思で目的を設定し、選択する、ありのままの人間として考える必要がある[252]。

　このようなバーナードの組織論は、テイラーシステムのような従来の組織論とはまったく異なるものであった[253]。テイラーシステムは、1900年ころ、テーラーが提唱した科学的経営管理法で、工場労働者が怠けないように、仕事の結果で給料を支払い、職長に従業員の作業管理をさせる[254]方法論である。

　理論27で紹介した組織が成立するための3つの要素「共通の目標」「協働の意欲（貢献意欲）」「コミュニケーション」[255]は、組織目的に対してメンバーの貢献をどのように確保するかについて、バーナードが実務経験から理論的に考えた。会社が個人を手段として使う発想では、個人が組織目標に貢献する動機は生まれない。貢献すれば会社での昇進や報酬は得られるかもしれないが、ありのままの人間としての自己実現がかなえられない。したがって、組織目標に個人が進んで貢献するようにするには、組織の目標自体が、個人の目標になる必要がある。社員が組織に服従するのではなく、組織目標は達成できるもので、自分の目標でもあると社員が確信できるように、経営者が社員にコミュニケーションをとる必要がある。これが近代組織論の父　バーナードの教えである[256]。

　2023年ワールドベースボールクラシックで優勝した日本代表は、チームの目標と個人の自己実現・貢献が一致していた。一致していく過程では、監督やベテラン選

手から、若い選手・日系の選手らへの気づかいやコミュニケーションがあった。指を骨折しても「自分の一生のため」と志願して試合に出続けた選手がいた。観衆は、勝ち負けだけでなく、そのような監督、選手たちの関係性や動機にも感動した。

　1990年代、米国で普及していた目標管理制度が日本にも導入された。目標管理制度は、社員が具体的な自己目標を設定し、その目標達成に取り組ませ、その達成度を評価する仕組みをいう[257]。2006年ころには、「うまくいかない」という評価が民間企業では一般的になっていた[258]。
　2012年、著者は中小機構という独立行政法人の人事担当役員になった。中央省庁や独立行政法人では、2012年でも目標管理制度を初期設定のまま継続していた。うまくいかないので、人事コンサルタントに尋ねた。回答は「A社の事例では目標管理制度を導入したものの、「これはおかしい」と言って半年でやめた。B社の事例では、頭の良い社員が、自分の目標を実現可能な範囲で上手に魅力的に書いて達成して昇給・昇格する一方で、組織目標を達成しようとする不器用な社員、管理職は目標を達成できず低い評価となった。3年続けたら、会社がおかしくなった」ということであった。改善方法を尋ねると、「同じ調査票で良いので、部署の目標を部門長に書かせて、部門員には、自分の目標を書かせるのではなく、部署の目標にどう貢献するかを書かせ、期末に部署の目標に貢献した結果を書かせて、それを元に評価すれば良い」と助言され、改善した。
　2020年から日本で議論されているジョブ型雇用は、専門性が高い社員を、実力どおり評価する方法としては良いであろうが、自分の仕事の範囲を自分が決めて、組織目標に関心がない社員ばかりいるような組織に導くのであれば、初期の目標管理制度と同じ失敗になるのではないだろうか。

　人的資源管理・人事マネジメントは、会社全体のマネジメントの重要な一部である。理論7で紹介したように、全体最適から外れた部分最適は意味がない。人の考え方も慣習も異なる米国の人事制度を中途半端に真似るのでは部分最適にすらならず、良い結果は期待できない。人的資源管理・人事マネジメントは、組織の最も重要な経営資源である人材のマネジメントである。人事畑や人事部の人たち、人事コンサルタントの専門性や部分最適な考え方だけに任せてよい課題ではない。人間の本質を理解して、会社と社員、組織と個人の全体最適を実現する必要がある。
　近代組織論の父、バーナードの古典『経営者の役割』(1938, The Functions of the Executive)は、経営、組織、人的資源管理に関して、現代でも多くのことを教えてくれる。

２．職種 ──企業内のバリューチェーンの機能分担──

２−１．職業、職種、職務、業務

　職業は、日常従事する業務。生計を立てるための仕事、生業、なりわいをいう[259]。職業という言葉は、企業内ではあまり使わず、同じ意味では、職務（ジョブ）を使用する。企業を超えた同じ業務（職種）の集合を、社会的なレベルで指すときに職業という。

　職業分類表（表13）は、社会的なレベルでの職業を、大分類11、中分類73、小分類369、細分類892に分類している。職業分類表の大分類では、職業を、管理的職業、専門的・技術的職業、事務的職業、販売の職業、サービスの職業、保安の職業、農林漁業の職業、生産工程の職業、輸送・機械運転の職業、建設・採掘の職業、運搬・清掃・包装等の職業に分類している。

　業務（タスク，Task）は、割り当てられた具体的な作業、最も狭い意味での仕事をいう。

　職務（ジョブ，Job）は、Task がまとまったもの（集合）をいう。

　職種は、職業の種類、職務（Job）がまとまったもの（集合）をいう。同じ企業の中でも多様な職種の人がいて、それぞれに専門性を発揮して協力して仕事を進めている。

実務知識26 ｜ 職種

　企業は、バリューチェーンの中で価値を生み出し、顧客から対価を受け取り、利益を得ることができるように、それぞれの職種の機能を果たす専門人材を育成したり、採用したりする。企業内の各機能を担う領域・分野は、現場では「畑[260]」という。例えば、「彼女は設計畑の人」、「彼は営業畑を歩いてきている」などと表現する。

　大規模製造業の内部では、出身教育機関によって、開発、設計、生産技術職は工学系、生産管理職は経済・経営学系、営業職は経済・経営系、国際営業職は語学系の出身者が多いなどの傾向がある。ただし、教育機関で工学系を学んだことがない多くの人たちが、社会に出てから学修して工学を必要とする職種に従事しているなど、教育機関で学んだことと無関係の職業・職種に就いている人は多い。

実務知識27 ｜ 国際標準職業分類（ISCO）の Task, Job, Skill, Occupation

　英語で職業は Occupation である。学校の英語では仕事は Work と習うが、国際企業の現場では、Task, Job, Occupation が仕事の意味で使われ、仕事をやり遂げる能力を Skill という。国際標準職業分類（ISCO）でそれぞれの用語の意味が定義されていて、職業は Occupation である。Work は働くこと全般を意味する。

　Task は、業務、割り当てられた具体的な作業、最も狭い意味での仕事を意味する。作業ひとつひとつを Task といい、その作業 Task がまとまったもの（集合）を

Job（職務）という。Job には稼ぐための定職（臨時ではない定まった職業）という一般的な意味もある。

Skill は、Task と、責任を任された Job をやり遂げる能力をいう[261]。

Occupation（職業）は、ある人の様々な Job と主な Task の類似性をもった集まり（集合）と認識されるものをいう[262]。

入国審査で職業を聞くときには、正式で固い言葉である Occupation が使われる。

Occupation は、occupay の「専従する」意味から派生しているので、専業主婦も職業分類上の職業ではないが Occupation である。

入国審査官：What is your occupation?
専業主婦／主夫の人：I am a housewife/homemaker/full-time mother.

例えば、企業で会計に携わる経理という職種があり、その企業を超えた集合は、社会レベルでの職業分類として「会計事務の職業」（Occupation）と分類されている。

経理の職種の職務（ジョブ，Job）として、管理会計や財務会計がある。

管理会計は、工場などの現場の生産量、費用などの数字から、部署ごとの収支を計算するための業務（タスク，Task）の集合である。例えば、原価計算という業務（タスク，Task）がある。

欧州では、企業を超えた職業分類ごとに賃金交渉を行ってきた歴史から、職業の分類が発達した。

2−2．経理

経理は、会計に関する事務、また、その処理をいう[263]。すべての企業で経理は必要である。

どの企業でも、日々の部署ごとの経理事務から、決算書・財務諸表を作成する。このような経理の業務を**財務会計**という。財務会計は、**企業外部の利害関係者に対して企業の経営成績および財政状態に関する情報を伝える**。外部の人に根拠をもって説明する必要があるため、会計基準に基づいて作成する[264]。

[表13] 職業分類表（大分類、中分類）

分類番号	項　目　名
A	**管理的職業**
01	管理的公務員
02	法人・団体の役員
03	法人・団体の管理職員
04	その他の管理的職業
B	**専門的・技術的職業**
05	研究者
06	農林水産技術者
07	開発技術者
08	製造技術者
09	建築・土木・測量技術者
10	情報処理・通信技術者
11	その他の技術者
12	医師、歯科医師、獣医師、薬剤師
13	保健師、助産師、看護師
14	医療技術者
15	その他の保健医療の職業
16	社会福祉の専門的職業
17	法務の職業
18	経営・金融・保険の専門的職業
19	教育の職業
20	宗教家
21	著述家、記者、編集者

分類番号	項　目　名
22	美術家、デザイナー、写真家、映像撮影者
23	音楽家、舞台芸術家
24	その他の専門的職業
C	**事務的職業**
25	一般事務の職業
26	会計事務の職業
27	生産関連事務の職業
28	営業・販売関連事務の職業
29	外勤事務の職業
30	運輸・郵便事務の職業
31	事務用機器操作の職業
D	**販売の職業**
32	商品販売の職業
33	販売類似の職業
34	営業の職業
E	**サービスの職業**
35	家庭生活支援サービスの職業
36	介護サービスの職業
37	保健医療サービスの職業
38	生活衛生サービスの職業
39	飲食物調理の職業
40	接客・給仕の職業
41	居住施設・ビル等の管理の職業
42	その他のサービスの職業
F	**保安の職業**
43	自衛官
44	司法警察職員
45	その他の保安の職業
G	**農林漁業の職業**
46	農業の職業
47	林業の職業
48	漁業の職業
H	**生産工程の職業**
49	生産設備制御・監視の職業（金属材料製造、金属加工、金属溶接・溶断）
50	生産設備制御・監視の職業（金属材料製造、金属加工、金属溶接・溶断を除く）

分類番号	項　目　名
51	生産設備制御・監視の職業（機械組立）
52	金属材料製造、金属加工、金属溶接・溶断の職業
54	製品製造・加工処理の職業（金属材料製造、金属加工、金属溶接・溶断を除く）
57	機械組立の職業
60	機械整備・修理の職業
61	製品検査の職業（金属材料製造、金属加工、金属溶接・溶断）
62	製品検査の職業（金属材料製造、金属加工、金属溶接・溶断を除く）
63	機械検査の職業
64	生産関連・生産類似の職業
I	**輸送・機械運転の職業**
65	鉄道運転の職業
66	自動車運転の職業
67	船舶・航空機運転の職業
68	その他の輸送の職業
69	定置・建設機械運転の職業
J	**建設・採掘の職業**
70	建設躯体工事の職業
71	建設の職業（建設躯体工事の職業を除く）
72	電気工事の職業
73	土木の職業
74	採掘の職業
K	**運搬・清掃・包装等の職業**
75	運搬の職業
76	清掃の職業
77	包装の職業
78	その他の運搬・清掃・包装等の職業

出所：（独）労働政策研究・研修機構（2011）

注：中分類53、55、56、58、59は前の中分類に統合されて欠番となっている。

[図52]
経理ができる人材は
重宝される

提供：イラスト AC

　製造業では、例えば、Ａ工場のＢ生産ラインの、日々、月次の収支が赤字か黒字か
を見極めるための経理もする。このような経営に有用な情報を社内に提供するための
経理業務を管理会計という。管理会計は、設備投資計画や新製品開発計画などの意思
決定や、利益管理、予算管理、原価計算などの経営評価・管理にも使う[265]。

　大規模製造業の経理畑の人材育成、キャリア・パスは、例えば、母工場や本社、支
社などに新入社員として配属され、５年間くらい現場の経理を習う。

　初任で本社を経験していなければ本社の経理に異動し、各工場、各部門の経理を統
合して全社の財務諸表やグループ企業との連結決算を作成する業務を習い、四半期決
算や株主総会の対応に５年くらい習熟する。

　その後、海外工場・海外支社の総務に異動し、現地の経理や本社との連結決算業務
などの経理業務だけでなく、人事や総務も担当し、現地社長の右腕として５年くらい
視野を広げる。その後、母工場や本社の経理畑の管理職を経験する。海外新規工場を
建設するかどうか経営判断するため、収支見通しを細かく計算してトップに示すこと
もある。

　経理の仕事は、例えば、カメラやプリンタといった事業に特有の技術知識を持つ必
要はないため、事業部を超えた人事異動となる。

　人によっては、全社の運転資金の調達や投資資金調達のため、銀行から融資を受け
たり、社債を海外で発行したりするなどの財務業務も経験する。最終的には財務・経
理担当執行役員、取締役になるなどのキャリア・パスである。

　このように、経理畑の人は、経理を中心に関連のある経験を簡単な仕事から難しい
仕事へと経験を重ね、少しずつ深く、幅を広げながら、高度な仕事を素早く解決でき
る技能を身に着ける。ひとつの専門（経理）の中で幅広く（本社、工場、複数の事業部、海
外、財務など）経験させることで、未経験者では考えられないような高い生産性をあげ
ることができる[266]。

　製造業以外では人事異動がもっと頻繁になったり、中小企業では人事異動しなかっ
たりと、業種、企業規模などにより人材育成の方法は多様である。

　退職しても、経理ができる人は世間で重宝され、中小企業の経理職として第２の職

業人生についたり、NPO の経理をボランティアで手伝ったりと、引く手あまたであ
ることが多い。

　　実務知識28　20代の仕事力の身に着け方

　「日本企業はゼネラリストを育成するので、いろいろな仕事を経験させる」という
誤った情報が時々見られるが、実際は上記のように職務ごとに計画的に育成してお
り、そうではない。国の行政機関も、専門で組織が分かれていて、専門家を育てる。
例えば、経済産業省は、組織として貿易と産業を担当し、内部人材として、通商、エ
ネルギー、情報産業など、政策分野ごとの専門家を、数十年かけて計画的に育成して
いる。

　地方自治体では、人材育成の長期計画なしに関連のない仕事に人事異動させ、熟練
や生産性があがらないケースが多く見られる。他方、一部の自治体で、長年、独自の
都市政策、産業政策、観光政策を実施してきたケースでは、長期の人材育成が見られ
る。

　若い人で、いろいろな経験をすることがキャリアアップになると、焦って人事異動
を希望したり、転職をしたりする人がいる。誤った情報に踊らされており、逆効果で
ある。20代を終えたときに仕事力の基礎が身についておらず、一生、仕事ができない
人になってしまった例を多数見てきた。小池和男教授が、著書『仕事の経済学』で現
場での手厚い調査を踏まえて指摘しているように、関連のある経験を簡単な仕事から
難しい仕事へと経験を重ね、少しずつ深く、幅を広げながら、高度な仕事を素早く解
決できる技能を身に着けることが大事である。

　母工場（mother factory）は、企業の中心となる工場で、母のように国内外の自社工
場の面倒をみる工場をいう。母工場は、製品開発・設計、製造技術の開発、品質管理
技術など、他の工場が必要とする人材、資源や能力を持ち、他の工場に技術者や従業
員を派遣して教育したり、社員を受け入れて教育したりする。教育・訓練を通じて生
産ノウハウを企業内で共有し、他の内外の工場の操業を支援する[267]。ものづくり企
業の中枢である設計機能は母工場に集中して置かれ、他の工場では、設計図を受け取
って生産することが多い。

　連結決算（accounting for consolidation）は、支配従属関係にある企業集団を一体と
した連結財務諸表を作成するための決算をいう。日本では、金融商品取引法および会
社法上の大会社などの企業集団が連結決算が必要となる。連結財務諸表基準と連結財
務諸表規則に準拠して決算する[268]。

　2−3．人事

　人事管理は、採用や配置など組織における個人の地位や処遇などの管理をいう。次

節で述べる人的資源管理を行い、企業に必要な人材を長期計画に基づいて育成する。

　労務管理は、現場労働者の管理や労働組合への対応をいう。日本では、冷戦時代に労働運動が強かったので、1990年ころまでは企業にとって労働組合対策が重要であり、専門とする人材もいた[269]。現在は、労務管理業務は縮小している。

　労働組合の組織率は1950年頃約50％あったが、産業全体に占めるサービス業の比率が増え、社会主義諸国が力を失った1980年代から低下を続けている。2021年、労働組合の組織率は16.9％[270]となり、社員の組合活動も、企業の労務管理業務も縮小した。契約社員やパート従業員など非正規社員の比率が増えているのに労働組合員の大半は正社員であるため、労働組合に対して「正社員の権利ばかり保護している」という批判もある[271]。世界的に見ても、冷戦終結後に入社した世代は、イデオロギーのためではなく、生活のために労働組合に加入する傾向が強い。しかし、失業保険に加入すれば目的は果たされ、失業保険は労働組合員であるなしにかかわらず加入できるので、労働組合加入の意識が薄れている[272]。

　日本の労働法制は、残業や休日を定めるには、労働者の過半数がいる労働組合、または、労働者の過半数を代表する者と協定を結ぶことを義務付けている[273]。

　大規模製造業の人事畑の人材育成、キャリア・パスの例は、母工場や本社、支社の人事部署に新入社員として配属され、人事の業務を習う。5年単位で、国内工場・支社や海外工場・海外支社の総務に異動し、人事業務だけでなく、経理や総務も担当し、現地社長の右腕として視野を広げる。その後、母工場や本社の人事畑の管理職を経験し、最終的には人事担当執行役員、取締役になるというキャリア・パスである。

　人事の仕事も、例えば、カメラやプリンタといった事業に特有の技術知識を持つ必要はないため、事業部を超えた人事異動となる。

　製造業以外では人事異動がもっと頻繁になったり、中小企業では人事異動しなかったりと、業種、企業規模などにより人材育成の方法は多様である。

　退職後は、人事コンサルタントなどの職がある。

コラム9

人事の実務

　著者は、2001-02年、（独）製品評価技術基盤機構（NITE）企画管理部長として、組織の人事の責任者を務めた。人的資源管理では、例えば、①組織に必要な人材を10年超の長期計画で育成する計画を作り、5年後に米国の学会で発表するような国内最高レベルの人材が育った。②外国政府との協定を結ぶ必要があったので、優秀な弁護士を時間契約で雇用して手早く協定案を作成してもらった。また、国の組織から独立行政法人になったことで必要となった法的対応にも手早く対応してもらった。③労務管理では、新組織に必要な残業や休日を定める協定を労働組合と結ぶ

ことができた。労働組合の組織率は50％近くまで減っていた。組合員は、社会主義を信奉する人が多く、若い職員がなかなか入らないので高齢化していた。組合幹部は、仕事熱心で、人徳（その人の身についている立派な行いや品性[274]）のある人たちが選ばれていた。現場での課題や不満を組合員から聴いて、著者らに組合交渉として定期的に職場の諸課題を申し入れてくれた。

　（独）製品評価技術基盤機構（NITE）は、1999年までは「通産検査所」などの名称で通産省の組織の一部であったが、2000年から独立行政法人となった。労働法制などは民間企業と同じ規制を新たに受ける代わりに、国の組織よりも予算の執行に柔軟性が出たので、労働組合が申し入れた課題のいくつかに対応することができた。例えば、

　　①地方で企業を訪問するときに、レンタカーや自家用車を使用できるようにした。
　　②出張に旅行パックを推奨した。仕事の都合でキャンセルになった時のキャンセル料は個人でなく組織で支払うことにした。職員は以前より良いビジネスホテルに泊まることができ、全体の旅費総額を大きく減らすことができた。
　　③本部建物内の古くなった大きな検査機器を撤去して、職場のスペースを広くし、新規業務を拡張した。国の組織だった時には、大型クレーンで吊り上げて機器を運びだす多額の撤去費用が出せず、長年の課題になっていた。
　　④③にヒントを得て、地方支部の不要な検査機器を撤去して、賃貸面積を小さくし、事務所経費を節約した。

　このように、労働組合の提案の多くは職場の困りごとに基づいているので、提案に正面から向き合うことで、多くの職場の課題を解決することができた。

　労使協調（labour-management coordination）は、労働者と使用者の利害は対立するものではなく、両者が協調し企業を盛んにすることが労働者にとっても利益になるとする考え方をいう[275]。第二次世界大戦後の日本企業は労使協調だと言われる。

　しかし、労使協調は、単純に従業員が経営に協力することではない。経営側が労働組合と密接なコミュニケーションをとることにより、従業員が指摘する諸課題を、経営側が一つひとつ課題解決していくことが、日本企業の労使協調である。

2－4．経営企画、総務

　経営企画は、社長、トップの経営構想を助け、社内の各部署と連絡・調整して、社長、トップの経営構想を実行する。**経営企画は、中期計画・ビジョンの策定、設定、管理、単年度予算の編成・管理、特命プロジェクト推進**が主な業務であり、組織構造の見直し・拠点再配置、新規事業推進、M&A（合併と買収）推進、グループ企業管理、

資本政策、組織、風土改革、取締役会等の会議体事務局、コーポレートガバナンス、中長期要員計画、海外展開推進、コンプライアンス推進、CSR 推進も担当していることが多い。経営企画の守備範囲は、広範かつ多様である[276]。

　新入社員から経営企画部署で人材育成されることは少なく、経理、生産管理、営業などの畑で育った人で、視野の広い、経営感覚のある、海外支社経験もある人が経営企画部署に集められることが多い[f]。

　総務は、経営には必要だが専門的に担当できる部署がない仕事を担当している。大企業では、営業、経理、人事、法務、広報など多くの**間接部門**（バリューチェーンの支援活動を担う部門。対して、バリューチェーンの主活動を担う部門は**直接部門**と呼ばれる。）の部署があって役割を分担しているため、総務の仕事は、社長秘書業務、企業で使用される"もの"の管理、オフィス・建物の管理、株主総会の企画・運営のサポート、入社式・社員旅行などの社内イベントの企画・運営、冠婚葬祭・トラブルへの対応などとされている。中小、ベンチャー企業では、人事部や法務部、広報部などを独立して持つほど人員に余裕がないので、人事関係、契約書の作成・管理、コンプライアンス体制の整備なども総務部の仕事となるなど、**企業の規模によって総務の仕事は異なる**[277]。

2−5．営業
営業は、顧客や市場を対象とした販売促進業務[278] をいう。

　個人向け営業、法人向け営業といった顧客の違いや、新規顧客を開拓するのか、既存の顧客との信頼関係の中での取引なのか等で内容は異なるが、自社の商品知識と顧客のニーズをマッチングさせて、両方が満足するようコミュニケーションをとることが仕事の基本となる。本社の営業本部や営業企画部などでは、マーケティングの考え方で、自社製品が売れる戦略を立て、国内外の営業スタッフが力を発揮できるようにマネジメントする。中小企業、ベンチャー企業では、社長や営業担当が一人でこれらの業務を担当していることもある。

　海外営業では、海外市場を調査したうえで、海外の商社、個人などと契約して自社製品を海外市場で売る販売経路（販売チャネル）を作ったり、海外販売会社を設立したりする。語学力があることも大事だが、営業の基本、現地の消費者動向、商慣行、関係法令などの知識が必要となる。語学ができれば海外営業ができるわけではない。日本語ができれば日本で営業ができるわけではないことと同じである。

　営業は、顧客と常に接しているため、クレームや感謝の言葉などにより、自社製品

f)　著者は、2007年7月〜09年7月、日立建機株式会社　経営企画室　部長として官民交流派遣され、のちに社長・会長となる平野氏らと机を並べて働いた。

の顧客の評価が最初に企業に入ってくる。そのため、営業から設計、生産技術に自社製品の不具合を報告して改善を求めたり、社内の会議で問題提起したりする。新製品の設計にも営業が集めた顧客の評価が活かされる。

　営業機能に特化した企業として商社・卸売業がある。総合商社は多様な商品を扱うが、就職すると一つの部門、例えば、鉄鋼部門、食品部門などに配属され、ずっと同じ部門で専門性を高めるというキャリア・パスが多い。専門商社、卸売業は、企業全体として特定の取扱品目を専門的に取り扱っている。

　営業職が特定の商品に特化することが多いのは、商品知識、業界知識などで専門性を上げていく必要があるためである。

【推薦図書７】
　吉田　雅彦（2021）『バリューチェーンと工業技術で学ぶ『企業研究入門』―― 文系学生、行政、金融職の方のために ―― 』鉱脈社
　　　商品知識、業界知識などに必要な工業技術の基礎知識を文系人材向けに解説している。

２−６．設計

　設計は、どのような製品を作るのか構想を練り、収支がプラスになるように考え、CADシステムを使って設計し、図面を作成する。これまでの製品の長所・短所や顧客の評価・クレームを考慮し、世の中の新技術を取り入れるか考え、生産のしやすさ、補修のしやすさも考慮し、市場の変化にも対応できるよう考える。製造業にとって、根幹となる仕事と言える。工学系教育機関で学んだ「設計畑」の人材が担うことが多い。

２−７．製造

　製造は、設計で設計された設計図にしたがって製品を製造する。原料（鋼材、プラスティックなど）を購入して、自社で加工して部品を自ら作ったり（内製）、協力企業に図面を渡して部品を製造してもらって購入したり（外注）して、部品を組み立ててて製品を完成させる。自らは設計だけして、製造はすべて外注するファブレス（fabless）というビジネスモデルもある。

　工業高校や大学の工学部などで学んだ生産技術畑の人材は、工場の製造ラインでの工作機械の不具合を解決することや、新規機械設備の導入、工場レイアウトの変更、工場建屋の増築、新工場の設計、施工、海外工場の立ち上げ、マネジメントなどを担っている。

　それに対して、生産管理畑の人材は、就職前に経営学、経済学、法学などを学んだ文系人材が任務に当たっていることが多い。営業、購買・調達、生産技術など社内

[図53] 生産管理は工場の運営をあれこれ工夫して進める文系出身者の仕事

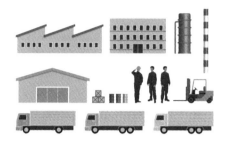

提供：イラストAC

や、調達先などの社外の関係者とコミュニケーションを取りながら、**年間生産計画、月次生産計画、日々の生産計画**を作り、遅れが出た場合には挽回する対策を作り、目標どおり生産がされていくようにマネジメントする。

製造現場を支えるスタッフは、現場で製造技術を学んだ社員、パート従業員、派遣社員、臨時社員、外国人労働者など多様な人材からなることが多い。海外工場であれば、日本人の正社員の人数は限られる。生産管理畑の人材は、すべての関係者と、製造技術、納期管理の仕組み、安全確保のための知識、生産計画などを共有するコミュニケーション能力、チームワーク力が必要とされる。したがって、生産管理畑から社長になる人もいる。

2−8．購買・調達
購買・調達は、原料の購入、部品の外注などを担当する。文系人材と理系人材の両方が任務に当たっていることが多い。工業技術の基礎知識がない場合、自社の扱う原料、部品に係る科学的、技術的知識を学ぶ必要がある。海外からの調達も多い。外注している場合は、外注先の協力企業に出向いて、品質に結びつく製造の状況をチェックする。

協力企業との購入、支払いのため「口座」を開設するのも購買・調達の仕事の一つである。一般的な銀行の口座とは意味が違い、企業間の口座は、企業間の継続的、包括的な売買契約をいう。商社の仲介なしに協力企業と金銭のやりとりをするには、協力企業の信用調査を企業が自らする必要がある。協力企業の側からは、大企業に口座を開くことができれば、仲介する商社などに手数料を払うことなく取引できることや、「大企業に口座を開設してもらっている」という信用を他の企業にアピールできる。

多くの購買・調達業務は、卸売業、商社が仲介している。卸売業・商社は、取引を仲介したり納品を管理したりするほか、金融機能を持っている。**商社金融**（finance by general trading firm) は、商社が仕入、販売先、系列企業に対して行う貸付、債務保証などをいう。銀行借入が困難な取引先の育成や、系列化による商圏拡大を目的としている[279]。

2-9. 品質管理

　品質管理（quality control ; QC）は、製品の**品質の維持と不良品の発生防止**等のため、検査を行い不良品発生の原因を分析する統計的管理手法[280] をいう。品質管理部署は、製造部署とは別に、製品の品質の最終検査などをし、顧客に迷惑をかけたり、リコールによって自社に損失をもたらすことがないように務める。工業高校や大学の工学部で学んだ人が務めていることが多い。国際企業の場合は、海外で商品に不具合が起きたら、文字通り飛んで行って、原因がわかるまで帰国しない。

　リコール（recall）は、設計・製造上の誤りなどによる製品の欠陥が判明した場合、販売した製品を、製造者が、無料で回収、点検、修理、返金等を行うことをいう。法令によるリコールと、製造者・販売者による自主的なリコールがある。例えば、自動車やオートバイは、道路運送車両法に基づきメーカーや輸入業者が無料で対応を行う[281]。

2-10. メンテナンス

　顧客に販売した製品の修理や消耗品の販売を行うのがメンテナンスである。製品販売時には同業他社との競争があるので製品価格は抑えられるが、メンテナンスには競争が働きにくいため、メーカーとしては収益部門となり、顧客としては割高感が出ることがある。自動車、工作機械、建設機械などは不具合があればメンテナンスすることがふつうであるが、家電製品など単価が安いものは、修理するより新品を購入する方が安い場合がある。景気が悪いときには新製品は売れにくくなるが、メンテナンスは不況に強いといわれる。

　工業高校や大学の工学部などで学んだ人や、企業に入ってから製品技術を学んだ人が就くことが多い。国際企業の場合、中心的な海外子会社には数名ずつ派遣され、難しい故障診断や修理を現地スタッフに指導することが多い。

2-11. 中古ビジネス、リサイクル、廃棄

　中古製品を売買する中古ビジネスは様々な製品で行われている。**中古品相場は企業の商品競争力に影響**する。自動車、建設機械などでは、自社製品の中古ビジネスを行っている企業がある。自社製品の中古価格が高ければ、新製品の競争力が上がり、売れ行きが良くなることが期待されるからである。

　日本人が使わない古い自動車や建設機械も、海外では値段がついて売れることも多い。

[表14] 中古品相場と商品競争力

1. 過去の実績

	新品の値段	3年後の中古値段	3年後に中古で売った場合の3年間の負担額
A社製品 a	200万円	100万円	100万円
B社製品 b	200万円	50万円	150万円

2. 3年後の消費者の予測と購買行動

	新品の値段	客の考え・予想	客の購買行動
A社新製品 a'	200万円	3年間の負担額は100万円で買い得。	B社製品より50万円まで高くてもA社を選ぶ。
B社新製品 b'	200万円	3年間の負担額は150万円で買い損。	A社製品より50万円以上値引きしないと買わない。

【推薦図書8】 楠木 建（2012）『ストーリーとしての競争戦略 優れた戦略の条件』東洋経済新報社　第6章
　　　中古自動車業界におけるビジネスモデルのイノベーションは、楠木（2012）に活き活きと描かれているので一読をお奨めする。

　表14のように、A社、B社の200万円の同等機能の自動車a、bがあるとする。3年後の中古価格がaは100万円、bは50万円になったとする。消費者が3年後に中古車として売れば、自動車aは100万円で、自動車bは150万円で3年間使用できたことになる。このような中古車価格が続く場合、消費者はA社の新製品a'の方がB社の新製品b'よりも、将来、中古になった時の価格が高いと予想する。その結果、A社の新製品a'はB社の新製品b'よりも売れると見込まれる。B社は新製品を値引きしないと売れないかもしれない。

　リサイクル、廃棄についても、新たな取組みが求められている。以前の車には無かったハイブリッド車の蓄電池をリサイクルしたり、廃棄物を溶解して鉄、アルミニウム、金、白金などの物質を取り出したりしている。
　現在の製品は様々な原料が使用されており、その中には**有害なもの**、**自然環境に戻らないもの**などがある。特に、化学物質は次々と新しい化合物が生み出されており、過去にはPCB[282]などの有害物質により健康被害を起こした事件も発生した。
　現在では、化学物質の審査及び製造等の規制に関する法律」（化審法）に基づき、**新規化学物質の事前審査**を行うとともに、**分解されにくいか、人体や食物連鎖の動植物に蓄積されないか、毒性がないか**など、人の健康への影響や、生態影響へのリスクを

管理している[283]。

　ハイブリッド車など、新しい製品を世に出す際には、例えば、ハイブリッドカー用ニッケル水素バッテリー等のリサイクル、廃棄についても準備するなどの準備が企業に求められる。

コラム10

持ち物を中古品で売るのはどんな時か

　経済学では、企業は価値のある商品を供給して利益を得ると考える。顧客の立場からは、購入して使用することで、購入しないよりも高い満足感（経済学では「効用」という）を得られるなら対価を払って購入すると考える。

　経済学は、商品を財とサービスに分ける。財は形のある"もの"で、サービスは形がなく、何か価値のあることをしてもらうことをいう。

　"もの"を気に入って購入すると、買った人は、中古品として売り払ったり、廃棄したりするまで満足感を得ることができる。使用や経年による劣化により、**保有することの満足感よりも持っている費用が高くつくと考えた場合には、顧客は中古品として売り払ったり、廃棄したりする。**経済学の効用の考え方を使うと、購入や廃棄の意思決定は、表15のように表現できる。部屋に置いておくと"じゃま"なものをメルカリなどで売るのは、持っていることの効用が、部屋が狭くなって"じゃま"になるといった保有費用より小さくなったからである。売って後悔した場合は、持っていることの効用が、本当は保有費用よりも大きかったということである。

[表15] 経済学の効用の考え方と"もの"の購入・保有の決定

保有していない	効用＞価格	→	買う
	効用＜価格	→	買わない
保有している	効用＞保有費用	→	保有し続ける
	効用＜保有費用	→	中古品として売却するか廃棄する

質問コーナー

Q16　就職活動の募集職種として１番多いのは営業なのか気になりました。

答え　15歳以上就業者数（6151万人）を職業大分類別にみると、生産が1742万人（28.3％）、事務が1189万人（19.3％）、営業が894万人（14.5％）、専門・技術職が846万人（13.8％）、サービス職が615万人（同10.0％）などとなっています[284]。事務には、経理、営業

支援、人事などが含まれていると思われます。生産は、理系、工業高校出身者が多いので、文系は営業が人数的には一番多いかもしれません。

Q17 経理は数学が得意じゃないといけないイメージがあるが、どうなのでしょうか？

答え 今は経理アプリが勝手に計算するので、数学や電卓は使いません。簿記や会計がわかれば大丈夫です。

3．人的資源管理

組織の質は、人材に左右される。組織の成功のためには、目標達成のために必要な人材を採用し、教育し、活躍してもらう必要がある。人材を教育し活躍してもらうには、人材配置と人材管理の意思決定と方法が重要である。

人的資源管理（Human resource management）は、従業員を採用し、教育し、モチベーションを高め、能力を発揮し続けるようマネジメントすることをいう。人的資源管理の仕事は、人事部だけが行うものではなく、経営層が方針を示したり、人事業務専門受託会社に定型業務を委託したり、人事部以外の事業部門の人的資源管理を部門の管理職が行ったりしている。

採用は、組織内の人材の状況を把握し、今後どのような人材が必要かを組織戦略に基づいて判断し、人材を募集し、雇用することをいう。採用の際に、候補者の中から誰を選ぶかは、各種の試験や、対話による面接、役割と課題を与えてどのように行動するかを見る行動面接などの方法で行われる。

社員教育は、採用者に対して任務と組織に順応させるためのオリエンテーション、従業員の業務遂行能力を向上させるための研修などがある。簡単な研修は職場で費用をかけずに行うが、複雑な能力取得は費用をかけて外部研修させることもある。中央官庁や大手銀行、製造業では、海外の大学院に留学させたり、多くの企業で、国内外のMBA（経営学修士）を経営学大学院で取得させたり、必要な資格を取得させたりしている。

業績管理制度は、客観的な人事評価で昇進、教育、カウンセリングを行うため、業績基準を定めて従業員の業績を評価する仕組みをいう[285]。

[実務知識29] リストラ・人員削減（downsizing）

リストラは、事業の再構築（Restructuring）という意味だが、日本では**人員整理や工場閉鎖、解雇**を意味するようになった[286]。英語では、人員削減は downsizing とい

う。

　　日本では正社員の解雇が難しいため、

- 勤務時間の削減
- ワークシェアリング
- 退職金を割り増しにして自主退職を促す勧奨退職
- 定年者がでても新規採用しない

などの方法が採られる。非正規社員をリストラするときは、契約期間が終了したとき
に延長雇用しない（雇止め）。

　米国、英国などは、正社員でも辞めさせたい人を名指しで容易に解雇できる。欧
州、日本は、正社員の解雇に制限がある[287]。日本企業の実務者は、正社員を解雇し
にくいと感じている。しかし、日本の雇用保護は、欧州各国と比較すると解雇しやす
い方であると OECD（経済協力開発機構，先進国が集まった機関）で評価されている[288]。

　正社員を解雇しにくい日欧などでは、退職金を多く払って希望退職者を募集する方
法でリストラが行われることが多い。仕事ができる人が割増の退職金を手にして転職
し、普通の人や仕事ができない人が残ることが多い。日本でリストラをすると、人件
費は削減されるが、削減した人件費以上に付加価値労働生産性が減少し、企業の事業
遂行能力（ケイパビリティ）が落ちることが多い。このようなリストラは、中期的には、
人件費の削減以上に企業の力を落とすことになる。次に景気回復して需要が増えた時
に、生産や販売を増やす力が無くなって、利益を得る機会を逃すことになったり、中
長期で企業が衰退する原因になったりする。リストラの代償（目標を達成するために払う
犠牲や損害[289]）は大きい。しかし、倒産すると企業は無くなってしまうので、倒産を
避けるために仕方なければ、リストラは行われる。

3．事業遂行能力を高める手法

1．デザイン思考

1－1．デザイン思考

| 理論29 | デザイン思考

　デザイン思考は、発生した問題や課題に対し、観察・共感（Empathize）、定義
（Define）、概念化（Ideate）、アイデア出し、試作（Prototype）、テスト（Test）の５つの
プロセスを経て考える手法で、解決策を見出す思考方法をいう。人々のニーズを観察
した上で課題を定義し、アイデアを出し、そのアイデアを元に試作品を作成し、実際
に顧客やユーザーにテストを行いながら試行錯誤を繰り返すことで、新たな製品や

サービスを生み出し、課題解決につなげる。デザイン思考は、ユーザーの立場から考え、根本的な解決策を探るのが特長である。

例えば、手術用具の改善要望を外科医にアンケート調査してもなかなか良い製品はできなかった。しかし、用具の開発者が、医者や看護師が手術をしている様子を、長期間、朝から晩まで観察し続けることで、様々な改善製品が開発されたという[290]。

デザイン思考は、プロジェクトに関わるすべてのスタッフがそのプロセスに参加することで、スタッフのモチベーションが向上すると言われている。デザイン思考の代表的な事例として挙げられるのは、Apple の iPod で、社内の担当者と社外のデザイナー、心理学者や人間工学の専門家など30数名が集結し、わずか11カ月で開発されたといわれている[291]。

これまでのマーケティングに関わる多くの試行錯誤の経験から、顧客に質問しても顧客の本当のニーズはわからないとされる。顧客が商品を使っている様子を、開発者たちが現場や写真などでじっくり観察することで、顧客自身が気づいていなかったり、言語化できていないニーズや課題を明らかにでき、問題や課題への対応策を発想することができる[292]。

１－２．用語の定義 ── デザイン、意匠、設計 ──

実務知識30　デザイン

デザインは、①建築・工業製品・服飾・商業美術などの分野で、**実用面などを考慮して造形作品を意匠すること。②図案や模様を考案すること。また、そのもの。③目的をもって具体的に立案・設計すること**[293] をいう。

意匠（いしょう）は、美術・工芸・工業製品などで、その**形・色・模様・配置などについて加える装飾上の工夫、デザイン**[294] で、狭い意味のデザインをいう。

広い意味のデザインは、形状や色彩、模様など外観を構成する要素が総合的に美しく構成されている。使用目的に応じた機能性や利便性を備えている。維持管理も簡単で、材料を有効に活用しており、品質基準を満たしている。安全性を確保し、量産に適し合理的な価格設定がされているなど、意匠・設計・計画が相互に関連づけられて考えられている[295]。

広い意味のデザインは設計に近い。デザインという言葉の語源は、ラテン語のDesignare（計画を記号に表す、図面に書き表す）で、設計という意味で用いられていた。設計とデザインの意味の違いは、デザインは、発想の中心にヒト、ユーザー、社会という人間の要素を考えていることであると、デザイン関係者は考えている[296]。

設計は、機械、建築物などの製作、工事に当たって要求される性能、機能などに基づいて機構や構造を定め、これに要する各部の材料、形状、寸法、加工方法、工程などの計画を立てることをいう。設計内容は図面で示され、図面に基づいて製作、工事を行う[297]。

[表16] タイムベース戦略と1時間当たり利益

時間	コスト（万円）	売値（万円）	総利益（万円）	1時間当たり利益（万円）
	時間×1万円／時		売値－コスト	総利益／時間
100	100	100	0	0
50	50	100	50	1
25	25	100	75	3
10	10	100	90	9
1	1	100	99	99
0.1	0.1	100	99.9	999
0.01	0.01	100	99.99	9999
⋮	⋮	⋮	⋮	⋮
限りなく0に近い	限りなく0に近い	100	限りなく100に近い	∞（無限）

2．トヨタ生産方式

2－1．タイムベース戦略

実務知識31　タイムベース戦略

　タイムベース戦略は、より速くものごとを行えば、時間当たりの利益を高くすることができ、競争で勝てるという戦略をいう。ボストンコンサルティンググループのストークらが、ヤンマー、トヨタなどの日本企業と米国企業を比較調査して、タイムベース戦略を考案した[298]。

　例えば、1台100万円の自動車を、1時間1万円のコストで作るときに、

- 100時間で生産すると、100万円のコストがかかる。100万円で売れて100万円のコストなので、総利益はゼロで、1時間当たりの利益もゼロである。
- 50時間で生産すると50万円のコストがかかる。100万円で売れて50万円のコストなので、50万円の総利益が出て、1時間当たりの利益は1万円である。
- 25時間で生産すると、25万円のコストがかかる。75万円の利益が出て、1時間当たりの利益は3万円である。
- 10時間で生産すると、10万円のコストがかかる。90万円の利益が出て、1時間当たりの利益は9万円である。
- 1時間で生産すると、1万円のコストがかかる。99万円の利益が出て、1時間当たりの利益は99万円である。
- 6分（0.1時間）で生産すると、0.1万円のコストがかかる。99.9万円の利益が出て、

1時間当たりの利益は999万円である。

- 36秒（0.01時間）で生産すると、0.01万円のコストがかかる。99.99万円の利益が出て、1時間当たりの利益は9999万円である。
- 3.6秒（0.001時間）で生産すると、0.001万円のコストがかかる。99.999万円の利益が出て、1時間当たりの利益は9億9999万円である。

……

- 瞬時に生産すると、100万円の利益が出て、コストは限りなくゼロになる。100万円に近い利益が出て、1時間当たりの利益は無限である。1時間当たりの利益が無限なら、どんな競争相手にも勝てる。

この考え方は、トヨタ生産システムの考え方の根幹の一つである。このため、あらゆる工程の時間をストップウォッチで計って、時間の短縮化ができないか考える。自社の付加価値を上げるためには、顧客の要望から対応までの時間を短縮する。生産などのコストを下げるには、各工程の時間（リードタイム，工程や作業の始めから終わりまでにかかる所要時間[299]）を短縮する。商品企画、設計、試作、評価、生産準備、設計変更、本格生産といった工程を、前工程が終わってから後工程に着手するのではなく、同時並行的に進めて商品企画から本格生産までの時間を短縮する。トヨタ生産方式は、事業遂行能力（ケイパビリティ）を究極まで高めるトヨタの力そのものである[300]。

著者は、岩手県庁の佐々木淳氏に、トヨタ生産方式の権威である内川晋氏の話を直接聴く機会を作っていただいたことがある。内川氏は、著者の目の前でパンっと手をたたいて「この時間で車を作れれば、誰にも負けない」と言った。

2－2．リーン生産方式

リーン生産方式（lean, 贅肉の取れた）は、米国の経営学者のウォマックとジョーンズ[301]が、日本のトヨタ生産方式（TPS；Toyota Production System）や5S・改善などを研究し、整理・体系化して一般化したもので、トヨタ生産方式の一部とほぼ同じである。

ムダの徹底的排除によって生産性向上を図り、原価を低減するための一連の活動を、経営に直結した全社的な改善活動として行う。

ジャストインタイム（Just in time；JIT）は、必要なものを、必要な時に、必要なだけ作るという意味で、自動車の生産計画に合わせて、必要な部品を、必要な時に、必要なだけ供給できれば、ムダ、ムラ、ムリがなくなり、生産効率が向上する。

ムリは、実践できないスケジュールや切り詰めといった能力を超えた計画をいう。ムダは、余分に生産したり、余計な動作など除くべき余剰をいう。ムラは、適正な方式が標準化されていないため、ムリとムダがその時々でランダム（偶然）に発生している状況をいう。ムダ・ムラ・ムリの概念は「ジャストインタイム」の主要な考え方

であり、「トヨタ生産方式」の根幹のひとつである。経営・マネジメントから現場の
プロジェクト管理、個人の業務・仕事術まで、幅広く応用できる[302]。

　平準化は、トヨタ生産方式で、製造業の工場の生産ラインの前工程と後工程の生産
が同速度で行われ、スムーズに生産が進むようにすることを意味する。生産のペース
が平準化されれば、それに見合った人・設備・材料を用意しておけば、いつも安定し
て必要な物を造ることができる。そうでない場合、例えば、前工程が遅いと、後工程
の人員は出勤しても仕事がなく人件費が無駄になってしまう。前工程が早いと、後工
程で処理しきれずに、中間製品が工場内に在庫として積み重なり、スペースの無駄、
前工程の人員の労力の無駄になる。前工程と後工程の生産が同速度で安定的に行われ
ると両工程とも生産性が最高になる[303]。

　自働化は、機械を管理する作業者の動きを「働き」にすること。例えば、異常時に
すぐに機械を止める働きができれば不良品は生産されない、１人で何台もの機械を運
転する働きができれば生産性を飛躍的に向上させることができるなどをいう[304]。

　５Ｓは、整理（Seiri）、整頓（Seiton）、清掃（Seiso）、清潔（Seiketsu）、躾（Shitsuke）
を現場で実践する活動をいう。場所・方法・標識を明確にして、地点・容器・数量を
指定し、目で見える管理の方法・仕組みを使い、清潔で明るい現場を作る。躾を身に
つけ、仕事に対する真面目な態度とルールに従う習慣を持つ[305]。

　整理整頓は、国語の辞書では、整えかたづけることと、同じ意味の語を重ねて強調
した表現[306]であるが、トヨタ生産方式では、整理は不要なモノを捨てること、整頓
は必要なものを使ったりしまいやすいよう整えることと意味を区別している。例え
ば、書類のファイルの整頓の乱れがひと目でわかるようにするために、ファイルの背
表紙に連続の「斜め線」を入れておいたり、道具が定位置にしまわれるように、道具
の形を描いた板状の道具置き場を作って保管する[307]。

[写真14] 書類整理の斜め線

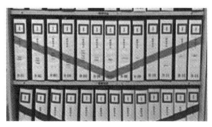

提供：改善 .net

[写真15] 道具の定位置管理

提供：改善 .net[308]

2－3．チーフエンジニア制、重量級プロダクトマネジャー

トヨタでは、1950年ころ、一人の主査が、1つの車種の企画、開発、販売まで総合的に責任をもつ主査制度を始めた。1990年ころ、**チーフエンジニア制**に名称変更した[309]。

製造業で製品設計などのマネジメントを行う人を、一般にプロジェクトマネジャーという。そのうち、地位と発言力が部長級以上で、企画、開発、販売などすべてについて、開発着手から生産終了まで責任を持つ、強い権限と重い責任を持ったプロジェクトマネジャーを**重量級プロジェクトマネジャー**という。擦り合わせ型のものづくりでは、重量級プロジェクトマネジャーがいる方が生産性は高いという調査結果がある[310]。

トヨタの主査（チーフエンジニア）は、次の10ヶ条が必要とされる。主査は、①常に広い知識、見識を学べ。②自分自身の方策を持て。③主査は大きく、かつ良い調査の網を張れ。④良い結果を得るためには全知全能を傾注せよ。⑤物事を繰り返すことを面倒がってはならぬ。⑥自分に対して自信（信念）を持つべし。⑦物事の責任を他人のせいにしてはならぬ。⑧主査と主査付（補佐役）は同一人格であらねばならぬ。⑨要領よく立ち回ってはならない。⑩主査に必要な資質は、知識、技術力、経験、判断力、決断力、度量（経験、実績、自信より生まれる）、感情的でないこと、冷静であること、活力、粘り、集中力、統率力、表現力、説得力、柔軟性、無欲という欲。要するに総合力が必要。それは人格）[311]。

主査付（補佐役）は、主査と一体になって仕事を経験することによって、次世代の主査として育成される。

3．その他の事業遂行能力を高める手法

その他の事業遂行能力を高める手法として、コンカレントエンジニアリング、垂直立ち上げ、シックスシグマ、バリューエンジニアリングなどがある。（詳しくは、第Ⅶ章の実務知識48　コンカレントエンジニアリング、実務知識49　垂直立ち上げ、実務知識50　シックスシグマ（6σ）、実務知識51　バリューエンジニアリング・VE（Value Engineering）参照。）

4．品質管理の手法

品質管理を現場で進めるため、管理図法、層化法などの手法を使う。QC（Quality Control）活動を現場段階で行なう従業員の小集団を**QCサークル**という。日本の製造現場からスタートしたQC活動は、営業・企画・開発・総務・経理など、全社的なQC運動として定着した。これを**TQC運動**（Total Quality Control）という[312]。

> 実務知識32 QC 7つ道具

　QC 7つ道具は、品質管理、品質改善の手法の中で、層別、ABC分析・パレート図、特性要因図、ヒストグラム、散布図、チェックシート、管理図をいう（第Ⅶ章の実務知識52～実務知識59参照）。数値データの処理手法が多い。各種の統計的手法を現場の実務に使えるように工夫・簡便化している。製造現場での身近で有効な道具として、小集団活動や不良低減活動等で活用されている。

4. 国際企業の事業遂行能力（ケイパビリティ）

　国際企業の事業遂行能力も、経営資源とオペレーションの組み合わせである[313]。経営資源の中心は人材である。国際企業は、世界各国の本社、国外子会社に人材を持ち、社員が持つナレッジ（知識、ノウハウ）を経営資源として持っている。したがって、世界中の社員の力を発揮させる人的資源管理が重要となる。

1. 国際企業のオペレーション —— 国外市場への進出法 ——

1-1. 国際企業の国外市場への進出

> 理論30 国際企業の国外市場への進出は段階的に進む

　国際企業の国外市場への進出方法（Foreign market entry modes）は、輸出、国外生産、海外販売子会社などが挙げられ、取り組みやすい方法から本格的な方法へと段階的に進む[314]。

[図54] 国際企業の国外市場への進出は段階的に進む

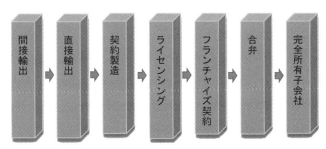

間接輸出 → 直接輸出 → 契約製造 → ライセンシング → フランチャイズ契約 → 合弁 → 完全所有子会社

　1. **間接輸出**　輸出代行業者や商社に輸出の代行を依頼する。社内でのノウハウは不要で、国内市場だけで事業遂行してきた企業が、国外市場に製品を販売する最

も簡便な方法である。

2．**直接輸出**　製品を生産する企業が、自ら輸出する。社内で輸出部署を作り、担当者を雇用、教育する。本国だけで生産するので、規模の経済（大量生産によるコストダウン）が得られるが、本国の人件費が高ければ高コストになることや、国外に運ぶ輸送コスト、関税や外国政府による輸入制限などの妨げもありうる。

3．**契約製造**（Contract manufacturing）　人件費の安い途上国などの外国企業に自社製品を製造させる。販売は自社で行う。

4．**ライセンシング**（licensing, 実施許諾）　企業が、現地企業に、特許、ノウハウなどの知的財産を与える契約をする方法。資金があまりかからないことや、政治リスクが高い国などではリスクを負わなくて良いというメリットがあるが、外国企業をコントロールできないことや、自社の技術が現地企業に伝わってしまって、契約を解消した後に競争相手になってしまったりするデメリットがある。

5．**フランチャイズ契約**（Franchise）　例えば、マクドナルドのように、外国の企業に、社名ブランドを使わせ、営業する権利を与えると同時に、運営方法を細かく指定する。外国で運営するリスクを負わなくて済むメリットがあるが、外国企業の運営の品質管理をするのが難しいというデメリットがある。

6．**合弁**　現地企業と一緒に合弁会社（複数の企業が出資を行うことにより設立される会社）を作り、外国で製造、販売する。現地企業は現地の市場を良く知っているので販売力があることや、現地政府との交渉が必要となった時に上手に交渉できるなどのメリットがある。デメリットは、合弁会社の経営をめぐって、自社と外国企業で意見が合わなくて調整に苦労したり、自社の技術が現地企業に伝わってしまって、合弁を解消した後に競争相手になってしまったりすることがある。出資比率を50％ずつにすると意思決定ができないことがあるので、国際企業側51％、現地企業49％の株式保有率にして、意見が合わない時にも最終的に株主総会の過半数の賛成で意思を通せるようにしておくことが多い[315]。

　　合弁は、他社との提携であるので、短期間で解消に至ることも少なくない。合弁が解消される理由は、①どちらかの企業がメリットを感じなくなった。②どちらかの企業が経営悪化、倒産など、③市場や現地国の政治が変化した、が主な理由である[316]。

7．**完全所有子会社**　外国に100％出資の子会社を作る方法。ゼロから会社を設立する方法と、現地企業を買収する方法がある。資金や手間がかかるが、合弁のデメリットが避けられ、子会社を本社の考えでマネジメントできる。意思決定を早くでき、知識、ノウハウの移転もでき、上がった利益も100％本社のものとなる。

1－2．国際企業のグループ企業の関係性

国際企業の国外市場への進出が段階的に進むと、国外に契約企業、合弁企業、完全

[図55] グローバル戦略提携の自由と支配の度合い

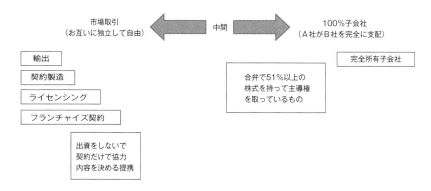

所有子会社などのグループ企業ができる。本社とグループ企業の関係性には、いくつかの種類がある。
　①上下関係がはっきりした**ヒエラルヒー**（hierarchy, 階級）**組織**
　②異なる組織間で必要な都度、契約を結んでお金で対価を払って協力する**市場取引**
　③その中間の**提携**（alliance）

１－３．グローバル戦略提携
　グローバル戦略提携（Global strategic alliance）は、独立した企業どうしが、互いの競争優位を得るために、経営資源や能力を共有し、継続的な協調関係になることをいう。
　国際企業の国外市場への進出方法のうち、完全所有子会社は、国外子会社をヒエラルヒー組織に組み込んでいる。
　提携のうち、ヒエラルヒー組織に近いものは、合弁で51％以上の株式を持って主導権を取っているものである。
　出資をしないで、契約だけで協力内容を決める提携は、お互いに独立性が高いので、市場取引に近い。輸出、契約製造、ライセンシング、フランチャイズ契約は市場取引である。

　長期に協力が必要で、途中で裏切られて他社との提携に切り替えられると困るなどの場合は、影響力を安定させるために51％以上出資して強くコントロールするM&A（合併と買収）や合弁が選択される[317]。
　国外企業を買収したり完全子会社化すると、現地のブランドや販売網、生産拠点を手に入れるまでの時間をお金で買うことができる。しかし、買収や完全子会社化で利益をあげられるかは買収後の経営能力次第となる。これまで日本企業による海外買収

は、買収後に撤退や売却に至った失敗の方が多いという調査結果がある[318]。

　日本企業による海外買収の失敗の要因は、①デュー・デリジェンス（買収対象企業の調査）やバリュエーション（利益、資産などの企業価値評価）、契約交渉などM&A（合併・買収）の実行力不足、②自社の戦略やグローバルな経営力の不足であると指摘されている[319]。海外の会社を買収する場合、現地の経営者によって経営されてきていて、現地幹部・従業員に従来からの慣習や文化がある。言葉の壁以外にも、外国人幹部・従業員をマネジメントする困難さがある。

　　ケーススタディ３　コマツ、日立建機、資生堂の海外市場への進出方法
　コマツ、日立建機、資生堂における海外市場への進出方法を、第Ⅰ章４．国際ビジネスの事例や、各社のWebサイトを見て、それぞれ考えてみよう[320]。その際、「国際企業の国外市場への進出方法（Foreign market entry modes）は、輸出、国外生産、海外販売子会社などが挙げられ、取り組みやすい方法から本格的な方法へと段階的に進む」が各社に当てはまっているか考えてみよう。

コラム11

取引コスト理論

　　理論31　取引コスト（transaction cost）理論

　取引コスト（transaction cost）理論は、経済学の理論で、市場取引において、取引契約の締結・履行や対価徴収のための費用など、取引を遂行するために必要な費用をいう。取引内容が複雑であったり、将来の見通しが不確実な場合や、取引から得られるメリットと比較して取引コストがかかりすぎる場合は、取引自体が行われなくなる可能性がある[321]。

　伝統的なミクロ経済学では取引コストはかからない（費用がゼロ）と仮定して諸理論が議論されていたので、提携することが合理的な選択である場合があることを説明できないが、取引コスト理論では説明できる。米国の経済学者のウィリアムソン（Oliver E. Williamson）は、取引コスト理論の貢献で、2009年のノーベル経済学賞を受けた。その内容は、企業取引はすべて市場取引で行われるわけではなく、大企業での内部化や系列取引など市場取引以外の多様な形態がある。ウィリアムソンは、企業が、市場取引（取引コストが発生する）と、企業内取引（企業統治。組織化コストが発生する）のどちらを選択するのか、その要因を取引コストがかかるからであると分析し[322]、取引コストは、限定合理性、機会主義、資産特殊性の３要素で分析できるとした[323]。

[図56] 取引コスト理論と伝統的なミクロ経済学

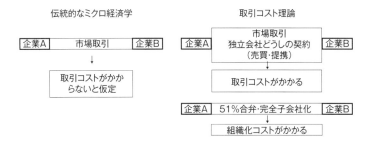

　限定合理性（bounded rationality）は、情報が得られる範囲で次善の最適化（セカンドベスト）を行うことをいう[324]。例えば、企業Aが、世界中の企業の中から良い提携先を探すのは取引コスト（探索コスト）がかかりすぎるので、調べられる範囲の中から企業Bを選択するなどである。伝統的なミクロ経済学では探索コストはかからないと仮定しているので、すべての情報を完全に把握して最適な決定をすると仮定（完全情報の過程）して諸理論が議論されている。

　機会主義（Opportunism）は、モラルなく、機会があれば約束を平気で裏切って得する行動をする考え方である。例えば、企業Aと提携の契約をしている企業Bがいるとして、企業Bは、企業Aに経営的に支配されているわけではないので、独立して意思決定できる。企業Bが、もっと高く技術を買ってくれる企業Cが現れたら、企業Aとの契約をやめて、企業Cとの契約に乗り換えることが平気であるという考え方の場合、企業Bは、機会主義的だとか、企業Bは機会主義的行動をとったという。機会主義による損失を避けるには、企業Aは、企業Bに裏切り行為の予兆がないか注意深く監視したり、提携契約（独立した企業どうしの市場取引）ではなく、企業Aが企業Bの株式を51％以上取得して、企業Bの意思決定を直接コントロールしたりするなどの代替措置が必要となる。このように、市場取引を使わず組織的に管理する場合も費用がかかり、それを**組織化コスト**という。

　資産特殊性（Asset specificity）は、例えば、企業Aと企業bの取引にだけ効率的、有効となる特殊な機械設備や知識や技術資産などがあって、取引相手を変えると資産が非効率あるいは無効となるので、相互の依存度が高くなることをいう[325]。

　企業Aが企業Bと**提携**する際の課題を、取引コスト理論で考えることができる。主な**取引コスト**として、**探索コスト**（Search cost）と**監視コスト**（Monitoring cost）がかかる。探索コストは、企業Aが必要とする経営資源を持っている多く

の企業の中からを探し出して、企業Ｂが適役か、信用できる企業かなどを調査するコストである。監視コストは、提携の契約をして目的を達成するまでの何年もの間に、企業Ｂが共同開発した技術を漏らしたり、企業Ａのライバル企業Ｃと提携して成果を持ち逃げしたりしないかなどを監視するコストである[326]。

　企業Ａが企業Ｂと提携するための取引コスト（探索コスト、監視コストなど）が大きすぎる場合は、①企業Ｂに出資して資本金比率51％以上の合弁企業とするか、②企業Ｂを吸収合併して、自社に取り込んでしまうか。③企業Ｂと提携をやめて、自社で資本金比率100％国外子会社（Ｃ社）を設立するか、考えることになる。①②③ともに、他社との**市場取引**ではなく、企業Ａが組織的に支配する選択（組織化コストが発生する）となる。

　②の企業Ｂを吸収合併するケースで、企業Ａが企業Ｂの人モノカネを上手く活用できず、組織化コストが大きいわりにメリットが出せないことがある。その場合、旧企業Ｂを再度分けて完全子会社にしたり、完全子会社にしても活用できなければ、売却してしまうケースもある。

【推薦図書９】　浅川 和宏（2003）『グローバル経営入門』日本経済新聞出版社　第10章

質問コーナー ・・・・・・・・・・・・・・・・・・・・・・・・・・・・・

　Q18　子会社ではなく、なぜ合弁会社にするのか不思議に思いました。

　答え　外国に関する知識・情報が足りない場合は、現地企業の経営者と組みます。会社に十分にお金がなければ、ノウハウを提供する代わりに、現地で企業経営をしている経営者にお金を出してもらいます。

　また、かつての中国のように、現地政府が、100％子会社を認めない政策をしている場合もあり、その場合は現地企業と合弁するしかありません。

　Q19　資生堂のハワイの海外販売子会社は、完全所有子会社に含まれますか？

　答え　100％資生堂資本。完全所有子会社ですね[327]。

　Q20　資生堂が、ローラメルシエや NARS を買収したことを調べました。それは、「国際企業の国外市場への進出は段階的に進む」のどこに当てはまるのか教えていただきたいです。

　答え　資生堂は、2016年、ローラメルシエを買収しました。各地域本社が持つ競争力や経営資源を十分に活用する戦略の一環として、アメリカ地域本社の主導で行われた[328]とのことですので、国外での営業・販売業務を自社で行う段階、国外で生産する段階に該当します。資生堂は、2021年、ローラメルシエを再売却したようです。

ローラメルシエの商品を日本で売ることは継続するようです[329]。

　NARS は、米国のミレニアル世代の消費者への営業・販売業務が目的のようですので、国外での営業・販売業務を自社で行う段階に該当します。

　業界紙によると「資生堂系列のナーズ（Nars）やローラ・メルシエは、ある時点で創業者によるワンマンブランドだったといえる。フランソワ・ナーズ氏とメルシエ氏は、現在ブランドの日常業務を行っているわけではない。だが、ナーズはブランドとしてインフルエンサーを活用した大規模な取り組みやさまざまなテーマを入れ替えながら展示するポップアップストアなどを実施。美容に関心のあるミレニアル世代の消費者の話題の中心に返り咲いた。親会社の資生堂も、カラーコスメやファンデーションで同様の戦略を活用し、若いカスタマーへのリーチを試みている[330]。」と評価されています。

　Q21　小松製作所、日立建機、資生堂は大手だと思うので、逆に新卒でベンチャーに入社する場合のメリットが知りたいです。

　答え　普通の学生が新卒でベンチャー企業や外資系企業に入ると、基礎的な社員教育や社会人教育を十分に受けられず、仕事力の基礎が身につかない可能性が指摘されています。学生時代に起業して自分で会社経営をしているような人でしたら、新卒でベンチャー企業に入社して、ぐんぐん力をつける可能性があります。

　学生が知らない BtoB（企業向け製品を作る会社）の大企業や、中堅中小企業で、良い会社がたくさんあります。視野を広くしましょう。

　いずれにしても、20代は、仕事力の基礎をつける大事な時期なので、新卒で就職する会社は、仕事の段取りを覚えられる会社、仕事力の基礎を段階的に鍛えてくれる会社であることが大事です。見分け方は、3〜5歳上の若手社員が活き活き働いている会社が、そういう会社です。就活面談の時に、社内の雰囲気を良く見ましょう。何社か行くと違いが見えてきます。新卒を大量採用して、若手がどんどん辞めていくような会社は、若手に仕事力の基礎をつける意識がない会社です。入ってはいけません。

2.　国際企業の国外流通

　国際企業は、**国外での流通をどれくらい強くコントロールするか戦略を考える**。費用は、強くコントロールしようとするほど多くかかる。

　間接輸出は、商社や現地販売者に流通を任せるので、国外での流通をコントロールすることはできない。

　100％出資の国外営業子会社を設立すれば、国外での流通を思い通りにコントロールすることができる。

　戦略的提携、フランチャイズ契約、現地企業と合弁の国外営業子会社は、その中間

138

となる。

　国際企業は、国外での流通をどのくらい限定的にするか戦略を考える。
　開放的流通戦略は、できるだけ多くの販路（流通チャネル）を使う。
　選択的流通戦略は、少数の流通業者を選んで、例えば、アパレルやバッグであれば、高級百貨店や自社ブランド店舗で販売する。
　独占的流通戦略は、それぞれの市場で限定した流通業者だけに販売させ、見返りに、競合品の販売を禁じる。例えば、Zara は、自社ブランドだけを扱う流通業者を選んで国外市場で販売している[331]。

3．国際企業の人的資源管理

3−1．企業の国際化の段階と人的資源管理
　人的資源管理は、経営の中で最も国、地域の文化、習慣の影響を受けやすいため、国際企業にとって**グローバル人的資源管理**（Global human resource management）は、特に難しい課題とされる。

　国外市場への進出のいくつかの段階のうち、商社を通して輸出するだけの段階では問題にならないが、**輸出業務を自社で行う段階**になり、国外の流通業者と直接に交渉するようになると、自社内に、交渉や契約ができる語学力と国外ビジネスの知識をもった人材を育成する必要が生まれる[332]。
　外国に国外子会社を作って外国市場での事業遂行を充実させる段階になると、現地の人材の能力を活かす管理・マネジメントが必要となる。本社の社員、本社から自国

［図57］国際企業の人的資源管理も段階的に進む

の社員を外国に送った駐在員、現地採用の社員の間の指揮命令、権限移譲、人的管理をどのように行うかが課題となる[333]。

　国外での営業・販売業務を自社で行う段階では、国外営業子会社の経営者、国際営業、経理スタッフなどを国外に派遣することになる。

　国外で生産する段階では、国外工場（生産子会社）の経営者、生産技術スタッフ、経理スタッフを国外に派遣することになる。

３−２．国外子会社の作り方

　国外子会社を、何もないところから作る場合は、現地の人を採用し、教育を通じて本社の事業遂行能力をノウハウ移転する。手間はかかるが、本社の社風が色濃く反映された企業となり、国際企業内で事業遂行能力を発揮しやすくなる。

　例えば、トヨタは愛知県にトヨタ工業学園高等部を設立し、中学校卒業者を対象として、３年間で一般教育と技能教育を行い、高校卒業資格の取得と同時に、トヨタ社員として採用している。その強みは、トヨタの企業内訓練を利用する点にあり、トヨタの現場の中核となる人材の育成を図っている。国外にも、例えば、インドにToyota Technical Training Institute（トヨタ工業技術学校）を作って、その卒業生を国外工場で採用している[334]。このような場合や、現地で新卒社員を採用して社員教育する場合は、本社の事業遂行方法、社風を反映した国外子会社にすることができる。

　国外子会社をM&A（合併と買収）**で作る場合**は、買収される前の元々の現地企業の幹部や社員がいる。本社の企業理念、事業遂行方法を、現地企業の幹部や社員に伝えても、元々の現地企業の企業理念、事業遂行方法が色濃く残ることが多い。国外営業子会社の場合は、現地市場に適合して販売力が強ければ、マルチナショナル型（ローカル適応を重視し、現地の国外子会社が十分な権限を持つ）として機能する。国外工場の場合は、生産性や品質管理に問題がなければ良いが、そうでない場合は、生産管理、生産技術について、買収される前の企業の幹部や社員などを再教育する必要が生じる。

　国外子会社を初めから作る場合は、株式の100%を保有して、本社の企業戦略を全面的に反映した企業を作る。M&Aで作る場合は、企業戦略に応じて合弁企業（共同出資企業）の出資比率は異なる。販売代理店、生産委託のように、現地企業の力に依存する場合は、50%未満の出資比率にとどめ、競合他社と提携しないように囲い込むことを重視する。企業全体で資金の余力がない場合は、事業部、現場としては51%以上出資したいが、資金がないので全社の判断で50%未満の出資比率にとどめることもある。

　全社の企業戦略にとって重要な市場の国外営業子会社や、世界の中での主力工場の一つとしたい国外工場の場合は、51%以上の出資比率の合弁会社とする。企業全体で資金の余力がない場合、51%以上を出資できない場合もあるが、機会をとらえて51%以上の出資比率にする。

　戦略的に50％未満の出資比率にとどめた国外子会社でも、場合によって、51％以上や100％の完全子会社にする場合もある。例えば、不況期に現地提携企業が倒産したり、販売や生産が不振になったとき、資金を投入して51％以上や100％の完全子会社にした上で、本社から経営者、スタッフを送って再建することがある。このような場合は、経営再建中は、本社から手厚く人材を送り込んで、事業遂行能力を上げる。

　一般に、国外子会社を設立して間もない時期や、経営再建をする時期は、本社から手厚く人材を送り込むが、徐々に、現地の幹部、社員だけで事業遂行ができるように人材育成し、本社からの派遣者を減らしていく。その理由は、

　第一に、本社から国外に派遣すると滞在費用が高いことや、本社から国外に派遣できる有能な国際営業、生産技術などの社員は人数に限りがあり、他の市場開拓に人材を投入したいという要請も強いからである。

　第二に、国際企業は、現地化できれば、その方がパフォーマンスが良くなる。地元らも現地化を要請される。現地化（localization）は、国際企業の国外子会社が現地に合った経営をし、雇用などで貢献することである。そのため、国外子会社が自律的に経営できるようにし、幹部に現地社員を登用する（人材の現地化）[335]。本社からの派遣者がいつまでもトップを占めるのではなく、現地の優秀社員を昇進させることが、現地社員のモチベーションのためにも必要である。

３−３.　国際企業の職場で働く人の多様性

　職場で働く人は多様であるが、国際企業ではいっそう多様となる[336]。

　年齢は、職場の高齢化が先進国で課題である。日本では定年制が一般的だが、米国では年齢による差別が禁止されていて定年がない。

　性別は、男女間の賃金、昇進の違いや、LGBTQ 対応などの課題がある。

　人種は、生物学的に外見上の特徴などを受け継ぐものをいう。

　民族は、民族と自ら認める集団をいう。集団内の文化、自らの民族への忠誠心が特徴である。国際企業では、多様な人種、民族の社員が働いていて、それぞれに歴史的な背景を持っている。

　障がい者の雇用が、政策による義務付けや、企業自身の行動として進められている。

　宗教は、例えば、食べてはいけない食材、髪を覆う習慣、時間を決めて祈らなければならない、教会などの宗教施設にいかなければならないなど多様なニーズがある。国際企業は、社員の宗教に対応するとともに、他の社員から特別待遇だと不満を持たれないようマネジメントする必要がある。

　LGBTQ は、Lesbian（レズビアン、女性同性愛者）、Gay（ゲイ、男性同性愛者）、Bisexual（バイセクシュアル、両性愛者）、Transgender（トランスジェンダー、性別越境者）Q（クエスチョニング、自分自身のセクシュアリティを決められない、分からない、または決めない

人）という性的志向を表わす言葉を連ねた用語をいう。職場では、LGBTQ の従業員のニーズに対応をすると同時に、すべての社員にとって安心で生産的な職場にする必要がある。例えば、見た目は男性で心は女性なので女性という社員が女子トイレを使用すると、一般の女性が落ち着けないといったことに対応するため、誰でも使用できる個室トイレを多く用意する企業もある。

理論32　ダイバーシティ、インクルージョン

　ダイバーシティ（Diversity）とは多様性の意味で、組織に多様な属性を持つ人々が集まっている状態をいう。

　インクルージョン（Inclusion）は、受容、包括の意味で、組織内の人材全員が自身の能力を活かしながら仕事に参加できる状態をいう。

　ダイバーシティ＆インクルージョンは、組織の人材がお互いに多様性を受け入れ、認め合い、それぞれの良い部分を活かしていくことをいう。年齢、性別、国籍、学歴、特性、趣味嗜好、宗教などにとらわれず、多種多様な人材が自らの能力を最大限に発揮し活躍できる理想的な組織作りに欠かせない概念として注目されている[337]。

3－4.　海外子会社に派遣する社員のマネジメント

実務知識33　海外子会社に派遣する社員のマネジメント

　本社から海外子会社に社員を派遣する場合、派遣前の社員に関する事前準備が必要である。派遣の人選は仕事の評価で行われ、仕事の引き継ぎや渡航手続きに追われて事前準備が足りないことが多い。しかし、赴任国の文化、習慣、歴史などを同行する家族も含めて研修、準備することが必要である。

　派遣されて間もないうちは、問題は目に見えて現れないことが多い。社員は仕事に追われて充実しているが、同行した家族は現地社会になじむのに苦労する。特に、子供が現地の学校に通う場合は、若いので語学や異文化を急速に吸収できるが、その分、ストレスは大きい。

　海外に派遣された社員は、全社の事業遂行の中で、海外営業子会社、海外工場の意義付けを理解して、**企業全体としての最適を実現しよう**と努力すると同時に、現地企業の幹部として、現地で採用した社員とともに、**海外子会社が、優れた事業遂行能力を持つようにマネジメント**し、そのための人的資源管理をすることが課題となる。このような多様な視座からのマネジメントは、将来の経営幹部となるための経験でもある。実際に、国際企業の社長は、海外子会社の社長や幹部を経験している人が多い。

　派遣されて時間がたつと、社員は、現地の事業遂行能力を本社や全社レベルに引き上げようとする仕事上の目標と、現地スタッフとの考え方や習慣の違い、コミュニケーションの難しさとの間にギャップを感じるようになる[338]。

[図58] 海外子会社に社員を派遣する

提供：イラスト AC

　OKY という言葉がある。「O（おまえが）K（ここへ来て）Y（やってみろ）」の略で、企業の海外駐在員たちの間で使われている。現地の事情を知らずに、日本の本社の上司から送られてくる無理な指示や要求、海外の環境への無理解など、現地と本社との意識のギャップによる"いら立ち"を表す[339]言葉である。国によって、常識、職業観、商習慣、仕事の進め方などが違う。途上国では、職業意識、インフラ整備や法制度が遅れている。日本国内でなら当然守られるはずの、約束や納期が守られないこともある。

　派遣期間中の社員のストレスは、同行した家族の現地への適応が順調な場合と、そうでない場合とでは異なってくる。仕事とプライベートの両方でストレスがあると、人の心は弱くなりやすく、うつ病になりやすい。海外駐在員のマネジメントは、現地および本社の人事責任者によるていねいなケアが必要である。

　派遣期間が終わって帰国するときは問題がないように思われがちだが、現地に適応したことにより、日本に帰ってから違和感を感じる場合があり、帰国後のケアも必要とされる[340]。

　国際企業の海外業務の人材というと、学生は、英語ができる人というイメージを持つかもしれないが、語学ができるよりも仕事ができる方が大事である。英語は必要だが、世界の市場で英語が通じる国は限られているので、グローバル企業ほど使う言語が多様となる。旧植民地の国では、大学卒は英語やフランス語などの旧支配国の言葉を話せるが、そうでない人は現地語だけという国が多い。したがって、現地市場に踏み込んだ営業をしたり、現地工場で現地社員にオンザジョブトレーニングをしたりする場合は、現地語を修得する必要がある。

　ただし、仕事に関連したことだけ話せれば良いので、必要な単語や言い回しは多くない。多くの人は、3年くらい現地に住んで、語学を学びながら仕事をすれば仕事の

会話は困らなくなる。中学、高校での英語の勉強のように何でも話せることを目指すわけではないので、学校の英語の勉強で苦労したことを思い出して海外業務を敬遠する必要はない。

【推薦図書10】 浅川 和宏（2003）『グローバル経営入門』日本経済新聞出版社　第11章

コラム12

経済産業省の海外駐在員のマネジメント

　経済産業省の海外駐在員のマネジメントの一つとして、人事担当の課長補佐が、外国に派遣された職員全員を訪問するという慣習がある。著者がカリフォルニア州サンディエゴに留学した時は、ロスアンゼルスに経済産業省からの海外駐在員、留学生が周辺の都市から集められ、人事担当の課長補佐の面談を受けて懇親をした。人事担当の課長補佐は、海外駐在員、留学生と、話をしたり顔色を見てメンタルヘルスを確認したり、困りごとをていねいに聴いたりする。そうして、人事担当の課長補佐は世界一周の出張をする。

　海外駐在員、留学生が帰国して職務に復帰する前に、人事担当の課長補佐が再び面談をして、日本社会や経済産業省の仕事に違和感がないか確認し、必要があれば帰国後のケアをする。

質問コーナー ●

　Q22　OKY で、海外は商習慣などが違ってたいへんということですが、商習慣とはどのようなものか教えてください。

　答え　ビジネスの習慣のことです。日本には、江戸時代からある商習慣や、最近できたメールの書き方の商習慣などがあります。企業や業界でも商習慣は異なって多様です。海外には、国・地域によって、それぞれ違う商習慣があります。

　Q23　企業で、海外に行かせる社員を選ぶ基準はどんなところを見ているのでしょうか？

　答え　仕事ができ、仲間とコミュニケーションを取れることです。

　最近は、海外に行きたがらない若い人が多いので、「海外に行きたいです！」と手を挙げれば、行ける可能性は高まります。就活で海外に派遣してくれる会社を探すのも良いでしょう。海外に行ってくれる若手がいなくて困っている会社が多いので、採用される可能性があります。

　語学は、総合商社などは入社時に選別しますが、多くの企業では仕事の中で必要な単語や言い回しを覚えていきます。高校の英語のように何でも話そうとするわけではなく、製品名や輸出入の手続きなど仕事に限定的な会話ですし、書類も売上や業務報告など限定されているので英語でもすぐ慣れます。３年くらい海外にいれば、仕事と生活で使う英語と現地語を覚えられる人が多いです。最初に海外赴任させる社員を、現地家庭にホームステイさせる会社もあります。

　一番難しい語学は、外国人の顧客と夕食などで文化的な会話をすることです。これは、幅広い語学と外国文化の教養がないとできません。そこまで求められることは少ないので大丈夫です。

　Q24　企業の多様性が重視されるという記事を読みました。ある企業の社長さんは「いろいろな才能、いろいろな特技、自分ひとりでは気付かない、似ていない視点を持ってきてくれる人が集まらないと、本当に変化の激しい時代で生き残れない」と言っています。私はこの言葉を聞いて、確かに今後変化していく社会の中で生き残っていくためには、常に新しい視点から取り組むことが必要だと思いました。国をまたぐ取り組み、様々な人と人とが手を取り合うにはそれぞれの多様性を受け止めあう理解しあうことが大切になると思いました。

　答え　組織は、人材が多様な方が強いです。様々なタイプの環境変化に対応できる可能性があるからです。

　米国は、多様な移民がいて、毎年、世界中から集まってくるので強いです。

　日本にも多様な人たちがいます。個人差もありますし、東北、関西、九州など地域の傾向もあります。日本企業が国際競争力を持った2000年ころまで、日本人の多様性も強みでした。

４．国際企業の本社の国外対応組織

| 理論33 | 国際企業の本社の国外対応組織

　企業が国外市場に進出する段階として、モノの輸出入を始める段階、外国企業への知的財産供与などによって製品・生産技術・ノウハウを国外移転する段階、外国企業に出資して提携したりする段階などの各段階では、必要に応じて、貿易、知的財産管理、M&A（合併と買収）を行う担当部署を置き、専門人材を育成、確保する必要が生じる。

　企業が国外市場に進出する**初期の段階**では、本社内に"**国際事業部**"といった組織が作られ、国外との関係を担当する。さらに外国に国外子会社を作って外国市場での事業遂行を充実させる段階になると、本社の、例えば、カメラやプリンタを製造している事業部ごとに、**直接に国外子会社と情報交換をする**必要が増え、"国際事業部"

[表17]　日本の中央省庁の海外対応組織の例

中央省庁名	国外対応組織名
総務省	情報通信国際戦略局
農林水産省	大臣官房 国際部
経済産業省	通商政策局
外務省	アジア大洋州局、北米局、中南米局、欧州局、中央アフリカ局

の立場は薄くなっていく。また、販売チャネルを各国市場ごとに充実させていく段階では"国際事業部"といった大雑把なまとめ方では仕事にならず、**日本、アジア、米州、欧州、中国といった地域、国担当の本社内の部署が必要となり、米州支社、欧州支社といった、地域の中核となる国外営業子会社が必要**となってくる。

　このように、外国市場での事業遂行を充実させる段階では、**製品・事業部の軸と地域の軸の両方を組織としてマネジメントしなければならなくなり**、"国際事業部"や**製品事業部などの組織だけでは対応できなくなっていく。**

　このような課題に対応するために生み出されたのが、**グローバル・マトリックス組織である**[341]。

　マトリクス組織は、組織形態に縦と横の関係を持ち込んだものである。例えば、縦軸の組織を日本、アジア、米州、欧州など市場別に置き、横軸の組織に、カメラ、プリンタなど製品別に置く。米州のプリンタを担当している社員は、米州担当の上司と、プリンタ担当の上司に報告して指示を受ける。グローバル・マトリックス組織のメリットは、**市場別、製品別など、異なる組織形態の利点を掛け合わせ、同時に達成**しようとする組織であること。デメリットは、**縦横の利害調整が複雑**になること。例えば、製品ごとの売上目標と、市場ごと売上げ目標がある時に、どちらかが達成できない場合の調整をどうするのかなどに調整の労力がかかる[342]。

　日本の中央省庁の海外対応組織 (表17) を見ると、総務省の情報通信分野や農林水産省は"国際事業部"組織で対応している。

　経済産業省は、通商政策局が国際市場の地域担当の部署の集まりで、省内の製造産業局、資源エネルギー庁などの事業部署との組み合わせでグローバル・マトリックス組織になっている。例えば、日米自動車協議では、米国市場に詳しく、米国政府と人脈を持つ米州課、WTOの専門家で、スイスにあるWTO事務局と人脈を持つ通商機構部、自動車産業の担当で、日本の自動車各社とつながりの深い自動車課が、表18のマトリクス (縦横の表) の斜線の部分で一緒に仕事を進めた。それぞれの担当者は、製造産業局、通商政策局長という2人の上司に報告連絡相談をしながら業務を進めた。さらにその上司として大臣がいて、大臣に報告連絡相談をしながら交渉を進めた。

146

[表18] 日米自動車協議での通商産業省（当時）のマトリクス組織対応

		製 造 産 業 局						
		金属課	化学物質管理課	素材産業課	生活製品課	産業機械課	自動車課	航空機武器宇宙産業課
通商政策局	米州課 米州市場担当						▨	
	欧州課							
	中東アフリカ課							
	アジア大洋州課							
	通商機構部 WTO担当						▨	

注：部署名は2021年の経済産業省のものに置き換えている。

　外務省は、アジア大洋州局、北米局など地域担当部署が組織の中核を占めており、省内の経済局、国際法局などの事業部署および各省庁の事業部署との組み合わせで外交問題に対処している。その意味で、中央省庁全体が、外務省を海外担当部署とし、各省庁を事業部署とするグローバル・マトリックス組織になっている。外交問題に対処するときに、外務省と各省庁との関係が難しくなることがあるが、その多くは、グローバル・マトリックス組織のデメリットである“縦横の利害調整が複雑になること”に起因している。

5．本社と国外子会社の関係

理論34　公式メカニズム・非公式メカニズム

　本社と子会社の関係は、第一に、事業遂行の標準化、ルール、マニュアル作りを行い、意思決定方法と責任分担を明確にする方法（公式メカニズム）がある。

　第二に、本社、国外子会社の社員の人的交流を通じた価値観や、企業文化、経営理念を共有する方法（非公式メカニズム）がある。例えば、国外子会社を本社役員や社員が頻繁に訪問して意見交換をしたり、企業理念を各国語に翻訳し、本社、国外子会社の社員間で共有したりする。

　第三に、本社と国外子会社の関係をピラミッド型の上下関係や、1対1の関係ではなく、本社から国外子会社、国外子会社から本社、国外子会社どうしというように、本社と多数の国外子会社がネットワークとして繋がった関係にするという考え方がある[343]。

| 実務知識34 | 企業文化 |

　企業文化（corporate culture）、組織文化（organizational culture）は、組織の人材が共有する価値観、ものの考え方、思考様式、思考のパラダイム、行動規範をいう。組織の共通言語・意味体系を構成する。社風は、職場の人たちが醸し出す雰囲気で、組織文化と同じように意思決定の基準となり、社員の行動を制約する[344]。

　組織がシステムとして自律的に動くためには、企業理念と経営計画・目標に加えて、組織内の人材がわかりあえる共通言語が必要である[345]。

　企業文化は、時間をかけて形成される。企業文化は、見たり触ったりできないが、社員が経験の中で認識する。企業文化は言語化できる。社員は、経歴、役職が異なっても、似た言葉で企業文化を表現できる。企業文化は、創立者のビジョンや使命感を反映していることが多い。社員は、創業者のエピソード、企業にとって重要な事件や危機の記憶に基づく物語り、慣例、社内用語などで企業文化を学ぶ。企業文化は、社員、管理職の行動に影響を与える[346]。

> コラム13

経済産業省の企業文化（組織文化）と事業遂行能力

　著者が1984-2015年勤務した通商産業省・経済産業省には、仕事を依頼する、仕事を受け取る、関係者の合意形成をするなどの仕事の方法に関して、独特の用語と方法がある。例えば、直属上司よりもさらに上の上司から直接に（途中の職階を飛ばして）仕事を依頼されることが良くあり、その場合は、途中の職階の人を経由しないで、仕事を依頼された人に、直接、仕事を返さなければならない。「ボールは投げてきた人に直接返す。他の人に返してはいけない。他の人に返してもらうよう頼んでもいけない。」というルールがある。途中の職階の人には「そのような依頼が上の方からあって、この内容で直接回答する」ことを相談・報告しておくといった仕事のルールとセットになっている。1年目の職員は、これらのルールを機会があるごとに先輩から叩き込まれる。著者は覚えが悪いので、「ボールは投げてきた人に直接返せと言っただろう」などと良く怒られた。

　2011年3月11日金曜日に発生した東日本大震災により、著者が筆頭課長職を務めていた経済産業省製造産業局では、モノ不足による生命の危機への対応が課題となった。工場火災や機械倒壊によって生産が止まったり、製品を運ぶための道路、鉄道などの被災・寸断によって、様々なモノ不足が起こった。翌週には、各段階の在庫・備蓄がなくなり、不足する物資の緊急性の調査、その物資の調達と配送手配に追われることになった。課内でミーティングをして、それ以降の電話応対は、まず「その物資がないと人が死にますか？」と聞き、医療品、消毒薬など、そうであれ

ば即刻対応し、そうでなければ「追ってこちらから折り返しの電話をします」という対応とした。

　続いて、発電所の被災と、夏のエアコン需要のために起こった電力不足、それに対応して、地域を区切って順番に停電させる計画停電が始まった。使い捨ての医療用具などの必要物資の生産を継続するために、省内の電力担当部署と細かくひんばんに調整して、命を支えるモノの生産が止まらないように事前に調整した。

　これらの緊急対応の際、経済産業省の企業文化（組織文化）と共通言語は、多忙を極める中で、最小限のコミュニケーションで、正確、迅速に事態に対応することに大きく寄与した。例えば、多忙な中、上司や部下が席にいるとは限らないので、途中の階層を飛ばしてコミュニケーションして緊急対処し、後で飛ばした人に報告して情報共有して補うといったことが、従来からの仕事の慣習に基づいて自然に行われた。前年の2010年４月に入社（入省）して、１年弱の職場経験の職員も含めて、年齢や職種に関わらず、共通言語によって情報が正確に理解され、加工され伝達され、対処された。これらが、経済産業省の人材が共有する企業文化（組織文化）と共通言語による事業遂行能力（ケイパビリティ）の力である。

　例外は、2011年４月に入省してきた新入職員であった。彼らが入省してきた時には、職場は緊急対応でフル回転していた。何がコミュニケーションされているのか、あまりに聞きなれない用語と概念が、あまりに高速でやり取りされるので理解することができなかった。2011年入社（入省）職員の一人は、その後数年で立派な中堅職員になっていて、「あの時は何もわからず、テレビのチャンネルを報道・ニュースに合わせるくらいしかできなくて悔しかったです」と振り返った。

　2007-09年、著者は、日立グループの日立建機に官民交流派遣で出向した。最初の９カ月は、会議に出ても何を話しているのかわからなかった。産業に関わる経済産業省とは言え、公務員である著者がビジネス用語を知らないことが主な原因だったが、生産工程の周辺には日立独特の用語があった。１か月の工場勤務を含めて１年経った頃、何をコミュニケーションしているか理解できるようになった。日立建機以外の日立グループの社員も、業種は違っても共通の企業文化、共通言語があった。日立グループの事業遂行能力（ケイパビリティ）に、企業文化、共通言語が大きく寄与していることを実感した。それは、1910年創業以来の日立製作所・日立グループの事業活動の経験によって形成されてきたものであろう。

　経済産業省の前身は通商産業省で1949年に作られた。歴史をたどると、明治の1881年、殖産興業を目的とする**農商務省**が作られて、1925年に**商工省**が分離独立した。第二次世界大戦前の商工省と、戦後の通商産業省・経済産業省では、組織の担当範囲や性格が少し違う。通商産業省・経済産業省の担当範囲は、1943年に作られた**軍需省**とほぼ同じで、戦前の商工省よりも広い。軍需省は、第二次世界大戦中の兵站・ロジスティクスを担うために商工省をベースに作られた役所で、先輩によると、陸海軍から管理職が来て、商工省の人たちは不足物資のニーズの把握、調達

と配送手配に追われていたという。電力は、戦前は商工省ではなく逓信省の担当だったが、軍需省に集められ、戦後の通商産業省・経済産業省にそのまま引き継がれた。

　東日本大震災の際の経済産業省の対応業務は、軍需省の戦争中の兵站業務と似ていただろうと実感した。著者は、震災対応で、多忙を極めて睡眠時間も少ない日々が続く中、ふと、戦争中の軍需省で同じ仕事を担当した先輩がいたであろうこと、その先輩の仕事の厳しさ、その先輩が感じたであろう深い悲しみを感じることがあった。震災対応は、いつかは生産、配送の状況が好転する。しかし、戦争中の生産、配送の状況が好転することはないと、敗戦の何年も前から、その先輩はわかっていたはずだ。

【推薦図書11】　浅川 和宏（2003）『グローバル経営入門』日本経済新聞出版社　第3、4、5章

6．国際企業の知的財産権

実務知識35　国際知的財産権

6－1．知的財産権

　知的財産権関連法は、発明の特許、本や音楽などの著作権、不正競争防止、植物の種の権利など、知的財産権に関わる法律をいう。

　日本では、特許庁が審査して権利を与える**工業所有権法**（**特許法、実用新案法、意匠法、商標法**）、**著作権法**、**不正競争防止法**、**種苗法**などがある[347]。先進国では同様の法制度があり、それぞれの法律ごとに条約や政府機関の会合があって内容を調整しているが、英米法と欧州大陸法で異なるなど、違いがある。途上国では、法制度に不備があったり、執行が不十分な場合がある。国によって異なるので、必要があれば、国ごとに法律を調べる必要がある。

　国際企業が、各国で知的財産に関連するトラブルにあったときは、各国の知的財産権関連法で対応しなければならない[348]。例えば、中国で自社の商標権を守るためには、中国で商標権を得ておいて、侵害されたら中国で裁判して侵害をやめさせなければならない。

6－2．商標の例

　商標は、企業者が、商品・サービスを他社のものと区別するために使用するマーク（識別標識）やネーミングをいう。消費者が商品を購入したりサービスを利用したりするとき、企業のマークや商品・サービスの商標を一つの目印として選んでいる。そし

[図59] 商標の例

WALKMAN アリナミン

出所：特許庁

注：文字商標の例：商品ロゴ（WALKMAN）文字商標の例：商品ロゴ（アリナミン）
　　記号商標の例：企業ロゴ（住友電工）図形商標の例：企業シンボルマーク（ヤマト運輸）
　　立体商標の例：企業キャラクター店頭人形（不二家のペコちゃん）

て、事業者が営業努力によって商品やサービスに対する消費者の信用を積み重ねることによりブランドイメージができている。商標には、文字、図形、記号、立体的形状やこれらを組み合わせたものなどのタイプがある。2012年から、動き商標、ホログラム商標、色彩のみからなる商標、音商標、位置商標も、商標登録ができるようになった。商標権を取得するためには、特許庁に出願して商標登録を受けることが必要である[349]。

　海外では、それぞれの国の制度で商標登録をすることが必要である。自社の商標でも、例えば、中国で先に取られてしまうと中国で使うことができなくなる。「クレヨンしんちゃん」の中国語名とキャラクター、良品計画の「無印良品」「MUJI」というブランド名、地名の「青森」、地域ブランドの「美濃焼」などは、中国で他人に先に商標出願されてしまい、日本企業が中国で使えなくなった。このようなトラブルを、横取り商標、冒認出願（第三者が他人の発明等を盗み、その発明等で出願を行うこと）という[350]。

> コラム14
>
> ### 中国との知的財産権関連法改正交渉
>
> 　著者は、2004-05年、政府模倣品・海賊版対策総合窓口室長（初代）兼　経済産業省模倣品対策室長（初代）を務め、主に、中国のニセモノ対策に関わった。当時の中国の知的財産権に関連する法律は未整備な部分が多く、執行も不十分であったため、米国から厳しく非難されていた。日本政府は、米国とともに中国の工業所有権法の改正など知的財産関連法の整備と執行の強化に貢献した。
>
> 　日本政府の窓口として、自動車業界、電気業界、農作物の種の業界などから中国での知的財産権トラブルの内容を聴き取り、日本の官民の代表団のメッセージとして取りまとめ、中国政府に対して、法制度の整備、適切な執行、中国の裁判所での

外国企業への公正な裁判などを要請した[351]。

　著者は、日本の不正競争防止法の内容を中国の不正競争防止法に取り入れて法整備するよう交渉して実現した。当時の中国の不正競争防止法を見ると、発音はできず文法はわからなかったが、漢字を見比べると日本の改正前の不正競争防止法とまったく同じ内容であることがわかった。経緯を調べると、日中国交正常化（1972年）の後に、日本から中国への経済協力の一環として、中国の不正競争防止法が日本法を翻訳して作られていた。通産省の先輩の功績である。日本の不正競争防止法改正と同じ改正を中国もすれば、米国も満足する世界標準の内容の不正競争防止法になることがわかった。米国と中国は、中国の不正競争防止法を英語に翻訳して弁護士を交えて長らく交渉をしていたが、米国の不正競争防止法と日中の不正競争防止法の構造が違うので、相互の理解が進まず、難航していた。著者は中国の不正競争防止法改正案を日本語で作り、日本人の中国法の権威であった弁護士に中国語に翻訳してもらった。

　米国政府の担当課長に提示して「これで米国が心配している論点はすべて解決できる」と内容を説明して了解を得た。

　次に、中国政府の法制局の担当官に改正案を提示して「この改正をすれば、日米や先進国との不正競争防止法の問題はすべて解決できる」と交渉した。会って会話すると、担当官がとても頭が良いことがわかった。毎年、担当官1人当たり十数本の法律改正をし、地方政府と全国人民代表大会関係者との調整をしているとのことであった。昔の科挙（中国で隋代から清末期まで行われた高級官吏任用制度[352]）に合格した秀才とは、このような人かと感じた。

5．宗教、戦争、政治体制
── 海外市場・外国人材を理解するために ──

　現在の日本人にとって、宗教、戦争、政治体制は、世界の人たちに比べて苦手な分野になっている。その原因は、戦国時代の一向一揆、比叡山焼き討ちや西欧諸国のキリスト教布教などの経験から、**江戸幕府が宗教の政治・軍事への関与を禁じたこと**や、第二次世界大戦の敗戦によって、それまでの価値観の一部が戦勝国や国民自身から否定され、宗教、文化、伝統の一部を継承しなかったなどの歴史背景がある。**第二次世界大戦後は、戦争やスパイについて考えること、話すことが抑制されてきた**[353]。

　日本国憲法は、宗教は政治権力を行使してはならない、国は宗教的活動をしてはならないと定めているが、外国はそうではない。米国は、歴代大統領は聖書に宣誓し、キリスト教の教えから人工中絶を禁じている州がある[354]。ロシアのウクライナ侵攻を、ロシア正教（ローマカトリック、プロテスタントと並ぶ3大キリスト教の1つ）のトップ

[写真16] 聖書に手を置き宣誓をするバイデン大統領 (2021年)

出所：Wikimedia Commons

が支持し、ロシア人に影響を与えている[355]。多くのキリスト教の国に、キリスト教民主党という政党がある。多くのイスラム教の国ではイスラム指導者が権力を持っている。世界では、宗教は政治・軍事や暮らしに深くかかわっている。

実務知識36 宗教、戦争、政治体制

　宗教、戦争、政治体制に関する世界標準の知識を持つことは、**海外市場を理解し、外国人従業員とコミュニケーションをとりながら国際ビジネスをするために**必要である。

1．世界の宗教

　世界の宗教分布は、図60のように、欧州、米州、ロシア、豪、ニュージーランド、中南部アフリカはキリスト教が多く、中東、北アフリカ、パキスタン、バングラディシュ、マレーシア、インドネシアはイスラム教が多い。

【推薦図書12】地図で見る世界の宗教
● ティム・ダウリー（2020）（蔵持 不三也（訳））『地図で見る世界の宗教』柊風舎

　宗教 (religion) は、神・仏などの超越的存在や、聖なるものに係る人間の営みをいう。古代から現代に至るまで、世界各地に多様のものがある[356]。
　世界宗教は、民族、国籍、階級などに関わりなく、世界に広まっている宗教をいう。仏教、キリスト教、イスラム教が代表例である。開祖があり、人間性の深い理解に基づく個人の救済を教説の中心としている[357]。
　世界の宗教人口（2016年）は、キリスト教33％、イスラム教24％、ヒンドゥー教14％、仏教7％、中国民間宗教6％、民族宗教（民族に自然発生的に成立し、受け継がれている宗教。神道、古代ユダヤ教、ゾロアスター教、道教など[358]）4％[359]であった。

[図60] 世界の宗教分布

The Religions of the World

Christianity
Islam
Hinduism
Buddhism
Judaism
Chinese religions
Korean religions
Shinto
Folk religions
No religion

出所：Wikimedia Commons

１－１．キリスト教

　キリストは、神に選ばれた者を意味する語である。１世紀の初め頃、ローマ支配下にあったパレスチナのユダヤ人のイエスを救い主とするキリスト教の信仰によってイエスを指す言葉として用いられ、**イエス・キリスト**が固有名詞となった[360]。イエスと、弟子は全員がユダヤ人だったが、イエスの死後、非ユダヤ人も信者になり、パレスチナから地中海沿岸に広まり、西暦150年ころにはローマにも広まった。**ローマ帝国**は、最初は、キリスト教徒が皇帝を崇拝しないとして弾圧したが、**四世紀、キリスト教を国の宗教として政権安定のために利用した**[361]。

　西暦476年のローマ帝国崩壊後は、キリスト教の教皇が、欧州での政治力を強めていった。11世紀には、欧州西部は**ローマカトリック**、東ローマ帝国は**ギリシャ正教会**、ロシアなどスラブ民族は**ロシア正教会**などにキリスト教が分かれた[362]。

　16世紀、キリスト教の宗教改革が起こり、ドイツは**プロテスタント**、英国は国教会などに分かれ、イタリア、フランス、スペイン、ポルトガルなどはローマカトリックを維持した[363]。

　ローマカトリックでは、おカネを貯めるのは良くないこととされていたが、プロテスタントはおカネを貯めることを良いこととし、商工業者に受け入れられていった[364]。これにより、英国、ドイツ、米国など、プロテスタントの国では近代資本主義が発達して国力が強くなり、イタリア、スペイン、フランス、ギリシャ、南米など、ローマカトリック、正教会の国では経済が強くない傾向が、現在も続いている。

　20世紀初期までの大航海時代、植民地支配によって、**支配国のキリスト教が植民地に広まった**[365]。その結果、図60のように、欧州、米州、ロシア、豪、ニュージーラ

ント、中南部アフリカは、キリスト教が多い。

1-2. イスラム教

西暦610年頃、ムハンマドは、「唯一の神アッラーは、慈悲深く、全能であるなど」の神からの啓示（神が人間に真理を示すこと）を受けたと信じ、ムハンマドが語った言葉が、死後、コーランに編集・記載された。イスラム教を信じる者をムスリムという。ムハンマドは、西暦630年、メッカで、迫害者、敵対者と戦って勝利する。敵を許したことで、イスラム教はアラビア半島に広まった。632年、ムハンマドは死去するが、ムスリム軍は、750年までに、**アラビア半島、中東、エジプト、北アフリカ、現在のイラク、イラン、スペインの南半分を支配した**[366]。15世紀までには、イスラム教は、インド北西部（現在のパキスタン）、ガンジス川河口域（現在のバングラデシュ）、マレーシア、インドネシア、フィリピン南部に広がった[367]。

ムハンマドの死後、西暦661年、イスラム教はスンニ派（85%）、シーア派（15%）に分かれ、以後、対立している。シーア派は、イラン、イラク、バーレーンに多く、他の国はスンニ派が多い[368]。

イスラム原理主義は、イスラム教の理想に帰れという考え方をいう。1970年代、石油の収入で豊かになった中東で、欧米化、都市化が進み、イスラム教の戒律を破ってスカーフを被らない女性や、礼拝しない人が増えた。これに反発して、イスラム原理主義が生まれた。1979年、イランで革命が起こり、欧米化を否定してイスラム法に従う政権となった。

テロを起こすイスラム過激派には、シリア・イラクのＩＳ、アフガニスタンのタリバン、パキスタン、イエメンのアルカイダなどがある[369]。

イスラム原理主義者すべてがイスラム過激派というわけではなく、過激派はごく少数である[370]。

1-3. その他の宗教

インドでは、紀元前12世紀に、口伝えの伝承が編纂された教典をもつバラモン教が、インド文明の起源とともにあった[371]。西暦1000年までに、ヴィシュヌ、シヴァなどの神々への崇拝が広まった[372]。ヒンドゥー教という言葉は、インドのこれらの多様な宗教、風習、制度を総括して西欧人が名づけたもので、一つの宗教を指す言葉ではなく、**インドではそう呼ばない**[373]。

インド以外にも、4，5世紀にジャワ島を経由してヒンドゥー教、仏教がバリ島に伝えられ、土着宗教と融合し、バリ島独自のヒンドゥー教が発達した[374]。

仏教は、紀元前573年頃生まれた仏陀によって開かれた。仏教に創造神はない[375]。現在は、①ミャンマー、タイ、スリランカに伝統的な小乗仏教、②中国、朝鮮半島、日本に大乗仏教（すべての人を救おうとする仏教）、③チベット、モンゴルにチベット仏

[写真17]
深刻な災害でも略奪が
起きず、静かに列を作
る日本人に世界が驚き
称賛した

提供：時事通信社（2011年3月12日）東日本大震災・コンビニに長蛇の列。
停電が続くコンビニエンスストアに、食料などを求めて住民らの長
蛇の列ができた（宮城・仙台市若林区）

教が広まっている[376]。

　ユダヤ教は、唯一の神（ヤハウェ）がユダヤ民族を選んで契約を結び（選民思想）、預
言者モーセに教えを啓示したという信仰に基づいて、その教えを生活の中で実践する
ユダヤ民族の宗教である。ユダヤ教徒たちは、古代に王国が滅亡して以来、1948年の
イスラエル建国まで、国を持たない民族として世界各地に離散した[377]。10世紀以降、
ローマカトリックが、おカネを貯めたり金利をとるのは良くないとしていたのに、ユ
ダヤ人が金融、商売で成功していたことや、イエス・キリストの処刑に加担したとの
考えなどから[378]、欧州諸国で、国外追放、大量虐殺がしばしば行われた。一方で、
英国、オランダは、ユダヤ人の商活動を評価し、19世紀に市民と認めた[379]。1933年、
ナチス党のヒトラーがドイツの首相になってから1944年まで、約12.5万人のユダヤ
人が虐殺された（ホロコースト）。1920年以降、パレスチナは英国領となっていたが、
1947年、国際連合はパレスチナをユダヤ人国家とアラブ人国家に分割する決議を行
い、1948年、イスラエルが独立を宣言した[380]。その後、1973年まで4回の中東戦争
（イスラエルとアラブ諸国）があった。

　ユダヤ人は欧州で多くの職業を禁じられてきたため、学問、芸術、金融業、商業で
成功者を出し[381]、現在も金融など国際ビジネスに大きな影響力を持っている。

1－4．日本人は無宗教か

　日本は、「神道、仏教など多様な宗教があり、多くの人が一つ以上の宗教を信じて
いる。日本の宗教は、多様な伝統で見事に共存している」と、海外の宗教研究の有識
者から評価されている[382]。

　日本人は、熱心なキリスト教徒やイスラム教徒のようには宗教を信じていないかも

しれないが、冠婚葬祭に神道や仏教があり、受験、病気、婚活などの際に神に祈ったり、自然崇拝の伝統があり、スピリチュアルを好む人も多い。「人さまにご迷惑をかけないように」「悪事は誰も見ていないかもしれないが、神様、ご先祖様は見ている」など、家庭や身近な道徳教育も受けている。震災など災害時の人々の行動に見られるように、世界が驚くほどの高いモラル（倫理や道徳意識）を日本人は持っている。

　世界では、「無神論者は道徳心が少なく、危険人物である」と認識している人が多い。13か国3000人に行った調査[383]では「動物虐待をし、スリルをエスカレートさせて殺人するようなモラルに反する人物は無神論者が多い」と多くの人が考えていた。海外で、「特定の宗教を信じていない」という意味で、書類に「信じる宗教はない」と書いたり、話したりすると、日本人が想像しないほど強い否定的な反応を受けることがあるので、注意が必要である。「自分は宗教を信じていない」と考えていても、海外では「日本には伝統的な宗教があり、私は道徳心があります」などと答えた方が無難で、宗教を信じているかいないかの2択の質問には「ある」と答えた方がトラブルになりにくい。
　海外では宗教行事が生活に溶け込んでいるので、自分が信仰していない宗教の行事に立ち会うことがある。その場合は、その信者の振る舞いや儀礼を真似する必要はなく、じっと頭を下げて敬意を表していればよい。

質問コーナー ●

　Q25　海外と日本では宗教に対する考え方の違いがあることが分かりました。他に深刻で気をつけなければいけないことがありましたら教えてください。
　答え　社交の場で、「政治と宗教の話はするな」と言われます。お互いに、話をしても一致することはないからでしょう。
　中国では、話した内容でスパイとされて突然に逮捕され、懲役になった日本人がいます[384]。
　Q26　日本人が宗教に関心が薄いのは、神仏習合の考えが出てきたことで根付いたのでしょうか？　それとも日本国憲法で信仰の自由が盛り込まれたからでしょうか？
　それ以前にそもそも元から関心が薄かったためにこれらの考えが出てきたのでしょうか？
　答え　ティム・ダウリー（2020）（蔵持 不三也（訳））『地図で見る世界の宗教』柊風舎（p.160）では、日本は、「神道、仏教など多様な宗教があり、多くの人が一つ以上の宗教を信じている。日本の宗教は、多様な伝統で見事に共存している」と、前向きに評価しています。葬式は仏式、結婚式はキリスト教の教会で、大みそかはお寺の除夜の鐘を聞き、初日が出たら神社に初もうでなんていうことを、多くの日本人は違和感な

くやっています。先進国でアミニズム（あらゆる事物や現象に霊魂、精霊が宿ると信じる観念・信仰。ラテン語のアニマ anima（気息、霊魂）に由来。[385]）が残っているのも珍しいです。

　日本で宗教が政治・軍事に関わらないようになったのは、戦国時代の一向宗、比叡山やキリスト教への信長、秀吉、家康の政策からですね。

　江戸時代までは神仏習合で、仏教の教えで肉は食べなかったですが、明治の文明開化で何でも食べるようになりました。こだわりなく変化し、新しいものを取り入れていくのも日本人の特徴ですね。ダウリーが言うように「日本の宗教は、多様な伝統で見事に共存している」です。

2．第二次世界大戦以降の戦争・内戦

　第二次世界大戦以降の主要な戦争・内戦は下記のとおりで、全体像は表19のとおり

[表19]　1945年以降の戦争・内戦

	1945年～	1961年～	1979年～	1989年～	2001年～	2020年～
欧州、東アジア	～1945年　第二次世界大戦					
インドネシア	1945年、対オランダ独立戦争					
ベトナム	1945年、対フランス独立戦争	1961-73年、米国ベトナム戦争	1979年、中越戦争			
中国	1945年、国民党・共産党内戦 1950年、朝鮮戦争 1951年チベット侵攻	1966-69年、文化大革命	1979年、中越戦争	1989年、天安門事件 ウイグル人抑え込み		2020年、香港抑え込み
朝鮮半島	1950年、朝鮮戦争					
自由経済諸国・社会主義諸国	1947年、東西冷戦			1991年ソ連崩壊		
米国	1950年、朝鮮戦争	1961-73年、米国ベトナム戦争		1990年湾岸戦争	2001年アフガニスタン戦争 2003年イラク戦争	2021年、米国のアフガニスタン撤退
ソ連・ロシア			1979年アフガニスタン戦争	1991年ソ連崩壊	2014年、2022年、ロシアのウクライナ侵攻	
アルカイダ			1979年アルカイダ		2001年米国同時テロ	
IS					2003年IS	

158

である。

2−1．第2次世界大戦とアジアの独立戦争
第2次世界大戦

　第2次世界大戦は、1941-45年、連合国（英国、米国、フランス、ソ連、中国など）対、枢軸国（ドイツ、日本、イタリアなど）の戦争をいう。

　1930年代当時の英米によるブロック経済化で行き詰った後進資本主義国のドイツ、日本、イタリアは、植民地の拡大をめざし、1931年満州事変、1935年イタリアのエチオピア併合、1937年日中戦争、1939年ドイツのポーランド侵略と各地で侵略を開始し、1940年、日独伊三国同盟を結んだ。米国は、英国、フランスを支援し、1941年、

[写真18]
1942年2月、
シンガポールの
英国軍の降伏

[図61]
1942年の日本の
占領地域（太平洋
と隣接戦域−日本の
前進限界）

出所：Wikimedia Commons

[写真19]
オランダ駐留軍の戦車を
日本軍が奪いインドネシ
ア独立軍が受け継いだ

出所：
Wikimedia Commons

　ドイツ、イタリアのファシズム打倒のため、自由経済国、社会主義国が協力した。
1941年、日本が、対英米の太平洋戦争を開始し、ドイツ、イタリアも米国に宣戦し、
欧州戦とアジア戦が結びつき世界戦争となった[386]。
　1942年、英国のアジア植民地支配の中心で、英国軍が防御を固めていたシンガポー
ルが、日本軍に陸海空で圧倒されて短期間で占領された。当時の英国首相のチャーチ
ルが「英国の歴史で最悪で最大の降伏[387]」と著書に書くほど、英国、白人による植
民地支配に衝撃を与えた[388]。東南アジアの英国、フランス、オランダの植民地を次々
と日本が占領した。
　欧州各地で抵抗運動が始まり、中国も抗日戦争を戦うなど、各国に民族独立運動が
おこり、戦争の性格が変化した。その後1943年にイタリア、1945年にドイツ、日本が
降伏し、大戦は終結した[389]。

　インドネシア、ベトナム独立戦争
　1945年の敗戦で日本が東南アジアから撤退したあと、**オランダ、フランスは、再植
民地化のために軍を送り込んだ。インドネシアは4年5か月、ベトナムは8年間、地
元住民が旧支配者の軍と戦い、それぞれ、80万人、数百万人以上の多数の犠牲者を出
して独立した**[390]。

　中国内戦
　中国内戦は、中国国民党と中国共産党の内戦である。中国共産党は、ソビエトの支
援で設立され、1931年、中国南部の江西省に中華ソビエト共和国臨時政府を作った。
中国国民党が攻めたため、共産党は、中国内陸の陝西省延安に長征（大規模移動）した。
　1937〜1945年、日本が中国に侵略戦争を行った[391]。1945年、日本が敗戦して撤退
すると、日本軍が占領していた土地の争奪で、中国内戦が再開した。初めは、国民党

が優勢だったが、1949年、共産党が中国本土を制圧し、中華人民共和国を作った。国民党は台湾に逃げ、米国の援助を受けて対立を続けた[392]。

| 実務知識37 | 海外には日本軍の被害者・その家族がいることを意識する必要 |

第二次世界大戦では、米国人、中国人、東南アジアの華僑、英国人、オーストラリア人、オランダ人などが、日本軍との戦いで戦死したり、捕虜になったり、スパイ容疑で処刑されたりしている。中国やシンガポール[393]は、日本軍による被害を国の博物館などで国民に教育している。一方で、植民地からの独立に日本が貢献したと考えて、親日な国や人たちもいる。

国際ビジネスで関わる外国人の中には、**日本の戦争被害を受けた人が身内にいたり、植民地を失ったのは日本のせいだと考える**など、日本に対して複雑な感情を持つ外国人がいることを意識して向き合う必要がある。

2−2．冷戦

朝鮮戦争

朝鮮戦争は、1950年、大韓民国（韓国）と朝鮮民主主義人民共和国（北朝鮮）との間に起こった。第2次世界大戦後、朝鮮は日本の植民地支配を離れ、北緯38度線を境に北はソ連、南は米国に占領され、別々に国を作り、武力衝突した。初めは、北朝鮮が南部の釜山に迫り優勢だったが、米国は中部の仁川に上陸し、中国国境まで北上した。北朝鮮は、中華人民共和国の援助を受けて反撃し、戦線は38度線付近で一進一退になった。1953年、朝鮮休戦協定が成立した[394]。

家族、親族が韓国と北朝鮮に分かれてしまい会えなくなってる人は、南北合わせて1000万人といわれる[395]。

冷戦

冷戦（cold war）は、第2次大戦（1939-45年）後の米国とソビエト（現在のロシアなど）両国間および両国を中心とする二大勢力の対立状態をいう。冷戦という用語は1947-48年ころから使われ始めた。実際の戦争手段にはよらないが、背後に核兵器をかかえた恐怖の均衡状態で、単なる国家的対立ではなく、経済活動の自由・民主主義（Liberal democratic）と、計画経済・共産主義（Communist）というイデオロギー（Ideology, 思想傾向、政治や社会に関する主義[396]）の対立でもあった。1991年のソビエト解体により冷戦は終結した[397]。

冷戦時代には、二大勢力の相手方に人が行き来することが難しくなった。欧州の鉄のカーテンは、冷戦時代の欧州における二大勢力の境界である。西ベルリンは、西側勢力の飛び地で、ソビエトに壁（ベルリンの壁）で囲まれて行き来が禁じられた。

[図62]
欧州の鉄のカーテン

出所：Wikimedia
Commons

ベトナム戦争

　フランスは、1887-1945年、現在のベトナム、カンボジア、ラオス、中国の広州湾を植民地とし、仏領インドシナと呼んだ。ベトナムは、1945年、独立を宣言した。フランスは独立を認めず軍隊を送り、1946-54年、第一次インドシナ戦争（独立戦争）となった。ラオス、カンボジアも含めて戦争が続いた。1954年、中国の軍事援助を受けた旧北ベトナムが、米国の軍事援助を得たフランスに大勝し、ジュネーブ協定が成立して休戦した。

　1961-73年のベトナム戦争で、北ベトナム・中国（社会主義国）と、南ベトナム・米国（自由経済国）が、冷戦対立の中で戦った。1973年、米国が南ベトナムから撤退し、1975年、北ベトナムが南ベトナムを占領し、1976年、南北を統一したベトナム社会主義共和国となった。

　1975年、中国共産党の支援を受けたカンボジア政権が自国民を大量殺戮した。

　1978年のベトナム・カンボジア戦争で、ベトナムがカンボジアから中国の影響力を排除した。1979年、これに怒った中国とベトナムの戦争（中越戦争）が起きた。

　一連の戦争でのベトナムの軍人、民間の犠牲者は数百万人以上とされる[398]。

　2－3．中国（共産党）の戦い

　1951年、中国（共産党）は、チベットに軍を進めた。チベットの指導者は、1959年、インドに亡命した。

　文化大革命（プロレタリア文化大革命）は、1966-69年、中華人民共和国で、大衆を動員して行われた政治闘争をいう。毛沢東の指示で多くの知識人、資産家が投獄・殺害され、一般にも多くの死者（約2000万人）を出して中国社会に深刻な傷を残した[399]。

　天安門事件は、1989年、民主化を求める学生や市民に対して、中国政府が武力弾圧した事件をいう。北京の学生たちが、デモやストライキを行い、政治や官僚の腐敗対

策、政治改革、民主化などを求めた。中国政府は、学生運動を動乱（世の中を乱す暴動）であるとした。これに対し、学生たちはさらに大規模なデモを行い、北京の天安門広場を占拠した。デモが全国の都市に広がった。中国政府は、北京で戒厳令（非常時に、立法権、行政権、司法権を軍に任せること[400]）を出した。市民、学生は、軍と数日間対峙（対立する双方がにらみ合ったまま動かないこと[401]）したが、軍は学生や市民に発砲し、天安門広場から排除し、多数が死亡し、指導者が逮捕された。死亡者数は、中国政府は市民200人と治安部隊数十人と発表したが、千人以上、1万人以上とする推計もある[402]。米国をはじめ西側諸国は中国政府を厳しく非難し、経済制裁や政府高官訪問禁止などを行った[403]。

1990年代以降、中国の新疆ウイグル自治区のイスラム教徒の**ウイグル人**を、中国政府は、暴力と厳罰で押さえ込んでいる。2001年の米国同時多発テロ事件以降は、イスラム過激主義者と武器が入っているとして、中国共産党が暴力を使い、それにウイグル人が暴力で対抗している。

2020年、中国政府は、香港国家安全維持法を作り、それまで言論の自由などが認められていた**香港**で、中国政府に反対する人や言論の取り締まりを強化し、反発する人たちを厳罰で押さえ込んでいる[404]。

中越戦争

1979年、中国は、ベトナム北西部に侵攻したが、米国とのベトナム戦争で近代戦に慣れたベトナムに負けて撤退した[405]。中越戦争の経緯は、ベトナム戦争の項を参照。

2-4. 中東・イスラム原理主義

1979年、アフガニスタン・ソビエト戦争が起こり、ソビエトがアフガニスタンを占領した。社会主義の考え方に基づいて宗教を禁じたため、1979年、反発したイスラム教徒によってアルカイダが作られた。アルカイダは、2001年、米国同時テロを起こした。

1990年、湾岸戦争で、イラクがクエートを武力で占領した。これに対して、1991年、米欧中心の国際連合軍（国際連合安全保障理事会の決議に基づく軍）がイラク軍をクウェートから撤収させた。

2003年、イラク戦争で、米国がイラクの独裁政権を倒した。しかし、反米・反占領のテロ活動が活発化し、占領軍兵士などの犠牲者が増加した。2003年、日本もイラクでの治安維持活動に陸上自衛隊を派遣した。2011年、米国が軍を撤退し、戦争が終わった[406]。

IS（Islamic State）は、イラク西部からシリア東部を拠点とするイスラム武装勢力をいう。2003年のイラク戦争の際の米軍に対する武装抵抗運動が起源である。当初は、

[写真20]
米国アメリカ同時
多発テロ事件

出所：
Wikimedia Commons

国外からのアルカイダ系戦闘員と結託して、IS（イラク・イスラム国）の建設を目指した。2011年、シリア内戦で、シリア、イラクに勢力を拡大し、最大でそれぞれの国土の3分の1を支配下に置いた。米軍、多国籍部隊が空爆を開始すると、欧米人や日本人などの人質を相次いで処刑し、その様子をインターネットで公開した[407]。2023年現在も、ISのテロは続いている[408]。

2－5. 第二次世界大戦以降の戦争・内戦の概要

　1945年以降の主要な戦争・内戦の全体像を**表19**で概観すると、

　第一に、**植民地の独立戦争**は、1945年からの東アジアの独立と、1960年のアフリカ諸国の独立を経て、現在は落ち着いている。ただし、独立後に内戦になっている国は少なくない。

　第二に、**中国共産党**は、共産党による独裁体制、権威主義体制による国民支配、領土内の異民族支配を武力で強め、英国から返還された香港に対する支配を武力で強めるなど、一貫して、武力で国内を抑えている。また、カンボジア、南シナ海などインドシナ半島への領土、影響力拡大を進めている。

　第三に、**ソビエト**は、1979年、アフガニスタンに侵攻し、社会主義国を作った。抵抗勢力としてのアルカイダを生み出した。1989年、全面撤退した[409]。冷戦を米国など自由経済国と戦い、1991年に崩壊して**ロシア**となり、経済は自由化されたが、政治は独裁体制、権威主義体制が続いている。2014年と年2022年、領土拡大のため、ウクライナに侵攻した。

　第四に、**米国**は、冷戦をソ連、東欧、中国、ベトナムなどと戦い、ソ連を1991年に崩壊させ、東欧諸国を開放した。イラクと1990年の湾岸戦争、2003年のイラク戦争を戦って、ISを生み出した。2001年のアルカイダの米国同時テロの報復として、2001年からアフガニスタンのタリバンと戦争をした。

　第五に、**イスラム原理主義**は、イスラム教を信じる国で、西欧的近代化を否定し、イスラム法に基づく国家・社会への回帰を求める思想や運動である。アルカイダは、アフガニスタンでソビエトに抵抗したイスラム原理主義によるテロ組織で、2001年に米国同時テロを起こし、アフガニスタンのタリバンが首謀者をかくまったので、2001年、米国アフガニスタン戦争となった。

　ISは、米国のイラク戦争によって生まれ、2011年に支配地域を最大化したが、その後は米国、ロシア等に攻撃され、支配地域は小さくなり、テロを続けている。

　タリバンは、2001年からの米国との戦争で支配地域が小さくなっていたが、2021年の米軍撤退でアフガニスタン全体を支配し、イスラム原理主義による政治を行っている。

　このように、**各地の戦争・内戦は、過去の戦争や暴力が原因となって続いているもの**が多い。

　国際連合の安全保障理事会は、国際平和の維持、国際紛争の解決を目的とする。米国・英国・フランス・ロシア連邦・中国の5常任理事国と、総会で選挙される任期2年の10の非常任理事国の15か国で構成する。常任理事国は決議の拒否権をもつ[410]。

　国際原子力機関（IAEA）は、テロ、戦争の被害を大きくしないために、テロリストや好戦的な国が核兵器を持たないようにしている。

3．世界各国の政治体制

　世界各国の政治体制は多様である。下記のような政治体制がある。

　王制は、王が主権をもつ政治体制である[411]。2016年調査で、英国の旧植民地国家が、英国君主を君主としている国を含めて、43カ国に国家元首としての君主が存在する[412]。現在は、英国、日本など、ほとんどの君主は象徴であり、立憲民主制（憲法に従う民主主義国家）である[413]。

　共和制は、主権が国民にあり、直接または間接に選出された国家元首や複数の代表者によって統治される政治形態である[414]。

　ファシズムは、イタリアのムッソリーニ、ドイツのナチズムなど、自由主義と共産主義に反対し、独裁的指導者が暴力によって国民を抑え込む政治体制をいう[415]。

　社会主義国は、マルクス主義（Marxism）、資本家と労働者の階級闘争、労働者階級の革命運動などを考える思想に基づいて、共産党が政府を作り、経済を全面的に管理・規制する体制をいう。

　自由経済国は、1930年代の大恐慌以降、企業に自由を認めながらも、政府が必要に応じて調整・介入する経済運営を行っている国をいう。

　民主主義国は、国民が権力をもつ政治体制をいう。古代ギリシャに始まり、17，18世紀の市民革命で、近代国家の主要な政治体制となった。近代民主主義は、国民主権、基本的人権、法の支配、三権分立などが重視される。人間の自由と平等を尊重する[416]。

　独裁体制は、特定の個人・党派・階級・身分などの少数者が国家権力を独占し、思うままに行う政治体制をいう。ドイツのナチズム、イタリアのファシズム、ソ連のスターリンなどの政治や、途上国の軍部による政治など[417]がある。

　権威主義体制も同様で、スペインのフランコ体制、朴・全時代の韓国、マルコス時代のフィリピンなど[418]がある。

　「民主主義が良い」と考える読者が多いと思うが、世界の中で民主主義体制は、2010年の41か国から2020年は32か国に減少し、世界の人口比では14％と少なくなっている。独裁体制は、87か国で、世界の人口比で68％となっている[419]。

　独裁体制は、第一に、旧社会主義国が、経済は自由化したものの、共産党の一党独裁を継続したり、いったん民主化したが独裁体制に戻ったもの。第二に、旧植民地が、民主主義では、内乱や混乱を統治できず、独裁者が暴力で国民を抑え込んでいる国などがある。

　2020年、国連の人権理事会は、中国の香港国家安全維持法の賛否を問うた。反対は民主主義国など27カ国、賛成は50カ国だった。賛成の多くが独裁体制・権威主義体制で、中国から経済支援を受けている国であった[420]。

4．世界各国のカントリーリスク

　実務知識38　カントリーリスク　貿易保険

　カントリーリスクは、特定の国・地域における政治・経済・社会情勢の変化により企業が損失を被るリスクをいう。

　日本貿易保険機構は貿易保険を提供している。**貿易保険**は、日本企業の輸出・投資・融資が、輸出できなくなったり、代金回収ができなくなったりしたときの損失をカバーする保険である。国・地域のリスクは、対象国の借金返済状況、経済情勢等の評価を基に日本貿易保険機構が決め[421]、リスクが高い国は保険料を高く設定したり、保険付与を行わない。

［図63］日本貿易保険機構のカントリーリスク評価

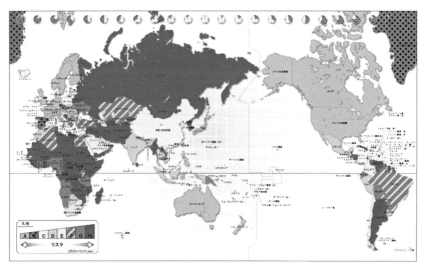

出所：日本貿易保険機構[422)]

質問コーナー ●

　Q27　政治体制がたくさんあることがわかりました。各国の政治体制はどう決まるのでしょうか？

　答え　国民の意思でしょう。

　内戦があったり治安が悪いと、子どもが教育を受けられず、文字も読めず、貧しく厳しい生活になり、犯罪が増えて治安が悪く、世代を超えて悪い状況の繰り返しになります。そのような国では、民主主義が定着しにくく、暴力で国民を抑える独裁体制・権威主義体制になりがちという傾向が見えます。

● ●

第V章 国際企業が利益を得る

1. 収益モデル

1. 収益モデルの基本

理論35 収益モデル

収益モデルは、事業で利益を得る仕組み[423] をいう。企業、NPO など、すべての組織は収益モデルが必要で、NPO も赤字が続けば存続できない。ビジネスでは、収益モデルが成功・失敗を分ける[424]。

収益モデルの基本は、

損益（損失または利益）　＝　売上げ － 費用

売上げ　＝　販売単価 × 数量

費用　＝　固定費 ＋ 変動費　＝　固定費 ＋（仕入単価 × 数量）

である。

固定費（人件費や家賃など）は、売上げがゼロでもかかる費用をいう。売上げ（販売で得た代金）がゼロの時は、固定費と同額の損失となる（図64参照）。売上げが少ないとき

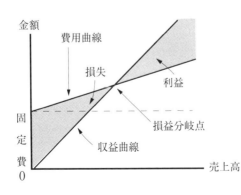

[図64]
損益分岐点

出所：有斐閣 経済辞典
第5版

は固定費によって赤字（損失）になるが、販売単価が仕入単価よりも大きければ売り上げが増えれば損失が減っていき、いずれ黒字（利益）となる。赤字から黒字に転換する点を**損益分岐点**（break-even point）という。損益分岐点では、利益と費用とが等しく（利益がゼロ）となっている[425]。

1－1. 固定費が大きな業界

鉄道、航空、ホテル、電力、通信業界などは、**初期投資が大きく固定費が大きい**。このため、初期投資をしたら売上げを増やすことが重要であり[426]、そのために、値下げ競争になりやすい。しかし、安売りをしたら売上げを増やしても、なかなか利益が出ない。このような場合に採られる手法が、イールドコントロールと、そのための価格設定方法であるダイナミック・プライシングである。

実務知識39 イールドコントロール（yield control）

イールドコントロール（yield control、利益管理）は、単位あたりの利益を最大化する販売戦略をいう。欧米で開発され、日本には1990年代後半に伝わった。ホテルの**客室稼働率**や航空会社の**乗車率**を上げるために客室や運賃を値引きすれば利益は低下する。一方で、需要が少ない時に十分な値引きをしないと売れ残る。利益を最大にするため、過去の販売データや需要動向を細かく見ながら、販売単価や提供客室・座席数を管理（イールドコントロール）する[427]。

宮崎県のリゾートホテルの経営改善の事例では、イールドコントロールが経営黒字化の重要な要素であった[428]。初期投資が大きく、しかも、人から人へのおもてなしが必要なサービス業であるホテル業は、黒字経営が難しい業種の一つと言える。

実務知識40 ダイナミック・プライシング（dynamic pricing）

ダイナミック・プライシング（dynamic pricing）は、需給状況に応じて価格を変動させることによって需要の調整を図ることをいう。例えば、需要が集中する季節・時間帯は価格を割高にして需要を減らし、需要が減少する季節・時間帯は割安にして需要を増やす。航空運賃、宿泊料金、有料道路料金などで導入されているほか、電力料金についても導入に向けて社会実験が行われている[429]。

1－2. 変動費が大きな業界

卸売業・商社、小売業では、仕入れ費用が大きいので変動費が大きくなる。正社員比率が少なくパート、アルバイト比率が高いと、人件費も固定費が少なく、変動費が大きくなる。このような業界では、損益分岐点は低いが、利益単価も小さい。このような場合に利益を上げる方法が、規模拡大による仕入れ単価の軽減と、ローコストオペレーションによる経費節減、プライベートブランドによる商品単価の向上である。

　仕入単価の軽減は、大量に仕入れると仕入れ値を下げることができることを利用する。このため、スーパーマーケット、コンビニエンスストアなどは、規模拡大のためにM&A（合併や買収）で大きくなっている。大量に仕入れると仕入価格を下げることができるのは、仕入先の製造業が、図64に示されるように、売上高が増えれば、低価格で販売しても利益が出るようになるからである。

　ブランド農産品など生産に限りがあって大量生産できず、コストを安くできない生産者は、スーパーマーケットなど、大量・低価格での納入を要求する流通業者と取引きするべきではない。価格の低減も、量を揃えることも困難であるからである。

　ローコストオペレーションは、無駄なコストが出ないように小売業のオペレーションを変えることで、例えば、米国のディスカウントストアのウォルマートは、売れ残りが多くなりがちな特売セールをやめた[430]。

　プライベートブランド（private brand）は、コンビニ、スーパー、デパートなどが自ら企画生産して販売する独自のブランド商品をいう。低コストで生産できる製造業に、商品企画を持ち込んで委託生産させ、一般なメーカー製品よりも売値は割安にする[431]。委託生産を受けた製造業は、企画・設計費や販売促進費がかからないので低価格で納品しても利益をあげられる。

　コンビニ、スーパーなどのプライベートブランド商品を見ると、トップブランド商品の隣に陳列されてあって、値段はトップブランド商品よりも安く設定されていることが多い。消費者を、トップブランド商品からプライベートブランド商品に誘導する戦術である。

2．売上げの増やし方の基本

　ターゲット（顧客）とバリュー（提供する商品・サービス）の2要素の組み合わせで4つに分ける顧客提供価値マトリクス（再掲載表11）は、企業の多角化戦略を考える手法として「第Ⅲ章3．多角化戦略と国際展開」で紹介した。売上げの増やし方も、この枠組みで考えることができる。顧客提供価値（Value Proposition, 価値の提案）は、企業が顧客に対して、どのような価値を、どのように提供するかをいう[432]。

理論36　市場浸透、地域展開、囲い込み
　売上げを増やすには、市場浸透、地域展開、囲い込みの3つの方法がある。

　市場浸透は、現在取り組んでいる市場に対して、市場シェア（市場規模に占める自社の売上げの割合）を増やして売上げを増やす方法をいう。消費者に注目する個客シェアと、市場の中の地域ごとに取組む地域シェアがある。

　個客シェアは、個々の顧客のある商品の購入総額に対して自社売上げが占める割合

[表11] 多角化の顧客提供価値マトリクス (再掲)

ターゲット (顧客)

		既存	新規
(商品・サービス) バリュー	既存	1. 市場浸透戦略 (既存商品を既存顧客に売る) 低リスク・低リターン	2. 新市場開発戦略 (他地域での顧客開拓し、既存商品を売る) 中リスク・中リターン
	新規	3. 新製品開発戦略 (既存顧客に新商品・サービスの開発・売り込み) 中リスク・中リターン	4. 非関連多角化 高リスク・高リターン

出所：Ansoff (1979) (アンゾフ，中村 訳) (2007)) (p.305) から著者作成。

をいう。自社とライバル企業が同じ商品を販売しているときに、ある顧客は100％自社の商品を買ってくれ、ある顧客は60％が自社、40％がライバル企業、ある顧客は100％ライバル企業から買っているといった事実を分析し、必要な手を打って売上げを増やす。

　地域シェアは、取組んでいる市場を細分化した地域ごとに、自社の店のシェアを分析して、出店計画や宣伝戦略を考える。

　地域展開は、新店舗を増やし、営業地域を広げることで売上げを増やす方法をいう。前述の取り組んでいる市場を細分化する地域シェアの考え方とは異なる。自社の投資で直営店を増やす方法や、地元の出資者・経営者を探して契約し、ブランドを供与し、経営手法をコンサルティングし、地域での独占販売権を供与して店を運営してもらうフランチャイズ方式がある。

　囲い込みは、既存客からの売り上げを逃さずに囲い込もうとする方法をいう。顧客生涯価値 (LTV, Life Time Value) は、顧客がある商品・サービスに対して支払う金額の一生涯の総額をいい、例えば、自動車であれば、ある顧客が一生の間に車関係に投資する車購入、駐車場代、ガソリン代、点検費用、車検費用、バッテリー、タイヤ、保険などの総額をいう[433]。

　新規顧客の獲得は、広告や販売促進にお金をかけても成功確率は低いので、既存客の囲い込みは重要である。

　経済学の用語のロックイン (lock-in) は、ある商品を購入すると、関連する商品との組み合わせの相性が生じて需要構造が固定化することをいう。例えば、あるコンピュータ機器・システムを購入すると、他の関連製品との相性は悪いので、その財・サービスを使用しつづける状況に閉じ込められる。

　スイッチングコスト (switching cost) は、取引相手や使用機器・システム等を変更することに伴う費用をいう。機器・システムや「ブランド」等を他に交換しようとするとスイッチングコストがかかる。スイッチングコストが大きいと、他の商品に切替えられないことがある。供給側としては、スイッチングコストを大きくすれば囲い込みができる[434]。例えば、プリンタ本体は競争が激しくて値段が安いが、プリンタ用のインクは高い。インクは高いがプリンタを買い替えるのはもったいない（スイッチングコスト）というのがロックインの効果である。

　カスタマー・リレーションシップ・マネジメント (customer relationship management) は、特定の顧客との関係を継続的に築き上げ、その結果として売上げや利益、さらには企業価値を向上させるという経営手法をいう。顧客生涯価値を考え、顧客を選別し、ターゲットごとにメリハリをつけたマーケティングを行うことで、顧客の満足度を高め、重要顧客の獲得・維持を図る。次のような手順で実施する。

①顧客データベースなどを構築して顧客情報を集め、セグメンテーション、顧客ニーズの把握・特定を行う。

②自社にとって重要な顧客を選別し、ランク付けする。

③ターゲットとした顧客のニーズに対応する製品やサービスを重点的に提供し、顧客を獲得する。

④その顧客を維持するための取り組みを行い、それにより増収を図る[435]。

3．収益モデルの進化

3−1．替え刃モデル

　米国のカミソリメーカーの創業者であるキング・ジレットは、1904年に刃を使い捨てにする安全剃刀で特許を取った。本体を安く売り、使い捨ての部品で儲ける「**替え刃モデル**」という収益モデルを発明した。それまでも消耗品で儲ける手法はあったが、替え刃モデルは、商品を2つに分けて、メインの機能を消耗品化したことが収益モデルの革新であった。

　伝統的なひげそりは、今でも床屋でプロに使用されている。包丁と同じように切れ味が鈍くなったら研いで使用する。替え刃モデルは、切れ味が鈍くなったら、刃を買って交換して使用する。素人は、伝統的なひげそりを安全に使うのも刃を研ぐのも難しいので、安全カミソリ

[図65] 伝統的なひげそりと "替え刃モデル"

提供：イラストAC

172

（刃の先端部分以外を皮膚に触れないようにし、安全に使える）、替え刃モデルが普及した。

替え刃モデルは、例えば、コピー機とカートリッジ（キヤノン）、コーヒーマシーンとコーヒーポッド（ネスレ）など多くの企業に応用されている。サービスを安く提供して本体を高く売るアップルのiPhoneとiTunesのような「逆替え刃モデル」もある。ジレットの替え刃モデルは、このように多くのビジネスの源流となった[436]。

3-2. 広告モデル

コマーシャル放送などのメディア広告には商品の売上げを上げる力があり、テレビ、ラジオなどは、広告料収入だけで経営できるという**広告モデル**を、米国のラジオ会社CBSが1927年に始めた[437]。

現在は、テレビなど従来のメディアからSNS、動画サイトなどのインターネットメディアに比重が移りつつあり、日本でも、2019年以降は、**テレビ広告費**よりも**インターネット広告費**の方が多くなっている[438]。

1995年創業の米国のYahooは、全盛期の収入の9割がサイトを訪れる人に対するバナー広告であった。**バナー広告**（banner advertisement）は、ウェブ上における広告手法の一種で、あるサイトに広告画像を貼り付け、ウェブ利用者を広告主のサイトにリンクさせる手法をいう。バナー広告は多くの場合、四角形の画像で、写真やグラフィックを含む画像ファイルである。この画像を訪問者がクリックすることで広告主サイトへ誘導する。訪問者のクリック数や関連購買の実績などで広告料は決まることが多い[439]。

キーワード広告（keyword advertising）、検索連動型広告は、インターネットを利用した広告の一種で、Googleなどの検索エンジンに入力された検索キーワードに関連する広告を表示する[440]。インターネット広告は、バナー広告が減り、キーワード広告や無料動画のコマーシャルが増えた。

グーグル（Google）社は、1988年に創業し「世界中の情報を整理し、世界中の人々がアクセスできて使えるようにすること」を使命に掲げ、検索エンジンや広告のビジネスモデルで成功してきた。グーグルの成功要因は、Webページをランク付けするPageRankという仕組みを開発したこと、PageRankを膨大なWebページ数同士で比べられるようにしたこと、検索結果に広告を組み合わせたことの3点が挙げられる。自社開発だけでなく、他企業を買収したり提携したりしてイノベーションを起こしていく姿勢も成功要因と言える。検索サービスで世界を制覇したグーグルは、グーグル製のAI技術を世界に普及させ、「世界中の情報を整理する」ことを使命に、ロボットやAI技術を駆使したビッグデータ収集や国外進出を進めていくと見込まれている[441]。

3-3. フリーミアムモデル

フリーミアムモデル (freemium) は、free（無料）と premium（割増）からの造語で、基本的で有用なサービスを無料で提供することで広く顧客を集め、特別なサービスや高度な機能を希望する一部の顧客に対し有償で提供するビジネスモデルをいう。米国で2000年代後半から使われはじめた[442]。フリーミアムモデルは以下の種類がある。

内部補助型は、自社の中で無料部分をまかなう方法をいう。例えば、販売促進のためティッシュや景品を無料で配ったり、アマゾンが配送料を無料にして売上げを増やすなどである。

第三者補助型は、コンテンツやサービスを視聴者に無料で提供して、広告で儲ける広告モデルなどをいう。

一部利用者負担型は、例えば、Adobe 社の PDF は、見るのは無料だが、作成ソフトは有料である。クレジットカードや PayPay などは、消費者は無料だが、店舗から手数料を取る。スマホゲームは、基本は無料だが、強くなるためには課金で強いキャラクターを買わなければならないように誘導して儲けるなどである。

ボランティア型は、ボランティアによる評価や記事を無料で公開し、閲覧者を増やして広告などを取る方法をいう。例えば、価格 .com、食べログなどの CGM（consumer generated media）である[443]。

3-4. サブスクリプション

サブスクリプション (subscription, 定額制、定額課金、サブスク) は、一定料金を払えば、一定期間内なら商品やサービスを何度も自由に利用できるビジネスモデルをいう。たとえば、CD や DVD などの物を「所有」するのではなく、そこに記録された情報を「利用」し「体験」する消費スタイルに転換する。雑誌の定期購読から発展し、追加料金なしにソフトウェアや動画・音楽配信最新サービスを自由に利用できるサービスとして普及した。例えば、動画のネットフリックス（Netflix）、音楽のスポティファイ（Spotify）、企業向けオフィスアプリケーションの Office365などがある[444]。

4．ファイブフォース分析

理論37　ファイブフォース分析

企業の収益性、儲かるか儲からないかは、企業の個別の事情によるところが大きいが、企業が属する業界の事情、競争状態の影響も大きい。米国の経営学者のポーター（Porter）は、業界の競争状態に影響を与える5つの構造的要因を示した。それらの要因で分析する手法を5フォース分析（Five Forces Analysis）という[445]。

①新規参入の脅威

　参入障壁が低い場合は、新規参入の企業が増えて競争が激しく、企業の収益性

が低くなる。参入障壁は、規模の経済性、既存ブランドの強さ等が関係する。
②業界内の敵対関係の強さ
　　業界内の敵対関係が強いと、業界内の競争が激しく、企業の収益性が低くなる。業界内のプレイヤー（競合企業）の数、規制の有無等が関係する。
③代替品の脅威
　　低価格の代替品が存在すると、既存商品から代替品への切り替えが起こり、企業の収益性が低くなる。
④買い手の交渉力
　　買い手の交渉力が強ければ、売値を下げられるので、企業の収益性が低くなる。買い手の寡占（少数の企業によって市場が支配されている状態[46]）、スイッチング（切り替え）コスト、ブランド力の強さ等が関係する。
⑤売り手の交渉力
　　売り手（供給業者）の交渉力が強ければ、原料が高くなり、企業の収益性が低くなる。売り手企業にとっての自社の重要性、スイッチング（切り替え）コスト等が関係する。

2．会計

1．ビジネスの資金問題 ── 資金不足、赤字、黒字倒産 ──

　ビジネスで、おカネの問題は重要である。ビジネスでのおカネの問題、トラブルには以下のようなものがある。
　資金不足は、事業の充実や拡大のために資金を使いたくても資金が足りない状態をいう。特に、起業して間もないころは信用がないので、金融機関からの借入れも十分できず、様々なことに資金が出ていくため資金不足になりやすい。
　赤字は、ある期間の損益がマイナスであることをいう。簿記を付けて、損益計算書などの財務諸表を作成して判明する。手元に資金があっても、損益は赤字、マイナスである場合もある。

実務知識41 倒産
　倒産は、正式な法律用語でなく、企業が債務（支払わなければならないおカネ）の支払ができない状態になったり、活動を続けることが困難になった状態をいう。法的倒産と私的倒産の2つがある。

　法的倒産は、法律に基づく倒産で、第一に、倒産した企業の再建を目指す法的手続きとして、会社更生法と民事再生法がある。

　会社更生法は、経営が悪化した株式会社が更生計画を作ることにより、債権者、株主などの利害関係人との利害を調整し、事業を維持できるようにする[447]。

　民事再生法は、経営が悪化した会社や個人事業主が、債権者と裁判所が認める再生計画を作ることにより、債務者との権利関係を調整し、事業や経済生活を再生できるようにする[448]。

　第二に、倒産した企業の再生ができないと判断された場合は企業を清算して無くしてしまう。清算の法的処理には、破産と特別清算がある。**破産**は、裁判所の監督の下で、債務者のすべての財産を債権者全員に平等に返済する手続をいう。**特別清算**は、株式会社を会社法に基づいて、裁判所の監督の下で、債権者の多数決で分配額を決める[449]。

　私的倒産は、銀行取引停止と内整理がある[450]。銀行取引停止は、支払う約束をした手形の不渡り（指定期日に決済できないこと）を、同一手形交換所管内で6カ月以内に2回起こした場合、倒産となる。取引停止処分を受けると、手形交換所の加盟金融機関から2年間は当座取引（銀行を通じたビジネス決済）や借入れができなくなる。

　内整理、任意整理、私的整理は、どれも同じ意味で、企業が支払不能または債務超過に陥った場合、債権者と話し合い整理を行うことをいう。

　黒字倒産は、簿記を付けて、損益計算書などの財務諸表の上では黒字、プラスであるのに、手元に資金がなく、取引相手に支払いができないで倒産することをいう[451]。資金不足、赤字、黒字倒産は、企業の資金に関わる大きな問題であり、対応するために、資本の充実、損益計算、キャッシュフロー計算を行う。

　多くの場合、企業や社長にすべてを返す資金や財産はないので、貸した人（債権者）は貸した資金の一部しか返してもらえない。

　廃業は、手元の資金で、金融機関や取引先、従業員に金銭的な迷惑をかけずに事業を停止することをいう。廃業は倒産ではないが、企業はなくなる。近年では、高齢の社長が、資金があるうちに企業を閉めてしまうことが多くなっている。貸したおカネを返してもらえないなどの被害者は発生しないが、雇用の場や技術は失われる。

2．会計の目的── 財務会計、税務会計、管理会計 ──

<u>実務知識42</u> 財務会計、税務会計、管理会計
　財務会計は、企業のおカネの状況を外部に伝えるためのもので、P/L、B/S、CF計算書を作る。上場企業の株主総会用資料や、IR資料（Investor Relations：インベスター・リレーションズ。企業が株主や投資家向けに経営状態や財務状況、業績の実績・今後の見通しなどを広報するための活動）で公開、説明される。

税務会計は、税金を税法に基づいて正確に納税するための会計をいう。

管理会計は、経営者や事業部が、おカネの流れを把握し、理解して、事業の評価や改善に活かすための会計をいう[452]。企業によっては、年に1回ではなく、毎月、毎日、管理会計を付けて、黒字、赤字の評価、欠点の改善に役立てている。企業全体だけではなく、カメラ事業部、プリンタ事業などのように、事業部ごとに赤字、黒字を毎日計算したり、工場ごとや、工場の中の生産ラインごとの日々の黒字、赤字を計算している企業もある。これらのデータは、何が原因で赤字なのか、現場の生産性が上がらない理由は何かなど、問題の早期発見と改善のために役立てる。

資本は、企業を起業したときに資本金として企業に入れ、企業の立ち上げや拡大に使う。事業を行って年度末に貸借対象表（B/S）を作成する中に、資本金が記録される。

損益計算は、日々の業務で儲かっているか、赤字かを見ていく。投資した設備が次第に古くなることや、売ったけれども代金を支払ってもらえていない、在庫があって資産価値があることになっているが実際には流行遅れでもう売れないなどの要因があると、手元のおカネだけを見ても、本当には赤字か黒字かわからないこともある。損益計算書（P/L）を作成すれば、赤字か黒字かがはっきりする。

キャッシュフロー計算は、手元のおカネが足りているかをみる[453]。損益計算が黒字でも、手元におカネがなく手形の不渡りを2回出すと倒産になる。特に、起業して間もなくは、おカネが不足することが多いので、キャッシュフロー計算が欠かせない。

会計の専門書を読むと、財務会計を中心に書かれているものが多いが、税理士は税務会計を中心に顧客企業にコンサルティング業務をしている。企業の実際の仕事では、管理会計が現場の改善を日常的に行うために身近で重要な場合が多い。

3．経理担当でなくても必要な会計知識──P/L、B/S、CF──

簿記（bookkeeping）は、企業の財産を管理するために、その変動を記録、計算する技術をいう。単式簿記と複式簿記、企業簿記と非企業簿記（官庁簿記・家計簿記など）がある[454]。複式簿記（double-entry bookkeeping）は、企業の財産の変動を、原因と結果の両面から記録、計算する。その結果、損益計算書と貸借対照表が作成できる。複式簿記は借り方と貸し方の両面を記録するので、両方の合計が合っていないと、どこかが間違っているとわかる（複式簿記の自動検証能力）[455]。

3−1．損益計算書
損益計算書（P/L, Profit and Loss Statement）は、企業の年度の経営成績を明らかにするための計算書をいう。年度の売上げと、対応する費用を源泉別に表示し、差額とし

て当期純損益を記載する[456]。

　収入−費用＝利益　である。
　収益は、売上高、営業外収益、特別利益である。
　費用は、売上原価、販売費・一般管理費、営業外費用、特別損失、法人税等である。

[図66] 損益計算書（P/L）の概念図

　学園祭の模擬店の例で、サークルＡは、10人で１日テントを借りて、鶏肉を切って串に刺して、たれを付けて焼いて、紙袋に入れて焼き鳥を売って、売り上げ30万円をあげた。仕入れやテントを借りた費用など10万円を引いて20万円残ったとすると、売上げ（収益）は30万円、費用は10万円、利益は20万円となる。

　収益のうち、**営業外収益**は、預金金利や不動産収入など本業以外の収益をいう。
　特別利益は、不動産売、有価証券、子会社などの売却益や、返って来ないと会計処理していた債権が回収された場合などをいう。
　費用のうち、**売上原価**は、仕入れ、材料費、**製造の人件費**、外注費、**減価償却費**、水道光熱費、その他の製造諸経費などをいう。
　販売費・一般管理費（販管費）の販売費は、**営業の人件費**、交通費、代理店手数料、配送料、Web 広告などをいう。
　一般管理費は、**役員報酬、経理など間接部門の人件費、研究開発費**、オフィス家

[表20] 実際の損益計算書（P/L）の例（日立建機2022年度）

（百万円）

	前連結会計年度 （自　2020年 4 月 1 日 至　2021年 3 月31日）	当連結会計年度 （自　2021年 4 月 1 日 至　2022年 3 月31日）
売上収益（収入）	813,331	1,024,961
売上原価（費用）	△619,988	△744,973
売上総利益（利益）	193,343	279,988
販売費及び一般管理費	△160,633	△186,470
調整後営業利益	32,710	93,518
その他の収益	5,067	17,212
その他の費用	△9,542	△4,140
営業利益	28,235	106,590
金融収益	3,658	4,459
金融費用	△7,743	△6,404
持分法による投資損益	1,428	6,224
税引前当期利益	25,578	110,869
法人所得税費用	△10,951	△31,005
当期利益	14,627	79,864

賃、水道光熱費、通信費、交通費、筆記用具、紙、複合機のリース料などをいう。

　営業外費用は、会社の定款の目的に書かれていないことで生じる費用で、金利支払い、為替差損など、常時発生する費用をいう。

　特別損失は、不動産売、有価証券、子会社などの売却損、リストラ費用など、突発的に発生する費用をいう。

　利益のうち、**売上総利益**（粗利）は、「売上高 − 売上原価」をいう。

　営業利益は、「売上総利益 − 販管費」をいう。

　経常利益は、「営業利益 ＋ 営業外収益 − 営業外費用」をいう。

　税引前当期純利益は、「経常利益 ＋ 特別利益 − 特別損失」をいう。

　当期純利益は、「税引前当期利益 − 法人税等」をいう。

　当期純利益は、「配当 ＋ 内部留保」。当期純利益は、株主への利益分配（配当）と社内での蓄え（内部留保）に分けられる。

　[実務知識43]　減価償却（depreciation）

　減価償却（depreciation）は、投資で取得した資産の費用配分の手続きをいう。資産は、使用すると減価（古くなり、価値が下がっていく）する。資産の取得原価（買った時の値段）から残存価額（今残っている価値。中古品としての価値。）を差し引いた額（償却額）を、その年度の費用とする。減価償却の目的は、損益を正確に計算すること[457]と、投資負担を1年度ではなく、効果が得られる複数の年度（耐用年数）に分けて負担（平準化）するためである[458]。

　例えば、学園祭の模擬店は、期間中に設営して撤去するが、企業は、何十年も使う工場や倉庫に投資し、永続的に事業を行っていく。例えば、ある企業が、2021年度に、100億円売り上げて、工場に30億円投資し、人件費に30億円、材料費に30億円使ったとする。2021年度の当期純損益は、100−30−30−30＝10億円（表21左図）であろうか？

　人件費と材料費は2021年度の費用で間違いないが、工場への投資は、2022年度以降も効果が続くので、全額を2021年度だけの費用と考えるのではなく、投資の効果があ

[表21]　減価償却と耐用年数

2021年度

売上げ	100億円
人件費	30億円
材料費	30億円
工場投資	30億円
利益	10億円？

	2021年度	・・・	2030年度
売上げ	100億円		
人件費	30億円		
材料費	30億円		
減価償却費	3億円	3億円 （毎年、10年間）	3億円
利益	37億円		

る複数の年度で受け持つように考える方が現実にあっている。例えば、工場への投資が10年間にわたって効果があるなら、2021年度から2030年度までの10年間で、３億円ずつ費用がかかる（減価償却）と考える。そうすると、2021年度は、100-３-30-30＝37億円の利益となる（表21右図）。

　耐用年数（useful life）は、減価償却費を決めるための資産の使用可能期間をいう。物質的減価と機能的減価を考慮して決定される。本来は自社の使用条件などで企業が独自に耐用年数を決めるべきであるが、実務では税法で決められている一般的耐用年数を使っている場合が多い[459]。『稲盛和夫の実学―経営と会計』[460]を読むと、社長の稲盛氏と社内の経理責任者との会話で、稲盛氏は「耐用年数は、機械が使える年数にするべきだ」と言い、経理責任者は「税法で定められた年数にしないと税金を納めすぎになるので損だ」と言い、稲盛氏が「そんなことをすると企業の実態がわからなくなる」と言いといった論争の中で、経営と経理の理解を深めていった様子が記述されている。

３−２．貸借対照表

　貸借対照表（B/S, balance-sheet）は、年度の企業の財政状態を明らかにする計算書をいう。すべての資産、負債および資本を記載する。貸方側にはその調達源泉である負債と資本が、借方側には企業資本の運用形態である各種の資産が、記載される[461]。

[図67] 貸借対照表（B/S）

　貸方側（負債＋資本）は、右側に書き、資金調達を表す。

　資本は、創業者や株主が出資した資金をいう。

　利益剰余金は、各年度の内部留保を蓄えた資金をいう。

　資本と利益剰余金を合わせて自己資本という。

　負債は、銀行からの借金、社債、買入債務（材料を買って翌月払いしなければならないおカネ）、割引手形（手形で支払ったおカネは期限が来たら支払わなければならない）をいう。

　借方側（資産）は、左側に書き、資産運用を表す。

　固定資産は、企業の経営活動のために長期的に利用される諸資産[462]で、「有形固定資産＋流動資産」をいう。

　有形固定資産は、施設、機械などの物。無形固定資産は、特許権、借地権などの法的権利と、ブランド、のれん、営業権など物でないもの[463]をいう。

　流動資産は、在庫、商品を売ったがまだ支払ってもらっていないおカネ（売上債権）、現金・預金をいう。
　固定資産のうち、古くなると価値が下がるものは減価償却し、毎年、資産額を小さくしていく。

　貸借対照表（B/S）は、企業のその時点での資金調達と資産の運用を数字で表しているので、過去数年の動きを調べたり、前年度と比較したり、四半期（3か月）ごとに貸借対照表（B/S）を公表している企業であれば、四半期のごとの動きを調べると、企業活動や経営状況が読み取れる。
　例えば、現金、預金が大きく、固定資産や投資が少ない会社は、良く言えば堅実、悪く言えば資産を上手く活用できていない。
　流動資産が流動負債を上回っていて問題ないように見えていても、売掛金と在庫が多い場合、集金や在庫を現金化しないと、手元のキャッシュが足りなくなって倒産する可能性がある。

　株式（株）は、株式会社が資金を出資してもらった人に対して発行する証券をいう[464]。上場すると株が自由に売買される。企業が成功すると、自己資本の価値は大きくなるので株価が上がる。創業者や投資家で、株を持っていた人たちは大儲けできる。成功したベンチャー企業の社長に大金持ちがいる理由である。ベンチャー企業に初めから勤めていて、従業員持ち株をもらって大金持ちになった社員もいる。
　ベンチャーキャピタルは、投資家から資金を集めて、ベンチャー企業に投資する金融組織をいう。ほとんどのベンチャー企業は失敗するので株式の価値がゼロになるが、たまに大成功するベンチャー企業に投資すると大儲けできる。米国のシリコンバレーには、過去に大儲けして多額の資金をもったベンチャーキャピタルがあり、起業家たちが投資してもらえるようにベンチャーキャピタルに向かってプレゼンする。

3-3. キャッシュフロー計算書
　キャッシュフロー計算書（CF, statement of cash flow）は、企業の年度のキャッシュフロー（現金などの増減）を営業活動、投資活動、財務活動の3区分別に表示する計算書[465]をいう。
　減価償却の考え方を採り入れた損益計算書（P/L）や貸借対照表（B/S）は、経営状態を正しく表すが、手元におカネがあるかどうかは、損益計算書（P/L）や貸借対照表（B/S）を見てもわからない。黒字倒産は、損益計算書（P/L）は黒字なのに、手元におカネがなくなったり、手形の不渡りを2回起こしたりすると起きる。このため、キャッシュフロー計算書（CF）は重要である。

営業 CF：当期純利益＋減価償却費＋売上債権・棚卸資産（在庫など）の減少＋買入
　　　　　債務・割引手形の増加
投資 CF：固定資産の減少（工場を売却するとプラスになり、投資するとマイナスになる。）
フリーキャッシュフロー（FCF）：営業 CF ＋投資 CF

　フリーキャッシュフロー（FCF）がプラスなら資金繰り（手元のおカネがなくならないように やりくりすること）は大丈夫である。起業したばかりの時や、事業を拡大している時は、設備投資や人員増によって、投資 CF がマイナスになりがちで、営業 CF からおカネはあまり入って来ないので、資金繰りはたいへんである。そのため、出資を受けたり、借金をすることが多い。そのおカネの流れが財務 CF である。

財務 CF：借入金・社債・株式発行の増加＋利息・配当金支払い

　経営を堅実に行うには、フリーキャッシュフロー（FCF）をマネジメントする必要がある。営業 CF の在庫を増やさず、投資 CF の投資をしすぎて固定資産を増やしすぎず、手元資金を不足させないことが重要である。

　経理部門、経理の職種の人たちの役割は、①管理会計により、事業部、工場、生産ラインごとの日々の収支状況を数値化、見える化し、経営判断に貢献すること。②財務会計により、年度や四半期ごとの損益計算書（P/L）、貸借対照表（B/S）を作成基準に基づいて作成し、社内外に客観的な経営状況を公開すること、③フリーキャッシュフローを数値化、見える化し、経営判断に貢献することである。

【推薦図書13】稲盛 和夫（2000）『稲盛和夫の実学 ── 経営と会計』日本経済新聞出版
　　　　経営にとって、会計はどう必要で、どう役立つのかがわかる本。日本では、キャッシュフロー計算書の作成が上場企業に2000年から作成が義務づけられ、実務家がキャッシュフロー計算書の経営での意味を理解するために読む本としてベストセラーになった。

【推薦図書14】2000年版中小企業白書
　　　　シリコンバレーのベンチャー企業投資、育成の仕組みが解説されている。LLP（Limited Liability Partnership, 有限責任事業組合）の制度や、意味づけなども巻末資料に詳しい。著者が担当室長として、企画、編集、一部執筆した。

[図68] 連結決算でグループ全体の会計を知る

提供：イラストAC

3. 国際企業の会計

実務知識44 | 連結決算

連結決算は、親企業と関連子会社をまとめて財務諸表を作成することをいう。本社の財務諸表だけでは、グループ企業全体の経理内容はわからないので、連結決算が必要になる。また連結決算によって、子会社を通じての粉飾決算が排除されて透明化されるという副次的効果もある。2000年から証券取引法 (現在の金融商品取引法) の情報公開制度が見直され、本社の単独決算ではなく連結決算を中心に情報開示している[466]。

国際企業は、本社、子会社、系列企業、合弁会社などを国内外に作って活動しているので、グループ全体の連結決算をし、貸借対照表や損益計算書を連結財務諸表として公開している。

国際企業の会計を**国際会計**という。外国に子会社を持つと、現地通貨で財務諸表を作成し、それを本国通貨に換算し、本国の財務諸表と合算することになる。このため、金融庁の企業会計審議会は、外貨建取引等会計処理基準を作っている。

外国の株式市場から資金調達している国外子会社は、外国の株主や債権者に現地通貨・現地制度での財務諸表を提供しなければならない。このため、会計基準の国際的な調和が課題となった[467]。しかし、各国の交渉で会計基準の国際的な調和がある程度進むと、それ以上の調和交渉が難しくなった[468]。

実務知識45 | FRS (国際財務報告基準)

2001年までは米国基準が優れた会計基準だと考えられていたが、2002年に起きた米国の大企業による不正会計処理事件で米国基準への信頼がなくなった。2005年、EU が域内の上場企業約7,000社に対して **IFRS** (**国際財務報告基準**, International Financial Reporting Standards) の適用を義務付け、IFRS が急速に広まった[469]。2007年、米国政府は、米国企業には米国基準だけを適用し、外国企業には IFRS を認めた[470]。2020年現在、IFRS は世界の120カ国以上で認められている。日本は、2010年から IFRS が認

められ、大企業で使用が増えている。

　IFRS のメリットは、国際企業の場合、IFRS を全社の会計基準として使え、グルー
プ企業全体の会計業務を効率化・明確化できる。外国人株主がいる場合や海外から投
資を得たい場合、IFRS で作成した財務諸表は多くの国の人に理解される。IFRS を
使っている同業他社と業績比較がしやすくなる。

　IFRS のデメリットは、日本の会社法で日本基準での開示が求められているため、
日本基準と IFRS の 2 通りの財務諸表を作成しなければならない。会計システムの変
更、外部コンサルタントへの支払い、社員の再教育などの事務負担やコストが増え
る。IFRS は改定が多いため、対応する事務コストが増大する[471]。

第Ⅵ章 国際企業の企業戦略

1. 企業理念、経営計画

1. 全社ベースの企業理念、経営計画

　企業全体の企業理念、経営計画を作る理由は、第一に、組織の取組みの方向性を決めるためである。管理職や社員に組織の方向性が示されれば、チームワークと協力ができるようになる。企業理念、経営計画がなければ、部署ごとに取組みがバラバラとなり、衝突したり争ったりしかねない。

　第二に、経営層、管理者の目が将来に向かうことで、刻々と起こる状況変化に対して、変化の予測、変化への対応を考えやすくなる。将来のあるべき姿に対して、現状がどうなのか、状況変化で現状がどう変化したのか、将来のあるべき姿に到達する道はどう変化したのかを考えやすくなる。

　第三に、目標を明確にすることで、活動の重複、無駄な活動を無くし、非効率な仕事を無くすことができる。

　第四に、目標が明確であれば、組織をコントロールしやすくなる。計画には、目標とスケジュールが決められるので、進み具合を評価でき、修正することができる。

　例えば、部活動で、秋の県大会のベスト4入りを目指すと決めれば、これから秋までにどのようなレベルに達しないといけないか、そのための練習メニュー、練習試合の日程決め、練習試合での成果の目標などを細かく計画できる。詳細な計画ができれば、順調にいっているのか達成できていないのか、日々確認することができる[472]。

　経営計画の要素は以下のとおりである[473]。

　①トップの考え方、事業観、人生観

　②企業理念

　　企業の存在意義。企業が存続する限り追い求めていくもの。企業理念が組織に浸透していれば一体化して大きな力を発揮し、定着していなければ社員が独自の価値判断で決定していくので企業として弱くなる。

　③ビジョン

　　近未来の企業が目指す姿。例えば、「4年後に売上げ1兆円」など。

④戦略
　現状とビジョンのギャップを埋めるためにどのような手を打つのか。
⑤目標
　戦略より具体的なもの。1年後、3年後などのマイルストーン。
⑥具体的実施項目
　目標を達成するために、具体的に何をするのか。
⑤と⑥が年度計画となる。

　マイルストーンは、元の意味は道路などに置かれ距離を表示する標識（日本では一里塚）のことで、転じて、物事の進捗を管理するために途中で設ける節目をいう。商品開発やシステム開発など、長期間にわたるプロジェクトで、途中の目標として使われる。各マイルストーンは最終的な到達点に向かうまでの通過点であり、それぞれの時点で達成すべき事柄（達成要件）と、実際の状況を照らし合わせることで進度の調整を行う。日付で指定されるほか、イベントや行事をマイルストーンとすることもある[474]。

2. 事業経営

　事業とは、例えば、カメラを製造販売するなど、一つの種類の製品を設計、生産、販売して収支を黒字にする活動を言い、そのための戦略を**事業戦略**という。
　中小企業は一つの事業だけの場合もあるが、中堅企業以上の規模の企業は、カメラ、プリンターなど複数の種類の製品に関連する事業を持っている。多くの事業のどの事業に力を入れようかとか、この事業は撤退して事業売却をしようかなどのマネジメントを全社的に考えており、このような戦略を**企業戦略**という[475]。大きな企業では、**企業全体の企業戦略と、事業部門ごとの事業戦略が多段階に組み合わさっている**。実務の現場では、企業戦略と事業戦略は相互に絡み合いながら時間軸の中で動いていくので、実際には2つの戦略を二分法で分けて考えることはできない。

　事業経営は、1種類の商品・サービスに係るビジネス、すなわち、一つの事業に係る経営をいう。事業経営は、**事業目標**を立てて、それを実現する仕掛けである**ビジネスモデル**を準備し、実行し、改善していく。事業目標には、
　第一に、ビジョン（将来ありたい姿）、ミッション（やり遂げるべき使命）、バリューズ（持つべき価値観）のような抽象的で、5〜10年、それ以

[図69] 企業戦略と事業戦略の例

企業戦略			
カメラ事業	プリンタ事業	スキャナ事業	医療機器事業

上の長期にわたって掲げるものがある。

　第二に、売上げ、利益、市場占有率、顧客数などの達成目標を、四半期、半期、１年、３～５年の期間で作って実現するものがある[476]。達成目標の収入と必要な経費の支出を予算化し、四半期、半期、１年、３～５年（中期目標）で収入、支出の予算の実現を目指すものがある。売上げが不足すればテコ入れし、支出が多ければ節減し、経済環境が変われば事業計画と予算を見直す。

　企業に入ると「今期の目標予算は3000万円です」のように、予算という言葉が飛び交う。企業の営業での**予算**は、企業、各部門、個人が**達成すべき売上目標や利益目標**を表わす。「今期の予算は前年度比110％アップの年商5000万円です。」は、前年度に比べて１割頑張って上乗せして１年間で5000万円を売り上げましょうという意味となる[477]。

　営業の売り上げ目標を表わす言葉の「**必達予算、クォータ**（quota）」は、必ず達成しなければならない目標で、「**ターゲット**（target, 目標）」よりも必達予算の方が厳しい。

　ストレッチ目標は営業以外でも使われる。ストレッチは伸ばすという意味で、筋肉を伸ばしてほぐすことにも使われるが、仕事では、**ストレッチ**（stretch）**目標**は、個人や組織の成長を促進するために、手を伸ばせば届くレベルではなく、背伸びをしないと届かない高い目標をあえて設定し、その実現に取り組むことをいう。ストレッチによる人材育成では、現状と目標の間のギャップを意図的に大きくし、従来の手法の延長での改善や努力では達成できないような目標を与える。社員が能力を発揮し、新しい手法や革新的な発想を生み出して、劇的な成果を上げることを期待する[478]。

　しかし、無理なストレッチは社員にストレスとなる。不正会計を主導した東芝の旧経営陣は「チャレンジだ」「ストレッチしろ」などと外来語を連発した[479] という。これは社員へのパワーハラスメントであり、不正会計は会社法第207条の有価証券報告書虚偽記載罪に当たる犯罪である。

３．企業経営・社内の事業間の資源配分

　企業経営は、**事業間の経営資源配分をどうするか**、ある事業は伸ばし、ある事業はやめることも考えなければならない。この課題は、事業部門担当の役職員に聞いてもそれぞれの事業でベストを尽くしているので答えは出にくい。企業経営は、経営者と全社の経営企画を考える役職員が考えるほかはない。

| 理論38 | 成長・シェアマトリクス

　プロダクトポートフォリオマネジメント（PPM, Product portfolio management）は、複

[表22] 成長・シェアマトリクス

競合他社と比べて、市場シェアが大きいか小さいか

		高　　い	低　　い
市場成長率	高い	スター（star） （市場成長大、シェア大） 急成長する市場に伴って設備投資が必要なため、キャッシュアウトも多いが、将来的には「金のなる木」へとポジションを移し収益の中心となる事業。	問題児（Ploblem Child） （市場成長大、シェア小） 急成長する市場のため大きな設備投資が必要だが、市場シェアを確保していないため、キャッシュアウトのほうが大きい状態の事業。市場シェア確保が重要課題。
	低い	金のなる木（Cash Cow） （市場成長小、シェア大） シェアが高く、成熟市場のため大きな設備投資も必要がないため収益の中心となっている事業。	負け犬（Dog） （市場成長小、シェア小） 大きな収益源になる可能性は低い。

出所：三谷 (2019) (p.299)、㈱マインズ マーケティング用語集から著者作成。

数の製品、事業に対して、経営資源の配分や戦略目標の策定などを行うことをいう。ボストンコンサルティンググループが提唱した成長・シェアマトリクスが有名である。市場の成長率と相対的マーケットシェアのデータを使って、自社製品のポジショニングを分析、評価する[480]。市場での自社の事業のポジションは以下の4種類に分類することができる。

2．国際企業の企業戦略

1．グローバル統合とローカル適応

　グローバル企業では、事業間の経営資源配分に加えて、世界で同じオペレーションする「グローバル統合」か、各国市場それぞれに対応する「ローカル適応」かについても、企業戦略を考えなければならない。
　グローバル統合は、事業遂行をグローバル規模で標準化することにより、規模の経済（生産活動を大きくすることで固定費比率が減り、コストダウンできるメリット）を得ることをいう。
　ローカル適応は、各国、地域の市場のニーズ、規制などの現地特有の環境に適応することをいう。
　国際企業経営にはいくつかの特徴がある。

第一に、政治、法律などが異なる国家間の壁を越えた経営であること。

第二に、各国の通貨の交換のため為替レートが考慮要因となること、

第三に、社内の機能がそれぞれに国際展開し、その度合いがまちまちであるため、マネジメントが複雑になること、

第四に、国内経営でも見られることではあるが、文化の違いや、遠距離間のマネジメントを行う必要があることである[481]。

国際ビジネスでは、グローバル統合、ローカル適応の選択はトレードオフ（あちらを立てればこちらは立たない）だからとあきらめて済むことではない。地球規模で展開されるグローバル競争にも、各国市場での競争にも対応する必要がある。

製品開発も、世界標準商品か現地対応商品化のどちらかに決めつけることはできず、両方に対応しなければならない。営業、販売も、グローバル企業に売るBtoBビジネスの場合は、グローバル統合の考え方が必要となる。各国、地域に適応して営業、販売する場合は、地域特性にあった設計、地元の販売店、商慣習に根差した流通チャネル（商品がメーカーから消費者へと流通する経路[482]）や、価格設定、広告・宣伝を考える必要がある[483]。

グローバル統合とローカル適応のどちらに重点を置くか、本社と現地支社の力関係の相違で、表23のように国際企業の企業戦略を分類できる。

[理論39] マルチナショナル・グローバル・インターナショナル・トランスナショナル

- グローバル型は、グローバル統合を重視し、本社・本国に資産や能力を集中し、その成果を世界規模で活用する。本社の戦略を国外子会社が忠実に実行する。ナレッジ（知的財産、ノウハウなど）は本社・本国で開発され保持される。例えば、花王、松下電器（当時）、NECなど。長所は、規模の経済性を得やすい、調整の手間が少ない。短所は、各国、地域への適応が不十分になる恐れがある。
- マルチナショナル型は、ローカル適応を重視し、現地の国外子会社が十分な権限を持つ。資産や能力は各国に分散される。現地調査やマーケティング、経営方針の決定などを現地の国外子会社自身が行い、現地での機会を感知して活用する。ナレッジは国外子会社の各事業部で開発され、保持される。例えば、ユニリーバ、フィリップス、ITTなどがある。長所は、各国、地域のニーズを満たせること。短所は、本社、国外子会社で事業や経営資源の重複が多く、非効率になることである。
- インターナショナル型は、コア・コンピタンス（他社には真似のできない自社ならではの価値）はグローバル統合し、その他は国外子会社に分散してローカル適応する。国外子会社は本社のコア・コンピタンスを活用する。ナレッジは、本社・本国で開発され、国外子会社の事業部に移転される。例えば、P&G、GE、エリク

[表23] 企業のグローバル統合、ローカル適応の類型

	組織・能力の集中度	海外子会社等の役割
マルチナショナル	分散	自分で考えて動く
グローバル	中央集中	本社の戦略を実行する
インターナショナル	能力の中核は中央集中、他は分散	本社の能力を現場で活用する
トランスナショナル	分散, 相互依存, 専門化	各国の組織単位ごとに分担して共同する

出所：Bartlett, Ghoshal (1989)（バートレット, ゴシャール, 吉原訳 (1990)）(p.88) から著者作成。

ソンなどがある。長所は、国外子会社は独自でコア・コンピタンスを作らなくても、本社のナレッジを使える。短所は、国外子会社の疎外感によってマネジメントが難しくなること、本社のナレッジが、国外子会社にとっては適用できない迷惑な内容である場合があること、国外子会社が開発したナレッジを本社が取り込みにくいことなどである。

● **トランスナショナル型**は他の３つの型の強みを同時に達成する理想形で、資産、能力は分散し、それぞれが専門家するが、相互にネットワークで結ぶ。国外子会社の事業部は、得意分野を持って、全社に貢献する。ナレッジは、本社、国外子会社ともに開発し、全社で共有する。理想形だが実現は難しい。

　業種、商品、サービスに特有の傾向もある。例えば、日用品は地域特性が違うので、マルチナショナル型が向く。国、地域を越えて同じように使える家電はグローバル型が向く。通信産業は、基本技術は共通だが、国によって規制や制度が違うのでインターナショナル型が向く[484] などである。

　大規模な国際企業でも失敗、撤退、倒産・廃業の可能性はあり、失敗して撤退した事例も多い[485]。

【推薦図書15】浅川 和宏 (2003)『グローバル経営入門』日本経済新聞出版社　第６章

2. マーケティング戦略

　マーケティング・ミックスの７Ｐの中で最も企業が労力をかけるのはプロモーションである。プロモーションには、広告、販売促進、広報活動、人的販売の４つがある。国際企業のプロモーションの中で最も影響が大きいのは広告である。

　標準化広告は、現地語に翻訳する以外は、同じ内容の広告を世界中で行うことをいう。グローバル型が向く。

　適応化広告は、各市場の文化的、社会的状況を反映し、現地の好みに応じて、例えば、現地で人気のキャラクターを使用するなどしてブランドを提供する。マルチナショナル型が向く。

　国際企業の広告戦略は、全社のマーケティング・ミックス、プロモーション戦略や、企業戦略と一体で行う必要があり、広告だけを考えて戦略を考えたり、実施したりしてはいけない[486]。

３．国際企業のポジショニング戦略

３−１．ポジショニング（位置取り）

[理論40] ポジショニング、コスト・リーダーシップ戦略、差別化戦略、集中戦略

　ポーターは、企業の顧客に対するポジショニング（位置取り）には３つの基本戦略があると考えた[487]。

[図70] ポジショニングマップ

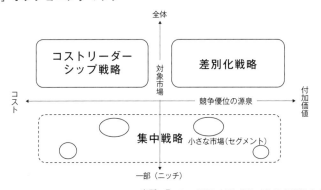

出所：Porter（1980）（土岐 , 服部 , 中辻 訳（2003））（p.61）から著者作成。

● コスト・リーダーシップ戦略は、**市場全体を対象**として、**競争相手よりも安く売る戦略**をいう。競争相手よりも安く売るために、大量生産・大量販売によって商品１つ当たりのコストを下げる。経済学の**規模の経済**（economies of scale）は、企業が規模を拡大して大量生産すれば、製品単位当たりの生産コストが低下すること[488]で、それをねらう。マクドナルドやドトールなどが、コスト・リーダーシップ戦略の例である。ユニクロも、品質や機能性が良い、飽きのこないデザインである割にはコスパ（費用対効果）が良いという評価を得ていて、コスト・リー

ダーシップ戦略の例である。コスト・リーダーシップ戦略は、業界の最大シェア（市場占有率）を持って大量生産・大量販売できる企業がとる戦略である。

- **差別化戦略は、市場全体を対象として、製品やサービス面で他社との違いを作り出す戦略**をいう。例えば、居心地が良くて職場でも家でもない第三の空間（サードプレイス）を提供するスターバックスや、ZARA のように値段はお手頃でファッション性も備えたアパレルブランドなどである。
- **集中戦略は、ごく限られた小さな市場（セグメント）で、コストや品質で他社との違いを作る戦略**をいう。小さなセグメント（細分化した市場）にターゲット（集中して取り組む）することで、大きくはない特定の市場の顧客に深い満足を与えて利益を得る戦略である。高級ファッションブランドなどが例である。

　商品の品質とコストは、**トレードオフ**（一方の目標値を好ましい状態にするためには他方の目標値を好ましくない状態にせざるをえない関係[489]。矛盾する関係。）の関係にあるので、コスト・リーダーシップ戦略と差別化戦略を同時に追求することはできない。例えば、スターバックスが提供する空間・サービスを、ドトールの価格で提供することはできない[490]。

3−2．国際企業のポジショニング戦略
| 理論41 | 国際企業のポジショニング戦略 |

　産業内ポジショニングは、ポーターのバリューチェーンの理論をグローバル経営戦略に応用する考え方をいう。国際企業のバリューチェーンのどの部分を、どの国で行うのが、最適なバリューチェーンとなるのかを考えて、工場などの生産拠点や販売支社などの配置を考える。ポーターは、図71のように、国際企業がターゲットとする市場セグメント（縦軸）と、グローバル戦略かマルチ・ドメスティック戦略か（横軸）で、国際企業の経営戦略を4つに分類できるとした。図71のグローバル戦略部分は、図70のポーターのポジショニングマップと同様である。

　グローバル戦略は、世界全体を単一市場と見て、国別ではなく、全社的な経営成果を考える[491]。潜在顧客である世界中の顧客に対応することを考え、世界中に標準化された製品を販売し、国、地域ごとに現地適応した商品を作ることには深入りしない。本社が国外子会社をコントロールする中央集権型で、工場は大規模市場に近くて人件費が安いところ、例えば、米国市場に近いメキシコなどに置くことを考え、販売会社は、米州、EU、中国など大規模市場ごとに配置する戦略である。

　世界市場で平均的に売り上げを上げている狭い意味のグローバル企業は多くない（2001，3年のデータによる調査では、世界で10社だけ。第Ⅰ章参照）ので、グローバル戦略は有効ではないという批判がある[492]。

[図71] 国際企業のポジショニング戦略

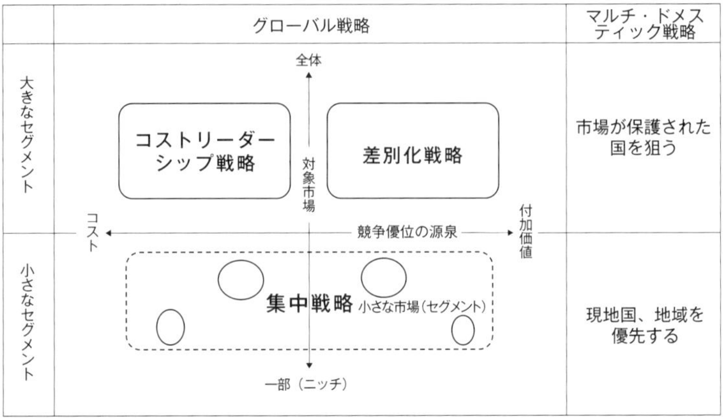

Porter (1980)〔土岐, 服部, 中辻 訳 (2003)〕(p.61) から著者作成。

　例えば、キャタピラー、コマツ、日立建機などの建設機械メーカーは建設機械を世界に向けて開発、販売している。パスカルの原理によって強い力で土を掘るなどの基本技術はグローバルで共通だが、市場によってカスタマイズ（設定変更）もしている。排気ガス規制が厳しく、重油燃料の質が高い先進国では、有害物質を排気しない複雑な構造のディーゼルエンジンを使う。途上国では、重油燃料に不純物が多くてもエンジンストップしないシンプルな構造のディーゼルエンジンが好まれる[493]。土壌が柔らかい国、土壌が薄くてすぐに固い岩盤がある国では、それぞれにカスタマイズした機械を販売している。

　マルチ・ドメスティック（multi-domestic, 多くの国々）戦略は、各国、地域ごとに市場は独立していると考え、各市場で競争優位を目指す。各国、地域市場ごとにバリューチェーンの機能のすべてを配置する。標準化された製品は売れないと考えて、現地適応する。本社のコントロールは弱く、国外子会社に権限が移譲される[494]。

　図71のグローバル戦略で大きなセグメント（全体を分割したうちのひとつ）をターゲットとする場合（左上）は、図70のポジショニングマップのコストリーダーシップ戦略と、差別化戦略のどちらかを選択することになる。両方の戦略を同時に追うと失敗する。グローバル戦略で小さなセグメントをターゲットとする場合（左下）は、世界市場の中で自社が得意とする市場セグメントに集中して利益を上げようと考える。

　マルチ・ドメスティック戦略で大きなセグメントをターゲットとする場合（右上）は、例えば、インド、アルゼンチン、メキシコなど、市場が政府によって保護されている国に対して、他の企業に先駆けて現地に工場などの生産拠点を作り、現地国政府

の保護によって他企業の参入を妨害して市場を丸取りしようとする。マルチ・ドメスティック戦略で小さなセグメントをターゲットとする場合（右上）は、現地国、地域にバリューチェーンの機能を配置して、その市場に適応した製品を作る[495]。

4．経営資源からの視点

4－1．経営資源からの視点──リソース・ベースド・ビュー──

理論42　経営資源からの視点（リソース・ベースド・ビュー）

　経営資源からの視点（リソース・ベースド・ビュー，resource based view）は、他の企業が真似ようとすると多額の費用がかかる自社の経営資源（リソース）を活用すれば、企業は競争優位をもつという考え方をいう。競争優位の元になる経営資源には、資産、人材、技術力、ブランド、工程、専門能力や組織文化などがある[496]。

　例えば、日本の建設機械メーカーは、高圧の油圧エンジン・油圧シリンダで機械を

[図72] 小さい力（10kg）で大きな力（40kg）を出す油圧シリンダの仕組み（パスカルの原理）

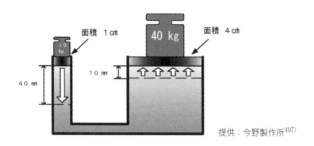

提供：今野製作所[497]

[図73] 油圧ショベル用油圧シリンダと油圧ショベル

油圧シリンダ

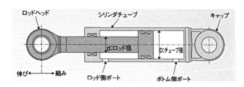

提供：カヤバ株式会社

油圧ショベル

提供：カヤバ株式会社[498]

提供：日立建機[499]

駆動させる技術で、力の強さ、操作の速さ、省エネルギーなどの競争優位を持っている。油圧を高圧にすると機械の効率は上がるが、弱い部分があると油が漏れやすく故障の原因になる。弱い部分を徹底的になくす技術・ノウハウは、他の企業が真似ようとすると多額の費用がかかるので競争優位の元になっている。

4-2. コア・コンピタンス

実務知識46　コア・コンピタンス（core competence）

コア・コンピタンス（core competence）は、人材や企業の真の能力をいう。経営資源からの視点（リソース・ベースド・ビュー）では、コア・コンピタンスは、顧客に対して、他社には真似のできない自社ならではの価値を提供する能力であり、企業の中核的な力、バリューチェーンの特定の機能の強みであると考える。

これに対して、事業遂行能力（ケイパビリティ）の強みはバリューチェーン全体の組織的な強みをいう。事業の集中や拡大を図る際には、自社のコア・コンピタンス、事業遂行能力（ケイパビリティ）の強みの両方を活かすことが必要である。

例えば、セブン＆アイ・ホールディングスは、購買量に裏付けられたバイイングパワー、POSなどを活用した顧客ニーズへの対応力、充実した店舗網などをコア・コンピタンスとして持つ。また、組織全体を通じて、優れたPDCA能力を事業遂行能力（ケイパビリティ）の強みとして持っている。

実務知識47　PDCAサイクル（PDCA cycle）

PDCAサイクル（PDCA cycle）は、品質改善、経費削減、環境マネジメント、情報セキュリティなど多くの分野で用いられる管理手法の一つで、plan（計画）、do（実行）、check（評価）、act（改善）を繰り返し、次の計画に前の不具合の改善を織り込んで、業務の質を継続的に向上させる手法をいう。米国の統計学者デミング（William Edwards Deming（1900-93）が提唱した。

理論43 模倣可能性（Imitability）、移動可能性（Transferability）、代替可能性
（Substitutability）、希少性（Scarcity）、耐久性（Durability）

　企業の**コア・コンピタンス**が何かを考えるには、**模倣可能性**（Imitability）、**移動可能性**（Transferability）、**代替可能性**（Substitutability）、**希少性**（Scarcity）、**耐久性**（Durability）**の５つを考える**[500]。

　グローバルな経営資源論（グローバル・リソース・ベースド・ビュー）で、この５つを考えると、以下のとおりである。

- **模倣可能性**（Imitability）は、その技術・ノウハウが競合他社に簡単に真似できるものであるかをいう。
- **移動可能性**（Transferability）、１種類の製品や分野だけではなく、多くの製品や分野に応用ができ、幅広く展開していくことができるかをいう。
- **耐久性**（Durability）は、短期間で強みが消滅せず、長期にわたって他社の追随を許さない競争的優位性を保つことができるかをいう[501]。

　　模倣可能性、移動可能性、耐久性を考えたときに、他社が真似しにくい場合は競争力が高いと言える。国際企業が競争力を高めるためには、様々な経営資源を様々な国のから入手すること、マニュアル化できないノウハウを蓄積すること、他社ができないような大規模投資で強力な生産手段を持つことなどで、他社が真似しにくいようにする。いつかは真似されることが多いが、長く真似されなければ、競争優位を長く保つことができる。

- **代替可能性**は、他の方式によって置き換えられて競争に負けてしまう可能性である[502]。例えば、昔の携帯電話（ガラケー）がスマートフォンに置き変わって、日本の家電メーカーの携帯電話が、アップルやサムソンのスマートフォンとの競争に負けてしまった。ゼロックス社は、コピー機の代替可能性を長年研究した。コピー機が新しい製品に置き換わって、代替品との競争に敗れることを恐れたからである。現在までのところ、コピー機を上回る複写機は現れていないが、研究成果として、プリンタに活用されているインクジェット技術が開発された。
- **希少性**は、稀少な資源を持つと競争力が強くなることをいう。多国籍企業は、潜在的に稀少な資源を世界中の子会社で保有したり、入手できる可能性がある[503]。

【推薦図書16】浅川 和宏（2003）『グローバル経営入門』日本経済新聞出版社　第２
　　　　　　　章

5．コンティンジェンシー理論

理論24 コンティンジェンシー理論（contingency theory）（再掲）

　コンティンジェンシー理論（contingency theory，環境適応理論）は、どんな経営環境でも有効な経営組織は存在しない、経営環境が異なれば有効な経営組織は異なるという理論[504]をいう。

　経営学者の楠木教授は、良い事例を見て回ったり、勉強するだけでは、自分の経営に活かせないことが多いとし、その理由は、第一に、たくさんの事例を統計的に処理して成功の法則を導き出し、それに従って経営しようとしても、平均的なマネジメントをすることになって激しい競争にさらされてしまったり、環境に対応して自分で戦略を考えることができなくなってしまう、第二に、成功事例を知ることは意味があるが、成功事例の目立つ部分を採り入れるだけでは、企業戦略の本質である他社との違いを作ることや、戦略を総合的に作ることに逆行して、企業戦略の本質が失われてしまう。その結果、良い事例を見て回ったり、勉強するだけでは、自分の事業の経営はうまくいかない[505]と指摘している。

　多国籍企業の経営環境は複雑で、世界各国、地域ごとに異なる顧客ニーズ、競争環境、社会文化的状況、法制度に対応しなければならない。家電や自動車は、優れた製品を低価格で作れば世界中で受け入れられやすいが、食品、趣味的商品などは、各国、地域ごとに異なる食文化、生活習慣に影響され、国ごとに売れ行きが違うことが多い。

　多国籍企業は、一般に、先進国市場には現地適応し、途上国では新商品の市場、潜在顧客を創出するような活動も行っていて、各国の環境に受け身で適応しているだけではない。その市場がその企業にとって重要な市場であれば、現地適応に熱心に取り組み、重要な市場だと考えない場合には撤退も選択している[506]。

質問コーナー

Q28 IT企業で働く際、どんなことを意識していれば上司に認められ上に上がれますか？

答え IT企業で働く人は、工学部卒でデジタル技術を勉強した人が多いですが、文系卒でICT技術の基礎知識なく入社する人も多いです。

　文系卒に期待されることは、顧客の困りごとを聴いて、要望・ニーズを整理して、ICT技術で解決できる方法を企画することです。これを業界用語で「要件定義」と言います。要件定義ができる人は、IT企業に顧客と収入と利益を運んでくる人なので、社長、上司に認められ、上に上がれます。

　2022年から中小企業でもAIを導入する事例が増えるなど、これまでのIT企業の常識が大きく変化しています。若い人の挑戦、活躍が期待されます。

第Ⅶ章 理論・実務知識の詳細

　前章までは、国際ビジネスに直接かかわらない一般的な理論・実務知識は簡潔な紹介にとどめた。本章で、詳細を紹介する。

第Ⅰ章関係

理論44 ゲーム理論

1．囚人のジレンマ

　ゲーム理論の基礎である囚人のジレンマは、図74のように、共同して犯罪をした容疑者が別々の取り調べ室で警察の取り調べを受けるときの、容疑者それぞれの利得（利益）がどうなるかを考える。

[図74] 囚人のジレンマ　A，Bの選択と受ける罰（Aの罰，Bの罰）

		B	
		協　力	裏切り
A	協　力	（2年，2年）	（10年，罰なし）
	裏切り	（罰なし，10年）	（5年，5年）

出所：構造計画研究所から著者作成

　「囚人のジレンマ」ゲームでは、囚人A，Bは互いに相談できない別々の取り調べ室にいる。A，Bは「相手と協力するため白状しない」と「相手を裏切って白状する」という2つの選択肢のどちらかを選択するが、相手が何を選択しているかは知ることができない。A，Bの選択の結果によって、自分の受ける罰が図74のように決まる。

　A，Bとも協力ならA，Bとも2年の懲役。（図74の左上）

　Aが協力・Bが裏切りならAは10年の懲役、Bは罰なし。（図74の右上）

　Aが裏切り・Bが協力ならAは罰なし、Bは10年の懲役。（図74の左下）

　A，Bとも裏切りならA，Bとも5年の懲役。（図74の右下）

になる。A，Bは、できるだけ自分が軽い罰になる選択をすると考える。

　このゲームでは、相手が何を選択しているかはわからない。しかし、Aの選択を考えると、

198

① A が協力する選択をする場合（B も協力なら懲役 2 年、B が裏切りなら懲役10年）

② A が裏切る選択をする場合（B は協力なら罰なし、B も裏切りなら懲役 5 年）

A は B の選択はわからないが、B のどちらの選択でも、裏切る選択をする方が得なので、裏切って白状する選択をする。

ミニマックス (minimax) 法は、考えられる最大限の損失を最小限に抑えようとするゲームの手を選択する方法をいう。ゲーム理論のプレイヤーの選択の合理的な判断基準の一つである。

ミニマックス (minimax) 法では、A は最悪のケースで受ける罰を最小にするように判断すると考える。懲役10年にならないように、裏切って白状し、懲役 5 年を覚悟する選択をする。

B も A と同じ罰の組み合わせなので、B も、A がどちら選択しようと、B は裏切った方が良いという判断になる。

結果として、A，B とも裏切る選択になり、懲役 5 年になる。もし協力し合えば懲役 2 年で済んだのに、合理的に考えて行動した結果それができず、よりつらい懲役 5 年になることを、囚人のジレンマという。

囚人のジレンマを避けるには、A，B が事前に話し合えば良い。A，B が繰り返して犯罪を行う場合、「捕まったときに協力して白状しない」と約束して守れば、懲役 2 年で済む（繰り返しゲーム）。

企業が談合（競争しないで市場や利益を分け合うこと）するのも、囚人のジレンマを避ける行動である。これに対して、政府が談合をやめさせるには、白状した企業だけに利益を与えて、協力を破れば良い。具体例は、2023年 3 月、公正取引委員会は、関西電力、中部電力、中国電力、九州電力の談合を摘発した。罰である課徴金は、中部電力201億円、中国電力707億円、九州電力27億など計1010億円であった。関西電力は、最初に自主申告したため、課徴金減免制度によって罰を免れた。

2．ツリー図

国際ビジネスでの交渉に役立つのは、ゲーム理論のツリー図である。

ツリー図（図75）では、自分と相手の行動を、囲碁や将棋のように一手ずつ考えていく。

A 社、B 社というライバル企業があり、A 社だけが、ある街に店を持っていて儲かっているとする。B 社も同じ街に出店することを考えている。A 社は店を拡張するべきか？　現状維持にするべきか？

ゲーム理論は、行動を場合分けして考える。

まず、A 社には、ある街の店を①拡張する、②現状維持にするという 2 つの選択肢

[図75] ツリー図

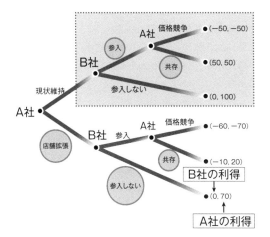

出所：伊藤（2015）（p.238）

がある。**図75**の左のＡ社から①「現状維持」②「店舗拡張」という２つの枝分かれが
書かれているのは、Ａ社の２つの選択肢を表している。

　次は、Ｂ社の行動である。Ｂ社がどう行動するか想像するのではなくて、Ｂ社の採
りうる行動を、すべて場合分けして考える。Ｂ社は①同じ街に出店する、②しないとい
う２つの選択肢を持っている。**図75**のＡ社の２つの選択肢の先に、Ｂ社の①「参
入」②「参入しない」という２つの選択肢の枝分かれが書かれているのは、Ｂ社の２
つの選択肢を表している。

　さらに、Ｂ社が参入しなければ平和だが、Ｂ社が街に出店して参入してくる場合、
それに対してＡ社は、①価格競争をしかけて利益は出ないけれども相手の店をつぶそ
うとする、②Ｂ社の店と共存するという２つの選択肢がある。**図75**の一番右の枝分か
れは、それらの選択肢を表している。

　ここまでで、Ａ社、Ｂ社の行動の選択肢をすべて書き表した。

　そうしてから、すべての選択肢のＡ社、Ｂ社の利得を評価していく。

　Ｂ社が①出店してきて、Ａ社が①価格競争をしかけて利益は出ないけれども相手の
店をつぶそうと戦えば、Ａ社、Ｂ社の利得は「Ａ社 -50、Ｂ社 -50」と両社とも良く
ない。というように順番に、利得を評価していき、**図75**の一番右に（Ｂ社の利得、Ａ社
の利得）を書き込んでいく。

　ここまで準備して、Ａ社の採るべき選択肢を考える。

Ａ社が現状維持する場合、

　Ｂ社が参入しない場合は、Ｂ社は利益も損もなく、Ａ社は市場を独占する（100,0）

　Ｂ社が参入すると

　　両者が価格競争すると傷つけあって（－50，－50）

　　両者が共存するとまあまあ利益を得て（50，50）

　Ｂ社が参入した前提では、Ａ社はより得な共存を選ぶのが合理的である。

　Ｂ社は、参入しない場合利得「０」＜参入する場合利得「50」なので参入する選択肢を選ぶのが合理的である。

Ａ社が店舗拡張する場合

　Ｂ社が参入しない場合は、Ｂ社は利益も損もなく、Ａ社は市場を独占するが費用がかかるので（70，0）

　Ｂ社が参入すると、Ａ社は店舗拡張、Ｂ社は参入の費用を使うため

　　両者が価格競争すると傷つけあって（－70，－60）の利得

　　両者が共存するとまあまあ利益を得て（20，－10）の利得

　Ａ社の利得が多い理由は店舗拡張の方が参入より費用が安いからである。

　Ｂ社は最も利得が多い（ましな）（70，0）の利得を選択し、参入しない選択をするのが合理的である。

　Ａ社は、Ｂ社の行動のすべての選択肢を評価して、Ｂ社の合理的な行動を考えると、Ａ社が店舗を拡張する場合は利得70、現状維持する場合は利得50になる。Ａ社は、店舗を拡張する選択をするのが合理的なので、店舗を拡張する。

　このように、ゲーム理論のツリー図を考えることで、相手が合理的な選択をする場合、自分がどう行動すればベストな結果を得られるかを考えながら、国際ビジネスの交渉をすることができる。

　1995年の日米自動車協議は、ＷＴＯが発足した直後に交渉が行われたため、それ以前の日米貿易摩擦と違う経過をたどった。このことも、「ＷＴＯの発足によって、米国の利得が変化したため」と、ゲーム理論で合理的に説明できる。「日本が米国の当初の主張を受け入れないという選択は合理的であった」と説明できる。

第Ⅳ章関係

理論45　比較優位理論（theory of comparative advantage）

　ここでは、数学を使わずに比較優位理論を理解するために、**表24の例**[507]を見よう。

[表24] 比較優位理論の解説

　日本は100人で500台の機械、100人で200俵の農産物を作ることができるとする。

　米国は100人で250台の機械、100人で200俵の農産物を作ることができるとする。

　日本の人口は200人で、機械、農産物とも100人ずつで生産し、米国の人口は400人で機械、農産物とも200人ずつで生産し、消費した（自給自足）とすると、生産量・消費量は表①のとおり。

①日米の生産・消費

		生産・消費（台・俵）	
		機　械	農産物
日本	100人	500	200
アメリカ	200人	500	400
	計	1000	600

②日本・米国の生産効率

		生産効率＝生産額／人	
		機　械	農産物
日本	100人	5	2
アメリカ	200人	2.5	2

　生産効率は、生産量を人数で除したものとする。

　この例では、機械、農産物ともに、日本の生産効率は米国と同等以上である。日本は両方とも自分で作った方が効率的のようにみえる。

　機械と農産物の生産効率の比をみると、

　　日本は、機械／農産物＝ 5 ／ 2 ＝2.5
　　米国は、機械／農産物＝2.5 ／ 2 ＝1.25
　　日本は、農産物／機械＝ 2 ／ 5 ＝0.4
　　米国は、農産物／機械＝ 2 ／ 2.5 ＝0.8

　日本は米国に比べて機械生産に優位性を持っており、米国は日本に比べて農産物生産に優位性を持っている（比較優位）。

　日本は比較優位を持つ機械に特化（集中して生産）し、米国は比較優位を持つ農産物に特化して生産してみる。

　日本は200人で1000台の機械を作ることができる。

　米国は400人で800俵の農産物を作ることができる。

202

③比較優位に特化したときの日米の生産

		生産（台・俵）	
		機　械	農産物
日本	100人	1000	0
アメリカ	200人	0	800
	計	1000	800

　表①と③を比べると、日米の生産の計は、機械は変わらず、農産物は200俵増えている。

④貿易をした後の保有額

		保有（台・俵）	
		機　械	農産物
日本	100人	500	200
アメリカ	200人	500	600
	計	1000	800

　表①と④（日本が米国から200俵の農産物を輸入し、機械を500台輸出する貿易をしたとき）を比べると、日本の保有は変わらず、米国の農産物保有が200増えている。
　表③④の生産物が、表①よりも増えている効果が、「比較優位にある財に特化し、他の財の生産は相手国にまかせるという形で国際分業を行い、貿易を通じて特化した財を相互に交換すれば、貿易当事国は双方とも貿易を行わなかった場合よりも利益をうることができる」という比較優位の効果である。
　生産効率の絶対水準（上手か下手か）ではなく、生産効率の比の相対的な違い（上手でも下手でも良くて、何が得意か）が決め手である。

理論46 幼稚産業育成論

　途上国が、外国との競争で勝てない国内の未発達の産業を保護育成して、将来は比較優位をもつ産業になるなら、必要な期間、保護貿易をしても良い。ただし、期間後は保護なしで自立でき、全体として保護貿易のデメリットを超えるメリットがある場合に限るという理論が、幼稚産業育成論である[508]。
　幼稚産業育成策には、外国製品の輸入を制限して、国内市場向けの産業を育成する輸入代替型と、産業を育成する初期から国外への輸出を促進する輸出志向型がある。インドやブラジルなどの輸入代替型の幼稚産業育成策は、企業が保護されて生産性が上がらなかったため成功しなかった。日本と東アジア諸国の工業化は、輸出志向型

全文：

で、国外市場での競争によって企業の生産性が上がり、成功したと言われる。

幼稚産業育成論と類似の政策として、経営学の企業戦略と同様の戦略を国や地方政府が行い、国内、地域内の事業の構成を変更して、国内、地域内の企業の利益や、国民、住民の収入を増やそうとする政策がある。例えば、日本の明治時代の殖産興業政策や、第二次世界大戦後の通産省の産業政策、マレーシアのルックイースト政策、シンガポールの港湾整備、企業誘致、低い法人税などの産業政策、日本の自治体によるふるさと納税促進策、企業誘致などが該当する。

【推薦図書17】
● 吉田 雅彦 (2022a)『地域マネジメント —— 地方創生の理論と実際（改訂版）』鉱脈社

| 理論47 | リーダーシップ理論

現在のリーダーシップ理論は、身近なものから国や時代を動かす大きなものまで、リーダーシップは多様だと考えている。身近な例は、子供たちが友達と遊ぶとき、誰か遊びの言い出しっぺがいて、みんなが楽しく遊んだら、それはリーダーシップだと考える。部活やサークルのリーダーになるだけでなく、リーダーが仲間をまとめるのに苦労しているのを見て、何人かに声をかけてそっと助けるのもリーダーシップだと考える。このような経験も含めると、リーダーシップをとった経験がある人がほとんどで、**リーダーシップは、自分に関係のない特別なものではない**。

偉人は、大きな絵を書いて、大勢の人を巻き込んで変革する。偉人は、リーダーシップの大きさが、けた外れに大きな人である。しかし、偉人も、初めから偉大だったわけではなく、いろいろな経験を経て、大勢の人を巻き込んでくことで偉人になっている。自分一人で偉人になったり、リーダーシップを発揮したわけではない。

身近なリーダーシップから、**より大きなリーダーシップを取れるようになることは、企業などで仕事をしながら人間力を発達させているということで重要である**[509]。リーダーシップは、優れた少数の人だけに関係するものではなく、すべての人に関係していて、すべての人が高めることができると、現在のリーダーシップ理論は考えている。

リーダーシップの日本語訳の「指導力」は、答えがわかっていることを上司や先生が部下や生徒に教える意味が強く、現在のリーダーシップ理論のようなリーダーとフォロワー（ついていく人たち）が一緒に未知の道を歩むという意味がない。したがって、本書では、日本語訳の「指導力」を使用せず、「リーダーシップ」という用語を使用する[510]。リーダーシップは、リーダー単体の中には存在せず、リーダーとフォロワーの関係性、すなわち、リーダーの言動を見て、フォロアーがどう意味づけするかという過程にある。誰かが「私には地位も肩書もあるからリーダーだ」と叫んでも、皆がついていかなければリーダーシップにはならない[511]。

　リーダーシップを学ぶには、実務家の持論と、経営学の理論の両方を理論として学ぶ必要がある[512]。実務家の持論は、実務経験から生まれ、現場をリードしている理論をいう。**実務家が、自分の持論を、他の人との対話や内省から原理・原則として言語化して語ることが経営学の発展にとって望ましい。**経営学の理論は、研究者が、調査研究、実験・観察から生み出す理論をいう[513]。

　リーダーシップを学ぶときや誰かに教える時に、もはや通用しなくなっている過去の成功パターンを教育したり、コンサルティングしたりしていないか、気をつける必要がある。過去の成功パターンが成功しないときは学修の仕方を変えなければならない[514]。

　リーダーシップを身につけるには、①自分がリーダーシップを経験すること、②優れたリーダーの下で熱心に働く経験をすること、③自分としてのリーダーシップの実務家の持論を、年齢、役職ごとに作り続けること、④経営学の理論を、自分の実務家の持論を磨くために活用することが重要[515] である。

　リーダーシップのあるなしを判断する基準は、第一に、喜んでついてくる人たちがいること、第二に、そのフォロワーが、自発的に喜んでついていくことを選んでいるかである。独裁主義（ファシズム）の独裁者や、信者を集団自殺させる振興宗教の教祖にもリーダーシップはある。リーダーシップは、フォロアーが作る側面があるので、フォロワーの意識がしっかりしていることも重要である[516]。

　選ばれ方によって、リーダーには３種類がある。①自然発生的なリーダー、②選挙で選ばれたリーダー、③任命されたリーダーである。**自然発生的なリーダー**は、例えば、災害などの緊急時に、役職ではなく自然に、誰かがテキパキと指示を出し、皆が従えば、自然発生的なリーダーシップである。**選挙で選ばれたリーダー**は、例えば、議員、市長などである。**任命されたリーダー**は、フォロワーは、自発的に喜んでついていくこともあれば、人事権限などによって仕方なくついていくだけで、リーダーシップがないこともある。

理論48 　リーダーシップの素朴理論

　リーダーシップの素朴理論は、リーダーシップについて、誰でも持っている、素人（しろうと）なりの考えをいう。自分がどのようなリーダーシップの素朴理論を持っているかは、表25の20の用語から７つ選ぶと傾向がわかる[517]。社会人になって、職種や事業部などの仕事集団から別の仕事集団に人事異動するとき、集団の中で共有されているリーダーシップの素朴理論が異なる場合がある。その場合には、その集団でうまく働くためには、その集団の経験やものの見方を学ぶ必要がある[518]。

[表25]　すばらしいリーダーの特徴と思う言葉を７つ選んでください

野心的	ambitious
大切に思ってくれる	caring
協力的な	cooperative
頼りがいがある	dependable
公正な	fair-minded
正直な	honest
独立心のある	independent
知的	intelligent
成熟している	mature
率直な	straightforward
心が広い	broad-minded
有能な	competent
勇気がある	courageous
断固たる	determined
前向きの	forward-looking
想像力のある	imaginative
わくわくさせてくれる	inspiring
忠誠な	loyal
自己抑制ができた	self-controlled
応援・支持してくれる	supportive

出所：Kouzes, Posner（1993）（クーゼス，ポスナー
（岩下（訳））（1995））（p.16）、金井（2005）（pp.98-99）

[理論49]　信頼蓄積理論

　信頼蓄積理論は、リーダーシップを発揮するには、まずは、信頼を蓄積して、信頼が十分に蓄積して周りから待望されるようになってから、リーダーシップを発揮して変革の行動をとると良いという理論をいう。例えば、部活に入ったら、まずはチームの伝統・ルールに従い、尊重してチームに貢献する。周りからの信頼を貯金するように貯める。そして、自分が高学年になって主将に選ばれたら、同級生、後輩からは、チームの伝統・ルールを変えてでも、チームを良くすることを待望される。そこで、貯金した信頼を使って[519]、大きな絵を書いて大勢の人を巻き込むことができれば、大きなリーダーシップを発揮することができる。

[理論50]　PM 理論

　PM 理論は、社会心理学者の三隅二不二名誉教授が提唱したリーダーシップ理論をいう。P 機能（Performance, 目標達成能力。指導や命令で集団の目標達成を促す）とM 機能

［図76］仕事は目標達成とチームワークの両方が必要

提供：写真 AC

（Maintenance, 集団維持能力。気配りでメンバーの人間関係を維持する）の両方が必要と考える。

　一般に、生産性が最も高まるのは 2 機能が両立した PM 型リーダーであるが、なかなかそういう人はいない。集団が団結して意欲が高い場合は、P 機能（目的達成）に特化した Pm 型リーダーでも良い。集団がばらばらでやる気がない場合で、PM 型リーダーがいないときは、M 機能（集団維持）に重点を置いた pM 型リーダーでないといけない[520]。

　P 機能をビジョン、アジェンダ（行動計画[521]）設定、M 機能をネットワーク構築と捉えるリーダーシップ論もある。この場合のネットワーク構築は、「あの人を知ってる」「名刺をたくさん持っている」といった表面的な人間関係ではなく、行動計画を実施するうえで重要な人々の人間関係が、実際の行動に結びつくように構築されていることをいう[522]。

　[理論51] リーダーシップ理論の歴史
　古代ギリシャ時代から1940年代までは、リーダーは作られるものではなく、生まれながらの特質であるという考え方であった。

　1940年代〜1960年代は、有効なリーダーと、そうでないリーダーを区別する行動を観察し、どのような行動が有効なリーダーをつくり上げるのか発見しようとした。
　1960年代〜1980年代は、すべての状況に適応する普遍的リーダーシップは存在しないという考え（コンティンジェンシー理論。第Ⅵ章参照）に基づいて、リーダーの特性や行動と環境との相性を明らかにしようとした。例えば、PM 理論のように、有効な

[図77]
古代の英雄
（シーザー）の
イメージ

提供：イラスト AC

リーダーシップは部下の成熟度によって違うと考えた。

　1980年代〜1990年代は、

　①カリスマ的な才能を持ち将来のビジョンを描ける人間こそがリーダーであり、その才能を保持すれば部下から大きな支持、貢献を得るという理論。

　②チームがビジョンを共有し、フォロワーの能力を引き出し、組織学習を促進して、変革を実現するという理論。

の２つがあった。

| 理論52 | サーバント・リーダーシップ

　1990年代以降は、サーバント・リーダーシップ、リーダーシップ・シェアリング（2人以上でリーダーシップを共有）や、フォロワーシップ理論など、一人のリーダーシップだけでなく、フォロワーなど他者との関係性も考慮した多様なリーダーシップ理論が展開されている。

　最近の若い社会人には従来のリーダーシップは当てはまりづらくなっている。年配の管理職からは「若い部下に仕事の仕方を注意したら辞めてしまった」「コミュニケーションが取れない」といった声がある。このような時代に出てきたのが「サーバント・リーダーシップ」である。権威的なリーダーシップではなく、フォロワーをさまざまな形で支援し、下から支える。管理職が部下の召使いになるという意味ではなく、フォロワー目線で

[図78] フォロワーをさまざまな
形で支援し下から支える

提供：イラスト AC

考える。「フォロワーはリーダーのために存在する」と考えるのが権威的なリーダーシップ、「リーダーはフォロワーのために存在する」という考えがサーバント・リーダーシップである。「若手を理解できない」と感じたら、きちんと部下の言葉を傾聴するアクティブ・リスナーになり、若い世代との信頼関係を築くことが重要である。

　アクティブ・リスニング（Active listening）は、話し手に全集中して傾聴することをいう。相手の言いたいこと、伝えたいことを良く理解してあいづちを打ったり、質問したりする。
　反対語の「消極的なリスニング（passive listening）」は、相手が伝えたいことを受け止めないで聞き流すこと[523]をいう。

【推薦図書18】金井 寿宏（2005）『リーダーシップ入門』（日経文庫）日本経済新聞社

質問コーナー ・・・・・・・・・・・・・・・・・・・・・・・・・・・・・・・・・・・・

　Q29　リーダーシップをうまくとるにはどうしたらいいですか？
　答え　現在だったら、サーバント・リーダーシップですね。部下や仲間の話を傾聴することからスタートです。
　Q30　PM理論のpM型リーダーとPm型リーダーは自分で切り替えられるものなのでしょうか？　それとも性格や個性などで決まってしまっていて変えられないものなのでしょうか？
　答え　切り替えられますし、切り替えるべきです。
　目標達成のために、どうしてもPmでなければならないこともありますが、その時期を過ぎたら、意識してpMにして、人間関係を良くすることも必要でしょう。
　私は、経産省の先輩から「チームのメンバーの力が弱ければ、無理に仕事はするな」と指導を受けました。性格的にはPm型リーダータイプの人であっても、チームが弱ければ、パフォーマンスを犠牲にしてpM型リーダーになりなさいと言っているわけです。
　PM理論という言葉は使っていませんが、「集団がばらばらでやる気がない場合で、PM型リーダーがいないときは、M機能（集団維持）に重点を置いたpM型リーダーでないといけない」というPM理論が、経験則でわかっていたのだと思います。

・・・

|実務知識48|　コンカレントエンジニアリング
　コンカレントエンジニアリング（concurrent engineering）は、設計・試作・実験などの製品開発、設備設計・生産準備などの工程開発を同時並行的に進める方式をい

う。問題が早期に解決されることで、品質や開発生産性が向上するほか、製品開発期間も短縮できる[524]。

実務知識49 　垂直立ち上げ

　垂直立ち上げ、量産垂直立ち上げは、製品の生産販売を段階的に拡大するのではなく、販売初期に最大の売り上げを達成するために発売と同時にフル生産体制を立ち上げることをいう。近年は、商品寿命が短くなってきており、設備投資などの開発コストを短期間のうちに回収しなければならない。製品ライフサイクル理論では、商品導入期、成長期に販売・売り上げが急増する。量産垂直立ち上げの考え方は、このタイミングに合わせて一気に量産体制を構築して利益を得ようとする[525]。

［図79］垂直立ち上げ

　垂直立ち上げは、売上げと時間のグラフを描いたときに、売り上げの変化が垂直に上昇しているようにマネジメントすることをいう。

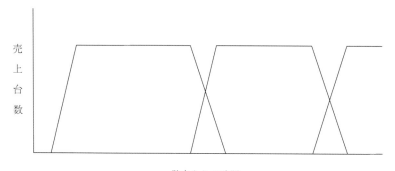

発売からの時間

実務知識50 　シックスシグマ（6σ）

　シックスシグマ（6σ）は、1990年代後半、米国モトローラ社が、日本企業の品質の高さの要因を追究して作った分析手法である。間違い、欠陥品の発生確率を100万分の3.4（正規分布の6σ，シックスシグマ）以下にすることを目標にする。製品・サービスの品質だけでなく、それらを作り出すプロセス、組織、人、システム及びそれらの組み合わせまで含めた経営の全領域における活動の品質を向上させる。

　シックスシグマは、GEなど欧米企業が導入し、一般的な経営品質改善手法となった。シックスシグマの特徴は、個々の業務課題を「勘と経験」ではなく、論理的、定量的にステップを踏んで解決につなげていく[526]ことである。

［図80］製品やサービスの価値を機能とコストとの関係で考え、みんなで向上させる

製品やサービスの価値＝$\dfrac{機能}{コスト}$

機能を上げて、コストを下げる
機能は同じで、コストを下げる
コストは同じで、機能を上げる
　⇒　価値が高まる

提供：イラスト AC（イラスト部分）

実務知識51 バリューエンジニアリング・VE（Value Engineering）

　バリューエンジニアリング・VE（Value Engineering）は、製品やサービスの価値を、機能とコストとの関係で考え、決まった手順で価値の向上を考える手法をいう。

　1947年米国 GE 社のマイルズによって開発された。VE は、製品やサービスの機能をユーザーの立場から分析し、改善のための様々なアイデアを出し、それらのアイデアを組み合わせ、発展させる。そうして得られたいくつかの案を評価し、最適な方法を選択する。そのための思考を組織、チームで行うための手法である。顧客が求める機能を、最小のライフサイクルコストで達成しようとする。VE は、購入資材費の低減、製品開発段階、製品全体のコスト低減と価値向上や、組立作業、機械加工、梱包や運搬などの製造工程、物流業務で使用する [g]。

　ライフサイクルコスト（life cycle cost）は、製品などを取得・使用するために必要な費用の総額をいう。企画・設計、維持・管理・廃棄までの過程（ライフサイクル）で必要な経費の合計額[527]をいう。例えば、自動車であれば、ある顧客が一生の間に車関係に投資する駐車場代、ガソリン代、点検費用、車検費用、バッテリー、タイヤ、保険などの総額をいう[528]。

---

[g]　日本 VE 協会。著者は、日立建機に出向したときに、バリューエンジニアリング・リーダーの資格取得を推奨され取得した。

[図81]　層別分析

層別項目	層別の内容
人(Man)別	個人、性別、年齢、職種、技能、経験年数　など
機械設備(Machine)別	機種、号機、型式、金型、治工具　など
材料(Material)別	材料メーカー、購入先、ロット、購入時期　など
作業方法(Method)別	ロット、作業速度、温度、回転数、作業場所　など
測定(Measurement)別	測定者、検査員、測定器、試験器、測定場所　など
環境(Environment)別	騒音、換気、照明、風、気圧、気温、湿度、天候　など
部門別	設計、生産技術、製造、資材、外注、物流　など
時間別	時間、午前、午後、昼夜、シフト、曜日、週、旬、月、期　など
……	……

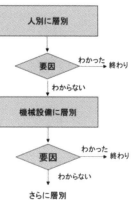

提供：ＭＥマネジメントサービス[529]

実務知識52　層別（stratification）

　層別（stratification）は、QC 七つ道具の１つで、機械別、原材料別、作業者別などのようにデータの共通点や特徴に着目して同じ共通点や特徴をもついくつかのグループ（層）に分けることをいう。層別の目的は、層による何らかの違いを見つけることである。この違いを見つけ、不良品発生のばらつきの原因を見つける。

実務知識53　パレート図

　パレート図は、集計した項目の分量と割合（構成比）を棒グラフと折れ線グラフで、同じ図に重なるように表示した図をいう。各項目の分量（たとえば発生数や金額など）を値が大きい順に（降順に）並べて棒グラフで示し、各項目の割合（構成比）を折れ線グラフで示す。各項目の重要性や優先度の判断に役立つ。パレート図の由来は経済学者のパレート（Vilfredo Pareto）である。パレートの法則は、複数ある要素の一部で、全体の大半が占められるという法則である。

実務知識54　ABC 分析

　ABC 分析は、全体に占める割合が大きい項目を A、中程度の項目を B、少ない項目は C と分類して、全体に占める割合の大きさごとに分析する手法をいう。商品開発や商品購入層の分布分析、製品の不良品発生率の管理などに活用されている。

　例えば、図82は、地方自治体の支出項目の大きい順番に棒グラフを並べ、折れ線グラフで累積構成比を示している。福祉・民生費、教育費、公債利払、土木建設費は多

212

[図82] ABC分析・パレート図

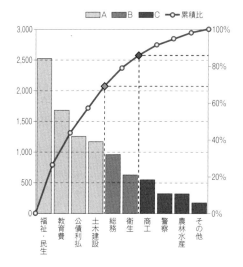

取引先	売上額	構成比
福祉・民生	2,525	26%
教育費	1,680	18%
公債利払	1,257	13%
土木建設	1,171	12%
総務	961	10%
衛生	630	7%
商工	552	6%
警察	323	3%
農林水産	321	3%
その他	175	2%

出所：総務省[530]から著者作成。

い項目なのでAグループとしている。Aグループで全体の支出の約6割、A，Bグループで約8割を占めていることがわかる。予算が厳しくて支出を見直さなければならなくなったときに、あてもなく検討しても成果が上がりにくい。ABC分析は、支出が大きな項目（Aグループ）の支出見直しから検討する。なぜなら、例えば、商工費は全体の6％なので、10％削減しても全体の0.6％しか削減できない。福祉・民生費は全体の26％なので、10％削減できれば、全体を2.6％削減できる。実際に、日頃の健康維持や予防医療に力を入れたり、薬をジェネリックに変えるなどで、民生費の中の国民健康保険、高齢者福祉経費の削減に成功した自治体がある。

実務知識55 特性要因図・フィッシュボーン図

特性要因図（別名：フィッシュボーンチャート、フィッシュボーン図、fish bone chart、ishikawa diagram）は、ある問題点について、影響を及ぼす原因を系統立てて表した図をいう。特性要因図は、「店の売り上げが低下した」、「Webサイトのアクセス数が減った」など、企業や団体が抱える問題の解決手法として用いられる。

特性要因図を作成するには、まず、水平の矢印線を描き、その右側に問題点を書く。次に、水平の矢印線に向けて斜めに矢印線を描き、始点付近に要因を書く。さらに、斜めの矢印線に向けて矢印線を描き、始点付近に要因の要因を書く。

特性要因図は、図の形が魚の骨に似ていることから、「フィッシュボーンチャート」、「フィッシュボーン図」とも呼ばれる。特性要因図は、日本の品質管理の先駆者

[図83] 特性要因図（フィッシュボーン図）

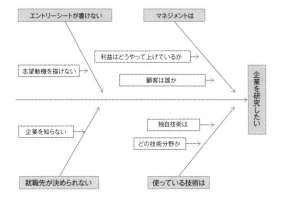

として知られている石川馨博士によって考案された[531]。

実務知識56　ヒストグラム（histogram）

ヒストグラム（histogram）は、測定値の範囲をいくつかの区間に分け、その区間の出現度数を並べた図をいう。データの分布状況や不良品の発生状況を把握するために用いられる[532]。

[図84] ヒストグラム

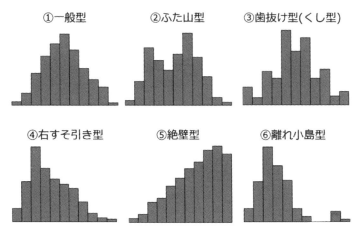

出所：KnowledgeMakers[533]

①一般型（正規分布）　データが中心付近に集まっておりひとつの山のようになっている一般的な形で、工程が管理された状態のときにできる分布。

②ふた山型　データの山が2つある。ふた山型では分布（平均値）の異なる2種類のデータが含まれていることが考えられる。層別分析が必要と判断される。

③歯抜け型（くし型）　歯抜け型。この場合、データ採取方法やヒストグラム作成の方法を再検討する必要がある。

④すそ引き型（左右非対称）　データが偏っている状態。規格外れが出やすいので対処が必要。

⑤絶壁型ヒストグラム　右（左）端のある部分から急に度数が無くなっており、絶壁のようになっている。規格外のものを取り除いた場合などに見られる。

⑥離れ小島型　データが飛んで現れている箇所がある。測定の誤りや、工程の異常を確認する必要がある。

実務知識57　散布図 (scatter plot)

[図85]　散布図

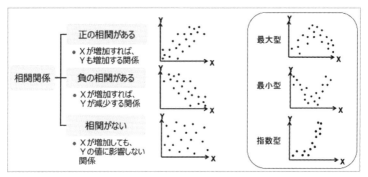

提供：コンサルソーシング株式会社[534]

　散布図 (scatter plot) は、2種類の項目を縦軸と横軸にとり、プロット（打点）により作成される図をいう。2種類の項目の間に相関関係があるかどうかを調べることができる。散布図に回帰直線を描くことで、予測値を求めることもできる。散布図で、プロットが右上がりであれば「正の相関」、右下がりであれば「負の相関」と呼ぶ。また、どちらでもない場合は「無相関」と呼ぶ[535]。

　相関関係には、正の相関がある、負の相関がある、相関がない、というものがある。正の相関は、Xが増加すれば、Yも増加する関係で、右肩上がりとなる。負の相関は、Xが増加すれば、Yが減少する関係で、右肩下がりとなる。相関がないは、Xが増加しても、Yの値に影響しない関係で、打点はランダム（無作為・任意）になる。

[図86] チェックシート

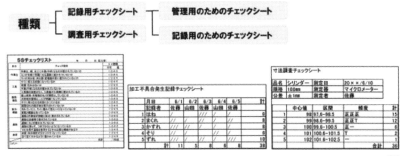

提供：コンサルソーシング株式会社[536]

　このほかに、最大型、最小型、指数型など直線的な関係ではない相関関係もある[537]。

　回帰分析（regression analysis）は、2つの変数xとyの間に、y = a + bx（a，bは定数）のような数式モデルを仮定して、データからa，bを推定する方法をいう。理学、工学で実験式を求める場合や、経済学で経済予測モデルをつくる場合に広く用いられる[538]。

実務知識58　チェックシート（check sheet）

　チェックシート（check sheet）は、データを記入、整理しやすいように、あらかじめデータを記入する枠や項目名を書き込んだ用紙をいう。作業を簡単に確実に行うために用いる[539]。

[図87] 管理図

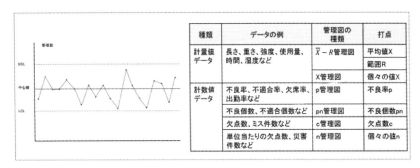

提供：コンサルソーシング株式会社[540]

| 実務知識59 | 管理図（control chart）

　管理図（control chart）は、品質や製造工程の管理に利用するグラフで、製品の大きさや質量などのデータを記録し、標準から外れた異常な製品を見つける。

　日々、進行中の作業のデータから異常を見つけ、見える化して不良や不具合を未然に防ぐことがねらい[541] である。

図 ・ 表 ・ 写 真 等 目 次

[図]

［図1］本書の構成 ………………………………………………………………………… 2
［図2］グローバル化と国際化のイメージ ……………………………………………… 16
［図3］経営学の構成 ……………………………………………………………………… 17
［図4］マネジメントの全体像 …………………………………………………………… 18
［図5］宗主国と植民地（1914年） ……………………………………………………… 24
［図6］社会主義を経験した国 …………………………………………………………… 26
［図7］グローバル化の前の経済史の概略 ……………………………………………… 30
［図8］マイクロソフト オフィスは世界中の人たちが仕事で使う ………………… 33
［図9］飢餓率が35％を超える国：18カ国 …………………………………………… 36
［図10］リーマンショック前後の有効求人倍率の推移（2006年1月～2012年12月） ……… 41
［図11］日本銀行全国企業短期経済観測調査（日銀短観）業況判断（2015年～） … 43
［図12］日本銀行全国企業短期経済観測調査（日銀短観）製造業の業況判断（2000年～） … 43
［図13］自由貿易協定(A・B国)は域外に対しての関税を以前より高めないことが条件 … 47
［図14］ＴＰＰ（環太平洋パートナーシップ）協定 交渉参加国12か国の経済規模 ……… 48
［図15］日立建機とディア＆カンパニーの提携の歴史と市場ニーズの変化 ………… 53
［図16］コマツ　建設機械・車両の地域別売上 ……………………………………… 57
［図17］日立建機の売上（国内・海外） ……………………………………………… 57
［図18］資生堂の地域別売上 …………………………………………………………… 57
［図19］日本のＧＤＰと世界に占める比率 …………………………………………… 59
［図20］日本の貿易額 …………………………………………………………………… 59
［図21］日本の直接投資残高（業種別） ……………………………………………… 59
［図22］日本の直接投資残高（地域別） ……………………………………………… 59
［図23］日本企業を買収した外国企業の国籍（2003～17年, 件） …………………… 60
［図24］おむつは赤ちゃんが使うが親が買う ………………………………………… 61
［図25］アイフォン(iPhone)とアンドロイドスマートフォンの国別シェア(2020-2021年) …… 64
［図26］マーケティング・ミックス、全体最適と部分最適 ………………………… 67
［図27］マズローの欲求5段階説 ……………………………………………………… 69
［図28］焼肉の限界効用 ………………………………………………………………… 69
［図29］宣伝を見て期待したよりも実際の方が悪いとがっかりする ……………… 72
［図30］カフェオレのペットボトルのスペックの例 ………………………………… 75

［図31］ 製品ライフサイクル理論とイノベーション普及理論 ‥‥‥‥‥‥‥‥‥‥‥‥ 77

［図32］ 製品ライフサイクル理論とイノベーション普及理論は街の流行でも実感できる ‥ 77

［図33］ 新規製品やイノベーションの効果 ‥‥‥‥‥‥‥‥‥‥‥‥‥‥‥‥‥‥‥‥‥ 78

［図34］ 国際製品ライフサイクル理論のイメージ ‥‥‥‥‥‥‥‥‥‥‥‥‥‥‥‥‥ 80

［図35］ 多角化のシナジー効果—バリューチェーン理論での説明— ‥‥‥‥‥‥‥‥ 83

［図36］ 製造業（ものづくり）のバリューチェーンの例 ‥‥‥‥‥‥‥‥‥‥‥‥‥‥ 90

［図37］ ポーターのバリューチェーン図 ‥‥‥‥‥‥‥‥‥‥‥‥‥‥‥‥‥‥‥‥‥ 90

［図38］ 垂直統合、系列 ‥‥‥‥‥‥‥‥‥‥‥‥‥‥‥‥‥‥‥‥‥‥‥‥‥‥‥‥ 93

［図39］ スマイルカーブ ‥‥‥‥‥‥‥‥‥‥‥‥‥‥‥‥‥‥‥‥‥‥‥‥‥‥‥‥ 94

［図40］ 1970年代から21世紀へのスマイルカーブの変化 ‥‥‥‥‥‥‥‥‥‥‥‥‥ 95

［図41］ 世界の大企業（2022年，時価総額 億ドル）、世界の大企業（1989 年，時価総額 億ドル）‥ 96

［図42］ クローズドイノベーション ‥‥‥‥‥‥‥‥‥‥‥‥‥‥‥‥‥‥‥‥‥‥‥ 97

［図43］ オープンイノベーション ‥‥‥‥‥‥‥‥‥‥‥‥‥‥‥‥‥‥‥‥‥‥‥‥ 98

［図44］ サービスは、形がない、生産と消費が同時、同じものはない、在庫できない ‥‥‥ 102

［図45］ サービス業のバリューチェーンの例 ‥‥‥‥‥‥‥‥‥‥‥‥‥‥‥‥‥‥‥ 102

［図46］ バリューチェーンの各プロセスに利用されるICT 技術 ‥‥‥‥‥‥‥‥‥‥‥ 103

［図47］ デジタル・情報技術のビジネスへの応用のイメージ ‥‥‥‥‥‥‥‥‥‥‥‥ 103

［図48］ 社会人が身につけるべきデジタル・情報通信技術の知識範囲 ‥‥‥‥‥‥‥‥ 104

［図49］ エネルギー産業のバリューチェーン例 ‥‥‥‥‥‥‥‥‥‥‥‥‥‥‥‥‥‥ 104

［図50］ なぜ部門化が必要か ‥‥‥‥‥‥‥‥‥‥‥‥‥‥‥‥‥‥‥‥‥‥‥‥‥‥ 106

［図51］ 権限と権力の関係 ‥‥‥‥‥‥‥‥‥‥‥‥‥‥‥‥‥‥‥‥‥‥‥‥‥‥‥ 107

［図52］ 経理ができる人材は重宝される ‥‥‥‥‥‥‥‥‥‥‥‥‥‥‥‥‥‥‥‥‥ 114

［図53］ 生産管理は工場の運営をあれこれ工夫して進める文系出身者の仕事 ‥‥‥‥‥ 120

［図54］ 国際企業の国外市場への進出は段階的に進む ‥‥‥‥‥‥‥‥‥‥‥‥‥‥‥ 131

［図55］ グローバル戦略提携の自由と支配の度合い ‥‥‥‥‥‥‥‥‥‥‥‥‥‥‥‥ 133

［図56］ 取引コスト理論と伝統的なミクロ経済学 ‥‥‥‥‥‥‥‥‥‥‥‥‥‥‥‥‥ 135

［図57］ 国際企業の人的資源管理も段階的に進む ‥‥‥‥‥‥‥‥‥‥‥‥‥‥‥‥‥ 138

［図58］ 海外子会社に社員を派遣する ‥‥‥‥‥‥‥‥‥‥‥‥‥‥‥‥‥‥‥‥‥‥ 142

［図59］ 商標の例 ‥‥‥‥‥‥‥‥‥‥‥‥‥‥‥‥‥‥‥‥‥‥‥‥‥‥‥‥‥‥‥ 150

［図60］ 世界の宗教分布 ‥‥‥‥‥‥‥‥‥‥‥‥‥‥‥‥‥‥‥‥‥‥‥‥‥‥‥‥ 153

［図61］ 1942年の日本の占領地域（太平洋と隣接戦域－日本の前進限界）‥‥‥‥‥‥ 158

［図62］ 欧州の鉄のカーテン ‥‥‥‥‥‥‥‥‥‥‥‥‥‥‥‥‥‥‥‥‥‥‥‥‥‥ 161

［図63］ 日本貿易保険機構のカントリーリスク評価 ‥‥‥‥‥‥‥‥‥‥‥‥‥‥‥‥ 166

［図64］ 損益分岐点 ‥‥‥‥‥‥‥‥‥‥‥‥‥‥‥‥‥‥‥‥‥‥‥‥‥‥‥‥‥‥ 167

［図65］ 伝統的なひげそりと“替え刃モデル” ‥‥‥‥‥‥‥‥‥‥‥‥‥‥‥‥‥‥ 171

［図66］損益計算書（P/L）の概念図 ………………………………………… 177

［図67］貸借対照表（B/S）…………………………………………………… 179

［図68］連結決算でグループ全体の会計を知る …………………………… 182

［図69］企業戦略と事業戦略の例 …………………………………………… 185

［図70］ポジショニングマップ ……………………………………………… 190

［図71］国際企業のポジショニング戦略 …………………………………… 192

［図72］小さい力（10kg）で大きな力（40kg）を出す油圧シリンダの仕組み（パスカルの原理）‥ 193

［図73］油圧ショベル用油圧シリンダと油圧ショベル …………………… 193

［図74］囚人のジレンマ　A，Bの選択と受ける罰（Aの罰，Bの罰）……………… 197

［図75］ツリー図 ……………………………………………………………… 199

［図76］仕事は目標達成とチームワークの両方が必要 …………………… 206

［図77］古代の英雄（シーザー）のイメージ ……………………………… 207

［図78］フォロワーをさまざまな形で支援し下から支える ……………… 207

［図79］垂直立ち上げ ………………………………………………………… 209

［図80］製品やサービスの価値を機能とコストとの関係で考え、みんなで向上させる … 210

［図81］層別分析 ……………………………………………………………… 211

［図82］ABC分析・パレート図 …………………………………………… 212

［図83］特性要因図（フィッシュボーン図）……………………………… 213

［図84］ヒストグラム ………………………………………………………… 213

［図85］散布図 ………………………………………………………………… 214

［図86］チェックシート ……………………………………………………… 215

［図87］管理図 ………………………………………………………………… 215

［表］

［表1］　仕事の課題（イシュー）と経営学の学問分野……………………… 21

［表2］貿易を自由化することのメリット・デメリット　考察の例 ……… 32

［表3］最恵国待遇の例（日本の輸入関税）………………………………… 47

［表4］大手建設機械企業と資生堂の市場別売上高（2018年度,2019暦年,億円,%）………… 56

［表5］STPマーケティング ………………………………………………… 63

［表6］企業ごとの市場分類 ………………………………………………… 65

［表7］プロダクト三層モデル ……………………………………………… 73

［表8］QCDS ………………………………………………………………… 74

［表9］製品ライフサイクル理論 …………………………………………… 76

［表10］イノベーション普及理論の顧客の性格の5つのタイプ ………… 76

［表11］多角化の顧客提供価値マトリクス ……………………………83、170

［表12］ソニーの事業別売上げ・利益（2020,2021年度） ……………………………… 85
［表13］職業分類表（大分類、中分類） ………………………………………………… 112
［表14］中古品相場と商品競争力 ………………………………………………………… 122
［表15］経済学の効用の考え方と"もの"の購入・保有の決定 ……………………… 123
［表16］タイムベース戦略と1時間当たり利益 ………………………………………… 127
［表17］日本の中央省庁の海外対応組織の例 …………………………………………… 145
［表18］日米自動車協議での通商産業省（当時）のマトリクス組織対応 …………… 146
［表19］1945年以降の戦争・内戦 ………………………………………………………… 157
［表20］実際の損益計算書（P/L）の例（日立建機2022年度） ……………………… 177
［表21］減価償却と耐用年数 ……………………………………………………………… 178
［表22］成長・シェアマトリクス ………………………………………………………… 187
［表23］企業のグローバル統合、ローカル適応の類型 ………………………………… 189
［表24］比較優位理論の解説 ……………………………………………………………… 200
［表25］すばらしいリーダーの特徴と思う言葉を7つ選んでください ……………… 205

［写真］

［写真1］銀行倒産で預金がなくなることを心配してアメリカ連合銀行に集まった群衆 … 28
［写真2］壁の崩壊に歓喜するベルリン市民 …………………………………………… 29
［写真3］雁の群れのV字編隊飛行 ……………………………………………………… 34
［写真4］チャド（アフリカ大陸中央部）の難民キャンプ …………………………… 45
［写真5］国産ブルドーザーの原型「小松1型均土機」 ……………………………… 51
［写真6］1975年コマツブラジル㈲、1985年小松アメリカマニュファクチャリング㈱設立 … 51
［写真7］純国産技術による日本初の機械式ショベル「U05」 ……………………… 52
［写真8］インドのタタ日立コンストラクションマシナリーとの提携工場タタ（TATA）
社との提携工場で累積5万台出荷（2016年） ……………………………… 53
［写真9］創業時の資生堂（1872年） …………………………………………………… 54
［写真10］1897年発売の化粧品「オイデルミン」 …………………………………… 55
［写真11］資生堂オブハワイ設立 ……………………………………………………… 55
［写真12］岩手県産が開発・販売し、ヒットした「Ça va（サヴァ）？缶」 ……… 73
［写真13］宮崎県串間市の"よろずや"スーパーケンちゃん ……………………… 87
［写真14］書類整理の斜め線 …………………………………………………………… 129
［写真15］道具の定位置管理 …………………………………………………………… 129
［写真16］聖書に手を置き宣誓をするバイデン大統領（2021年） ………………… 152
［写真17］深刻な災害でも略奪が起きず、静かに列を作る日本人に世界が驚き称賛した … 155
［写真18］1942年2月、シンガポールの英国軍の降伏 ……………………………… 158

［写真19］オランダ駐留軍の戦車を日本軍が奪いインドネシア独立軍が受け継いだ ……… 159
［写真20］米国アメリカ同時多発テロ事件 ……………………………………………… 163

［コラム］
コラム1　多国籍企業論の創始者 ハイマー …………………………………………… 16
コラム2　貿易自由化の力—Take it or leave it, Juggernaut effect— ……………… 31
コラム3　アジア通貨危機 ……………………………………………………………… 37
コラム4　個人の貢献と収入は概ね比例する ………………………………………… 39
コラム5　企業は内部留保を賃金として従業員に配るべきか ……………………… 44
コラム6　ＧＡＴＴ、ＷＴＯ、日米自動車交渉の現場 …………………………… 49
コラム7　経済産業省の組織と権力 …………………………………………………… 108
コラム8　近代組織論の父　バーナード ……………………………………………… 109
コラム9　人事の実務 …………………………………………………………………… 116
コラム10　持ち物を中古品で売るのはどんな時か …………………………………… 123
コラム11　取引コスト理論 ……………………………………………………………… 134
コラム12　経済産業省の海外駐在員のマネジメント ………………………………… 143
コラム13　経済産業省の企業文化（組織文化）と事業遂行能力 …………………… 147
コラム14　中国との知的財産権関連法改正交渉 ……………………………………… 150

［ケーススタディ］
ケーススタディ1　企業ごとの市場分類 ……………………………………………… 64
ケーススタディ2　日立建機のバリューチェーン …………………………………… 91
ケーススタディ3　コマツ、日立建機、資生堂の海外市場への進出方法 ………… 134

［質問コーナー］
Q1　1930年代の不況はどのようなものだったのか気になりました。 ……………… 28
Q2　貿易を自由化することのメリット・デメリットは何ですか？ ………………… 32
Q3　中国や東南アジアで美白化粧品、欧米で香水を売ることは、多角化の顧客提供
　　価値について、先生はどう考えているのか教えてください。 ………………… 55
Q4　学校給食は使用者と意思決定者・支払者が別であると思ったが、あっていますか？　子どもの給食費を払わない親がいるという問題を聞いたことがあるので気になりました。 …………………………………………………………………… 62
Q5　部分最適の例にあるように経費削減が行われれば、全体最適になると感じましたが、なぜこれではいけないのでしょうか？ ……………………………………… 68

Q6 マーケティング・ミックスで、要素の一部に注力して資金を使うのは良くない
　　と考えれているということはわかりました。ただ、要素をバランスよくミック
　　スするというのは、7P全てに資金を使う必要はないけど、その企業にとって
　　重要になる要素を併せてそれらに資金を注ぐという理解であっていますか？
　　それとも7P全てにバランスよく資金を注ぐべき、ということでしょうか？ …… 68

Q7 限界効用逓減の法則が成り立たないケースはありますか？ ……………… 70

Q8 製品ライフサイクル理論に反する商品はありますか？ ………………… 78

Q9 成長期には競合の参入も増えますが、ライバル企業がいた方がお互い高め合い
　　顧客に対して有利に働くことの方が多いですか？ ……………………… 79

Q10 バリューチェーンを行っていない会社はありますか？ ………………… 92

Q11 バリューチェーンにより、コスト削減や効率化を図ることができるメリットは
　　理解できますが、一つの部門で問題が起きた場合には、鎖のように繋がってお
　　り関連している他の部門にまで影響が及んでしまう危険性が高いのではないで
　　しょうか？ ………………………………………………………………… 92

Q12 先生が勤務していた頃から、日立建機は、部品・サービス、レンタル、中古車、
　　部品再生、ファイナンスという5つの事業をバリューチェーン事業としていた
　　のですか？ ………………………………………………………………… 92

Q13 バリューチェーンや垂直統合についての理解が深まりました。昔よりも水平統
　　合をする企業が増えており、何かに特化した企業もたくさん出ている時代であ
　　ることもわかりました。今の日本は水平分業をメインに事業展開している企業
　　が多いと思いますが、今後の企業形態はどのようになるでしょうか？ ……… 99

Q14 自社工場を持っていることが最大の強みという会社をよく目にしますが、それ
　　は垂直統合と捉えて良いのでしょうか？ ………………………………… 100

Q15 自社工場の有無だけでは垂直統合か水平分業かを見極められませんか？　ポー
　　ターのバリューチェーンの他に、複数の企業を比較できるようなフレームワー
　　クが有れば教えていただきたいです。 …………………………………… 100

Q16 就職活動の募集職種として1番多いのは営業なのか気になりました。 ………… 123

Q17 経理は数学が得意じゃないといけないイメージがあるが、どうなのでしょうか？ … 124

Q18 子会社ではなく、なぜ合弁会社にするのか不思議に思いました。 …………… 136

Q19 資生堂のハワイの海外販売子会社は、完全所有子会社に含まれますか？ …… 136

Q20 資生堂が、ローラメルシエやNARSを買収したことを調べました。それは、「国
　　際企業の国外市場への進出は段階的に進む」のどこに当てはまるのか教えてい
　　ただきたいです。 ………………………………………………………… 136

Q21 小松製作所、日立建機、資生堂は大手だと思うので、逆に新卒でベンチャーに入
　　社する場合のメリットが知りたいです。 ………………………………… 137

Q22 OKYで、海外は商習慣などが違ってたいへんということですが、商習慣とは
     どのようなものか教えてください。 ………………………………………………… 143

Q23 企業で、海外に行かせる社員を選ぶ基準はどんなところを見ているのでしょうか? ……… 143

Q24 企業の多様性が重視されるという記事を読みました。ある企業の社長さんは
     「いろいろな才能、いろいろな特技、自分ひとりでは気付かない、似ていない
     視点を持ってきてくれる人が集まらないと、本当に変化の激しい時代で生き残
     れない」と言っています。私はこの言葉を聞いて、確かに今後変化していく社
     会の中で生き残っていくためには、常に新しい視点から取り組むことが必要だ
     と思いました。国をまたぐ取り組み、様々な人と人とが手を取り合うにはそれ
     ぞれの多様性を受け止めあう理解しあうことが大切になると思いました。 ……… 144

Q25 海外と日本では宗教に対する考え方の違いがあることが分かりました。他に深
     刻で気をつけなければいけないことがありましたら教えてください。 ………… 156

Q26 日本人が宗教に関心が薄いのは、神仏習合の考えが出てきたことで根付いたの
     でしょうか? それとも日本国憲法で信仰の自由が盛り込まれたからでしょう
     か? それ以前にそもそも元から関心が薄かったためにこれらの考えが出てき
     たのでしょうか? …………………………………………………………………… 156

Q27 政治体制がたくさんあることがわかりました。各国の政治体制はどう決まるの
     でしょうか? ………………………………………………………………………… 166

Q28 IT企業で働く際、どんなことを意識していれば上司に認められ上に上がれますか? ……… 196

Q29 リーダーシップをうまくとるにはどうしたらいいですか? ………………………… 208

Q30 PM理論のpM型リーダーとPm型リーダーは自分で切り替えられるものなの
     でしょうか? それとも性格や個性などで決まってしまっていて変えられない
     ものなのでしょうか? ……………………………………………………………… 208

［推薦図書］
【推薦図書1】経営学・マネジメントの歴史 ……………………………………………… 20
   ● スティーブン P. ロビンス他, 高木 晴夫 訳 (2014)『マネジメント入門——グ
     ローバル経営のための理論と実践』ダイヤモンド社
   ● 三谷 宏治 (2019)『すべての働く人のための新しい経営学』ディスカヴァー・
     トゥエンティワン

【推薦図書2】経営学の入門書 …………………………………………………………… 20
   ● 三谷 宏治 (2019)『すべての働く人のための新しい経営学』ディスカヴァー・
     トゥエンティワン
   ● 加護野 忠男、吉村 典久 (2021)『1からの経営学 第3版』碩学舎
   ● 楠木 健 (2012)『ストーリーとしての競争戦略』東洋経済新報社

- Drucker（1973）（上田訳　2008）『マネジメント』上中下　ダイヤモンド社
- Drucker（1990）（上田訳　2007）『非営利組織の経営』ダイヤモンド社
- Kotler（2003）（恩藏，大川訳　2003）『コトラーのマーケティング・コンセプト』丸井工文社
- 入山 章栄（2019）『世界標準の経営理論』ダイヤモンド社

【推薦図書3】グローバル化の歴史 ……………………………………………………… 22
- Geoffrey Jones（2005）Multinationals And Global Capitalism: From The Nineteenth To The Twenty First Century, Oxford Univ Pr（ジェフリー・ジョーンズ，安室憲一・海野巨利訳（2007）『国際経営講義』有斐閣）
- Richard Baldwin（2016）The Great Convergence, Information technology And the New Globalization, Belknap Press（R. ボールドウィン，遠藤真美 訳（2018）『世界経済　大いなる収斂』日本経済新聞出版社）

【推薦図書4】伊藤 元重（2015）『入門経済学』日本評論社　第1、2章 …………… 70
【推薦図書5】浅川 和宏（2003）『グローバル経営入門』日本経済新聞出版社　第1章 …… 81
【推薦図書6】楠木 健（2012）『ストーリーとしての競争戦略』東洋経済新報社　第5章 …… 89
【推薦図書7】吉田 雅彦（2021）『バリューチェーンと工業技術で学ぶ『企業研究入門』
　　　　── 文系学生、行政、金融職の方のために──』鉱脈社 ………………… 119
【推薦図書8】楠木 建（2012）『ストーリーとしての競争戦略 優れた戦略の条件』
　　　　東洋経済新報社　第6章 ……………………………………………………… 122
【推薦図書9】浅川 和宏（2003）『グローバル経営入門』日本経済新聞出版社　第10章 …… 136
【推薦図書10】浅川 和宏（2003）『グローバル経営入門』日本経済新聞出版社　第11章 …… 143
【推薦図書11】浅川 和宏（2003）『グローバル経営入門』日本経済新聞出版社　第3、
　　　　4、5章 ……………………………………………………………………… 149
【推薦図書12】地図で見る世界の宗教 ……………………………………………… 152
- ティム・ダウリー（2020）（蔵持 不三也（訳））『地図で見る世界の宗教』柊風舎
【推薦図書13】稲盛 和夫（2000）『稲盛和夫の実学 ── 経営と会計』日本経済新聞出版 ……… 181
【推薦図書14】2000年版中小企業白書 ……………………………………………… 181
【推薦図書15】浅川 和宏（2003）『グローバル経営入門』日本経済新聞出版社　第6章 …… 189
【推薦図書16】浅川 和宏（2003）『グローバル経営入門』日本経済新聞出版社　第2章 …… 195
【推薦図書17】吉田 雅彦（2022a）『地域マネジメント ── 地方創生の理論と実際（改訂版）』
　　　　鉱脈社 ………………………………………………………………………… 203
【推薦図書18】金井 寿宏（2005）『リーダーシップ入門』（日経文庫）日本経済新聞社 ……… 208

脚　　注

1) 広辞苑 第七版
2) 平凡社世界大百科事典 第2版
3) 広辞苑 第七版
4) 平凡社百科事典マイペディア
5) 浅川 (2003)（p.5）
6) Rugman, Verbeke (2004)（p.8）
7) Collinson, Rugman (2008)（p.220）
8) Hymer (1960)（ハイマー, 宮崎訳 (1979年)）(pp.2-26)
9) Hymer (1960)（ハイマー, 宮崎訳 (1979年)）(pp.29-31)
10) 有斐閣 経済辞典 第5版
11) Hymer (1960)（ハイマー, 宮崎訳 (1979年)）(pp.72-)
12) Jones (2005)（ジョーンズ, 安室, 海野 訳 (2007)）(p.9)
13) 加護野, 吉村 (2021)（p.29）
14) Robbins (2012)（ロビンス他, 高木 訳　2014　p.20）
15) 有斐閣 経済辞典 第5版
16) 有斐閣 経済辞典 第5版
17) 精選版 日本国語大辞典
18) 加護野、吉村 (2021)（p.3）
19) Drucker (1973)（ドラッカー 著, 上田 訳　2008）
20) Drucker (1973)（ドラッカー 著, 上田 訳　2008）(p.92)
21) Drucker (1973)（ドラッカー 著, 上田 訳　2008）(p.100)
22) Drucker (1973)（ドラッカー 著, 上田 訳　2008）(p.134)
23) Drucker (1973)（ドラッカー 著, 上田 訳　2008）(pp.135-137)
24) Drucker (1973)（ドラッカー 著, 上田 訳　2008）(p.140)
25) 三谷 (2019)
26) 三谷 (2019)（pp.28-32）
27) 大辞泉
28) 小学館デジタル大辞泉
29) Baldwin (2016)（ボールドウィン, 遠藤 訳 (2018)）(p.13)
30) 小学館　日本大百科全書（ニッポニカ）
31) 広辞苑 第七版
32) 平凡社百科事典マイペディア
33) 旺文社世界史事典 三訂版
34) 旺文社日本史事典
35) ブリタニカ国際大百科事典 小項目事典
36) 平凡社百科事典マイペディア

37）ブリタニカ国際大百科事典

38）ASCII.jp デジタル用語辞典

39）日 本 経 済 新 聞 https://www.nikkei.com/article/DGXMZO62128360R30C20A7TCL000/
（2021/6/19取得）

40）有斐閣 経済辞典 第5版

41）Keynes（1936）（間宮 訳（2008））

42）精選版 日本国語大辞典

43）金融広報中央委員会「知るぽると」

44）広辞苑 第七版

45）広辞苑 第七版

46）広辞苑 第七版

47）小学館　日本大百科全書（ニッポニカ）

48）広辞苑 第七版

49）平凡社百科事典マイペディア

50）Ｎ　Ｈ　Ｋ https://www2.nhk.or.jp/archives/tv60bin/detail/index.cgi?das_
id=D0009030700_00000　（2021/3/14取得）

51）デジタル大辞泉

52）精選版 日本国語大辞典

53）警 察 庁 https://www.npa.go.jp/archive/keibi/syouten/syouten269/sec02/sec02_0701.htm
（2022/7/23取得）

54）ブリタニカ国際大百科事典 小項目事典

55）NHK　https://www3.nhk.or.jp/news/html/20220728/k10013739551000.html
（2022/7/29取得）

56）小学館 日本大百科全書（ニッポニカ）

57）有斐閣 経済辞典 第5版

58）小学館 デジタル大辞泉

59）ブリタニカ国際大百科事典 小項目事典

60）旺文社世界史事典 三訂版

61）日本大百科全書（ニッポニカ）

62）米 国 通 商 代 表 部 https://ustr.gov/about-us/policy-offices/press-office/press-releases/
2022/february/ustr-releases-annual-report-chinas-wto-compliance　（2023/4/22取得）

63）外　務　省 https://www.mofa.go.jp/mofaj/gaiko/bluebook/2020/html/chapter1_00_01.html
（2023/4/22取得）

64）ブリタニカ国際大百科事典 小項目事典

65）外務省 https://www.mofa.go.jp/mofaj/gaiko/arms/wa/index.html　（2021/3/14取得）

66）ジェトロ https://www.jetro.go.jp/biznews/2020/05/7015fbaea6701793.html（2021/3/14取得）

67）新英和（第7版）中辞典　研究社

68）Baldwin（2016）（p.2）

69）Baldwin（2016）（ボールドウィン，遠藤 訳（2018））（pp.110-112）

70）知恵蔵

71）Baldwin（2016）（ボールドウィン，遠藤 訳（2018））（pp.317-344）

72）SMBC 日興証券

73）JETRO　https://www.jetro.go.jp/biznews/2021/07/46506f5751c7784c.html　（2022/7/9 取得）
74）https://www.nikkei.com/article/DGXZQOUC0747P0X00C21A6000000/　（2021/7/6取得）
75）平凡社世界大百科事典 第2版
76）通商産業省（1997）（pp.28-43）
77）世界銀行の定義。出所：アジア経済研究所 https://www.ide.go.jp/Japanese/IDEsquare /Column/ISQ000007/ISQ000007_005.html　（2023/4/1取得）
78）世界銀行の定義。出所：アジア経済研究所 https://www.ide.go.jp/Japanese/IDEsquare /Column/ISQ000007/ISQ000007_005.html　（2023/4/1取得）
79）世界銀行の定義。出所：アジア経済研究所 https://www.ide.go.jp/Japanese/IDEsquare /Column/ISQ000007/ISQ000007_005.html　（2023/4/1取得）
80）https://www.mofa.go.jp/mofaj/area/africa/monitor_shiryo.html　（2022/10/13取得）
81）有斐閣 経済辞典 第5版
82）Baldwin（2016）（ボールドウィン, 遠藤 訳（2018））（pp.12-15）
83）新英和（第7版）中辞典 研究社
84）外 務 省　https://www.mofa.go.jp/mofaj/gaiko/oda/shiryo/hakusyo/04_hakusho/ ODA2004/html/column/cl01014.htm　（2022/8/30取得）
85）Milanović（2016）（ミラノヴィッチ、立木（訳）（2017））（pp.130-131）
86）内閣府 https://www5.cao.go.jp/j-j/wp/wp-je07/07b03040.html　（2022/8/19取得）
87）吉田（2022b）（p.15）
88）Baldwin（2016）（ボールドウィン, 遠藤 訳（2018））（pp.199-211）
89）桜井（2014）（pp.1-2）
90）広辞苑 第七版
91）有斐閣 経済辞典 第5版
92）広辞苑 第七版
93）https://www.jil.go.jp/kokunai/statistics/covid-19/c07.html（2020/09/03取得）
94）小学館デジタル大辞泉
95）日 本 銀 行 https://www.boj.or.jp/announcements/education/oshiete/statistics/h12. htm/（2021/3/12取得）
96）ＳＭＢＣ日興証券初めてでもわかりやすい用語集
97）日 本 経 済 新 聞 https://www.nikkei.com/article/DGXZQOUA318Z40R30C22A8000000/ （2023/4/1取得）
98）ニ ッ セ イ 基 礎 研 所 https://www.nli-research.co.jp/report/detail/id=59022?site=nli （2023/4/1取得）
99）ニ ッ セ イ 基 礎 研 所　https://www.nli-research.co.jp/report/detail/id=66038?pno=1&site=nli （2023/4/1取得）
100）（公財）東京市町村自治調査会 https://www.tama-100.or.jp/cmsfiles/contents/0000000/667/1.pdf （2021/3/18取得）
101）株式会社ＨＲビジョン https://jinjibu.jp/keyword/detl/857/　（2021/3/18取得）
102）広辞苑 第七版
103）Forbs Japan（2016）（p.1）
104）gooddo マガジン https://gooddo.jp/magazine/poverty/educational_inequality/3587/　（2021/

3/18取得）

105） 経 済 産 業 省 https://www.meti.go.jp/policy/trade_policy/wto/wto_agreements/ kyoutei-gaiyou.pdf （2021/3/31取得）

106） 外務省 https://www.mofa.go.jp/mofaj/gaiko/fta/index.html （2021/4/1取得）

107） 外務省 https://www.mofa.go.jp/mofaj/gaiko/fta/index.html （2022/7/16取得）

108） https://www.kantei.go.jp/jp/content/tpp_1.jpg （2022/10/13取得））

109） 経済産業省 https://www.meti.go.jp/main/60sec/2015/20151109001.html （2021/4/1取得）

110） コマツ https://www.komatsu.jp/ja/aboutus/history （2022/8/17取得）

111） コマツ https://www.komatsu.jp/ja/aboutus/history （2022/8/17取得）

112） 小松製作所（1971）（pp.1,41-45,124-130,214-224）小松製作所（1971）『小松製作所五十年の歩み』 株式会社小松製作所

113） 日 立 建 機 https://www.hitachicm.com/global/ja/news/press-releases/2022/22-03-01/ （2023/2/2取得）

114） 日立建機 https://www.hitachicm.com/content/dam/hitachicm/global/ja/ir/library/results /docs/HCM-4Q21_Explanatory-meeting-material-note-J-R1.pdf （pp.16-17）（2023/2/10取得）

115） 日 立 建 機 https://www.hitachicm.com/global/jp/corporate/history/origins-of-products/（2022 /8/17取得）

116） 日本大百科全書（ニッポニカ）

117） 日 立 建 機 https://www.hitachicm.com/content/dam/hitachicm/global/ja/ir/library/ results/docs/20210819-HCM-Explanatory-meeting-material-J.pdf （p.6）（2023/2/10取得）

118） 有斐閣 経済辞典 第5版

119） 日立建機 https://www.hitachicm.com/global/ja/news/topics/2016/16-08-03-4/ （2022/8/17取得）

120） 経済産業省 https://www.meti.go.jp/policy/external_economy/trade_control/boekikanri/trade- remedy/about/index.html （2021/8//6取得）

121） 日 立 建 機 https://www.hitachicm.com/content/dam/hitachicm/global/ja/ir/library/ results/docs/20210819-HCM-Explanatory-meeting-material-J.pdf （p.6）（2023/2/10取得）

122） 日 立 建 機 https://www.hitachicm.com/global/ja/news/press-releases/2022/22-03-01/ （2023/2/2取得）

123） 資生堂 https://corp.shiseido.com/jp/company/history （2022/8/17取得）

124） 資生堂 https://corp.shiseido.com/jp/company/history （2022/8/17取得）

125） 資生堂 https://corp.shiseido.com/jp/company/history （2022/8/17取得）

126） 資生堂（1972）（pp.28-34,69,396-7,407-8,458-461,536）

127） 資生堂研究所（1989）（p.144）

128） 資生堂 https://corp.shiseido.com/jp/company/history （2022/8/17取得）

129） 内 閣 府 https://www.esri.cao.go.jp/jp/sna/data/data_list/kakuhou/files/h30/sankou/pdf/ kokusaihikaku_20191226.pdf （2021/3/16取得）

130） 日立建機 https://www.hitachicm.com/global/wp-content/uploads/2019/10/55presenta tion-r.pdf （2021/3/15取得）

131） コ マ ツ https://home.komatsu/jp/ir/library/report/__icsFiles/afieldfile/2019/06/19/KMT_ BR19_FINAL0603_spread.pdf （2021/3/15取得）

132） 資生堂 https://corp.shiseido.com/jp/ir/shareholder/2020/pdf/shm_0009.pdf （2021/3/15取得）

133） コマツ https://www.komatsu.jp/ja/ir/library/segment （2022/8/17取得）

134）日立建機 https://www.hitachicm.com/global/jp/corporate/quick-review/ （2022/8/17取得）

135）資生堂 https://corp.shiseido.com/report/jp/2021/regional/results　（2022/8/17取得）

136）桑原（2007）（pp.17-18）

137）みずほ証券ファイナンス用語集

138）ASCII.jp デジタル用語辞典

139）Drucker（1973）（ドラッカー（著），上田（訳）（2008）（p.100）

140）三谷（2019）（p.50）

141）三谷（2019）（pp.49-50）

142）三谷（2019）（pp.66-75）

143）小学館　日本大百科全書（ニッポニカ）

144）DBM 用語辞典

145）三谷（2019）（pp.52-53）

146）マーケティング用語集、ブリタニカ国際大百科事典 小項目事典。

147）三谷（2019）（p.48）

148）https://101010.fun/posts/world-ios-android-share-2021.html　（2022/7/7取得）

149）コマツ、日立建機（2018年度）、資生堂（2019暦年）

150）マーケティング論の第一人者とされる Philip Kotler ノースウエスタン大学ケロッグ経営大学院教授。主な著書に「マーケティング原理」「マーケティング・マネジメント」がある。出所：㈱トライベック・ブランド戦略研究所ブランド用語集

151）「製品やサービスを、対象とする顧客層に購入してもらうために、さまざまなマーケティング活動が実行される。」以降の出所：経済産業省 https://www.meti.go.jp/report/downloadfiles/g60828a05j.pdf　（2020/05/18取得）

152）Kotler（2003）（恩藏，大川訳（2003））（pp.145-146）

153）三谷（2019）（pp.52-53）

154）三谷（2019）（p.80）

155）現代用語の基礎知識 2019

156）Maslow（1954）（マズロー（小口訳）（1987））

157）有斐閣 経済辞典 第5版

158）三谷（2019）（p.81）

159）有斐閣 経済辞典 第5版

160）現代用語の基礎知識 2019

161）日本総研 https://www.jri.co.jp/page.jsp?id=6918　（2021/3/18取得）

162）小学館デジタル大辞泉

163）小学館デジタル大辞泉

164）2021年2月16日　日本経済新聞 https://www.nikkei.com/article/DGKKZO69122510V10C21A2QM8000/　（2021/3/18取得）

165）三谷（2019）（p.89）

166）2022年7月7日、吉開 仁紀 道の駅とよはし副駅長から聴き取り。

167）三谷（2019）（p.89）

168）Kotler（2003）（恩藏，大川訳（2003））（pp.227-228）

169）岩手県産 https://www.iwatekensan.co.jp/　（2020/06/06取得）

170）岩手県産 https://www.iwatekensan.co.jp/cava/　（2020/3/11取得）

171) 吉田（2022a）（pp.83-84）
172) 三谷（2019）（pp.92-93）
173) 三谷（2019）（pp.90-91）
174) PET ボトルリサイクル推進協議会
175) ㈱マインズマーケティング用語集
176) Kotler（2003）（恩藏，大川訳（2003））（p.145）
177) 有斐閣 経済辞典 第5版
178) 三谷（2019）（p.97）
179) 三谷（2019）（pp.95-97）
180) Rogers（2003）（ロジャーズ，三藤 (訳 , 2007)）（pp. 226-235）
181) ブリタニカ国際大百科事典 小項目事典
182) 野村総合研究所
183) 小学館デジタル大辞泉
184) IT 用語辞典 e-Words
185) Vernon（1971）（バーノン，霍見 訳（1973））（pp.71-85）
186) Wikipedia
187) ダイヤモンドオンライン https://diamond.jp/articles/-/198264?page=3　（2021/03/23取得）
188) ビジネスジャーナル https://biz-journal.jp/2021/01/post_198033.html　（2021/03/23取得）
189) 深中メッキ工業株式会社　深田 稔 社長　2016年3月26日さいき立志塾での講演から。
190) 加護野，吉村（2021）（pp.142-150）
191) 有斐閣 経済辞典 第5版
192) ナビゲート ビジネス基本用語集
193) 有斐閣 経済辞典 第5版
194) 広辞苑 第七版
195) 知恵蔵
196) 日本経済新聞 nikkei4946
197) ダイヤモンド https://dhbr.diamond.jp/articles/-/1855　（2023/4/2取得）
198) 日本経済新聞 https://www.nikkei.com/article/DGXZQOGN10E3U0Q1A310C2000000/　（2021/3/18取得）
199) https://www.sony.com/ja/SonyInfo/IR/library/presen/er/archive.html　（2023/4/2取得）
200) 有斐閣 経済辞典 第5版
201) 住友グループ　https://www.sumitomo.gr.jp/committee/principles/　（2021/6/19取得）
202) 三谷（2019）（pp.118）
203) 有斐閣 経済辞典 第5版
204) 新英和（第7版）中辞典研究社
205) 三谷（2019）（pp.119）
206) Drucker（1990）（上田訳 ,2007）（pp.7-8）
207) 楠木（2012）（pp.337-342）
208) 三谷（2019）（pp.112-116）
209) Porter（1998）（土岐ほか訳（2003））（p.49）
210) https://www.hitachicm.com/global/wp-content/uploads/2021/07/Corporate_Profile_jp.pdf　（2021/11/4取得）

211）https://www.tsmc.com/japanese/aboutTSMC/mission （2023/4/3取得）

212）https://toyokeizai.net/articles/-/503963 （2023/4/3取得）

213）Baldwin,Ito（2021）（pp.1842-45）

214）グロービス経営大学院 MBA 用語集

215）ビジネス＋IT

216）https://amazon-press.jp/Top-Navi/About-Amazon/About-Amazon.html （2023/4/3取得）

217）ビジネス＋IT

218）ビジネス＋IT

219）有斐閣 経済辞典 第5版

220）グロービス経営大学院 MBA 用語集

221）現代用語の基礎知識 2019

222）Chesbrough（2003）（チェスブロウ（2004））

223）Chesbrough（2003）（チェスブロウ（2004））（pp.7-8）

224）藤本（2008）（p.6）

225）システム・ケイ

226）藤本（2008）（p.8）

227）サン・フォレスト

228）ブリタニカ国際大百科事典 小項目事典

229）小学館　日本大百科全書（ニッポニカ）

230）1982年、東京大学経済学部 根岸 隆 先生に、ゼミでご教授いただいた。

231）日 本 経 済 新 聞 https://www.nikkei.com/article/DGXZQOGN015DK0R01C22A1000000/ （2023/4/3取得）

232）有斐閣 経済辞典 第5版

233）現代用語の基礎知識 2019

234）Porter（1998）（竹内訳（1999））

235）経済産業省（2022）

236）https://www.dilite.jp/ （2022/05/21取得）2022年4月、デジタルリテラシー協議会 高野 洋輔 氏から聴き取り。

237）https://www.dilite.jp/ （2022/05/21取得）

238）https://www.mext.go.jp/a_menu/koutou/suuri_datascience_ai/00002.htm （2022/05/21取得）

239）ブリタニカ国際大百科事典 小項目事典

240）有斐閣 経済辞典 第5版

241）Barnard（1938）（バーナード著，田杉監訳（1956））（p.89）

242）経営心理学用語集

243）Robbins（2012）（ロビンス他，高木 訳（2014））（pp.178-191）

244）Yukl（2012）（p.2）

245）プレジデント https://president.jp/articles/-/29343?page=1 （2023/3/6取得）

246）金井（2005）（pp.24-25）

247）金井（2005）（pp.243-245、pp.268-269）

248）飯野（1979）（pp.6-14）

249）Barnard（1938）（バーナード著，田杉監訳（1956））（p.27）

250）Barnard（1938）（バーナード著，田杉監訳（1956））（p.56）

251）飯野（1979）（pp.16-18）

252）飯野（1979）（p.20）

253）飯野（1979）（p.27）

254）小学館デジタル大辞泉

255）Barnard（1938）（バーナード著，田杉監訳（1956））（p.89）

256）宮本（2022）（p.67）

257）アクティブアンドカンパニー　人材マネジメント用語集

258）日本総研 https://www.jri.co.jp/page.jsp?id=5959　（2023/4/26取得）

259）広辞苑 第七版

260）デジタル大辞泉

261）国際標準職業分類（ISCO）https://www.ilo.org/public/english/bureau/stat/isco/isco88/publ2.htm　（2023/4/3取得）

262）国際標準職業分類（ISCO）https://www.ilo.org/public/english/bureau/stat/isco/isco88/publ2.htm　（2023/4/3取得）

263）広辞苑 第七版

264）有斐閣 経済辞典 第5版

265）有斐閣 経済辞典 第5版

266）小池（2005）（p.13,p.29, p.59, p.61, p.63）

267）有斐閣 経済辞典 第5版

268）有斐閣 経済辞典 第5版

269）有斐閣 経済辞典 第5版

270）（独）労働政策研究・研修機構 https://www.jil.go.jp/kokunai/statistics/timeseries/html/g0701_01.html　（2022/8/21取得）

271）日本経済新聞 https://www.nikkei.com/article/DGKKZO79909210W2A200C2TCS000/　（2022/8/21取得）

272）（独）労働政策研究・研修機構 https://www.jil.go.jp/foreign/jihou/2000/06/suedenP01.html　（2022/8/21取得）

273）労働基準法第36条

274）大辞泉

275）ブリタニカ国際大百科事典 小項目事典

276）日本総合研究所（2016）（p.1）

277）㈱マイナビワークス https://mynavi-cr.jp/office-work/admin/　（2020/04/16取得）

278）広辞苑 第七版

279）有斐閣 経済辞典 第5版

280）有斐閣 経済辞典 第5版

281）有斐閣 経済辞典 第5版

282）PCB　polychlorinated biphenyl 人工の有機塩素化合物であり、ノーカーボン紙、トランスやコンデンサの絶縁体、プラスチック類の可塑剤などとして使用されていたが、変異原性やがん原性が指摘され、日本では1972年に生産禁止に、74年に使用・販売禁止となった。［有斐閣 経済辞典 第5版］

283）経済産業省 https://www.meti.go.jp/policy/chemical_management/kasinhou/about/

about_index.html　（2019/4/7取得）－

284）総務省 https://www.stat.go.jp/data/kokusei/2005/kihon3/00/01.html　（2022/8/20取得）

285）Robbins（2012）（ロビンス他，高木 訳（2014））（pp.216-233）

286）ASCII.jp デジタル用語辞典

287）労働政策研究・研修機構 https://www.jil.go.jp/foreign/labor_system/2013_11/oecd_01.html　（2023/4/22取得）

288）労働政策研究・研修機構 https://www.jil.go.jp/foreign/labor_system/2013_11/oecd_01.html　（2023/4/22取得）

289）広辞苑 第七版

290）2016年2月、メディキット㈱中島 弘明会長（当時）から聴き取り。

291）IT 用語辞典

292）三谷（2019）（p.258）

293）デジタル大辞泉（小学館）

294）デジタル大辞泉（小学館）

295）山下（2014）（p.210）

296）（公財）日本デザイン振興会 https://www.jidp.or.jp/ja/about/firsttime/whatsdesign（2019/3/29取得）

297）平凡社百科事典マイペディア

298）三谷（2019）（pp.306-309）、Stalk, Hout Jr.（1990）（ストーク，ハウト，中辻（訳），川口（訳）（1993））

299）NEC ソリューションイノベータ

300）楠木（2012）（pp.134-137）

301）Womack,Jones（1996）（ウォマック，ジョーンズ，稲垣（訳）（1990））

302）トヨタ自動車株式会社

303）中山，秋岡（1997）（p.64）

304）中小企業基盤整備機構

305）有斐閣 経済辞典 第5版

306）四字熟語を知る辞典

307）改善 .net　https://kaizen1.net/post-7961/　（2023/1/5取得）

308）改善 .net　https://kaizen1.net/5s-food-factory/　（2023/1/5取得）

309）芳賀（2015）（p.1）（pp.19－20, p.22）

310）藤本，延岡（2004）

311）片山（2002）（pp.194-5）

312）㈱ジェリコ・コンサルティング流通用語辞典

313）三谷（2019）（pp.118）

314）浅川（2003）（pp.49-56）

315）ザ オーナー https://the-owner.jp/archives/2123　（2021/03/23取得）

316）梶浦（2020）（p.171）

317）浅川（2003）（p.217）

318）松本（2021）（pp.11-12）

319）経済産業省（2018）（p.5, pp.11-12）

320）沿革　https://www.hitachicm.com/global/jp/corporate/history/　（2021/11/22取得）
　　海外出荷額　https://www.hitachicm.com/global/wp-content/uploads/2021/08/cf

2021_all-1.pdf （p.12）（2021/11/22取得）
321） 有斐閣 経済辞典 第5版
322） 小学館　日本大百科全書（ニッポニカ）
323） Jones（2005）（ジョーンズ，安室，海野 訳（2007））（p.13）
324） 有斐閣 経済辞典 第5版
325） 菊澤（2015）（p.2）
326） 吉田（2019a）（p.47）
327） 資生堂 https://corp.shiseido.com/jp/ir/pdf/tanshin/2000/kes01104.pdf　（2022/12/1取得）
328） Fashionsnap『資生堂が米ガーウィッチ社を買収「ローラ メルシエ」が傘下に』 https://jp.fashionnetwork.com　（2022/12/1取得）
329） https://www.wwdjapan.com/articles/1296248　（2022/12/1取得）
330） https://digiday.jp/brands/why-shiseido-was-the-right-choice-for-drunk-elephant/ （2022/12/1取得）
331） Alon et al.（2012）（アーロン他，笠原訳（2017））（pp.397-398）
332） 浅川（2003）（p.247）
333） 浅川（2003）（pp.67-70）
334） トヨタ https://global.toyota/jp/detail/1457840 （2021/04/21取得）
335） ブリタニカ国際大百科事典 小項目事典
336） Robbins（2012）（ロビンス他，高木 訳（2014））（pp.81-85）
337） マイナビ https://komon.mynavi-agent.jp/news/2022/103.html　（2023/8/3取得）
338） 浅川（2003）（p.251-252）
339） 人事労務用語辞典
340） 浅川（2003）（pp.252-253）
341） 浅川（2003）（p.89）
342） 野村総研 https://www.nri.com/jp/knowledge/glossary/lst/ma/matrix　（2021/03/23取得）
343） 浅川（2003）（pp.103-107）
344） 現代用語の基礎知識 2019
345） 三谷（2019）（pp.256）
346） Robbins（2012）（ロビンス他，高木 訳（2014））（pp.51-57）
347） 木棚（2018）（p.1）
348） 木棚（2018）（p.1-2）
349） 特許庁 https://www.jpo.go.jp/system/trademark/gaiyo/seidogaiyo/chizai08.html （2022/8/4取得）
350） ジェトロ北京センター知的財産権部（2009）（p.1）
351） 2005年、知的財産保護官民合同訪中代表団 https://www.jetro.go.jp/theme/ip/iippf/past/h17_1.html　（2022/8/4取得）
352） 旺文社世界史事典 三訂版
353） PRESIDENT https://president.jp/articles/-/55174　（2022/8/18取得）
354） JETRO https://www.jetro.go.jp/biznews/2022/06/de6b67a9fb714dca.html　（2022/8/18取得）
355） NHK　https://www3.nhk.or.jp/news/html/20220329/k10013557301000.html

　　　　（2022/8/20取得）
356）小学館デジタル大辞泉
357）小学館デジタル大辞泉
358）平凡社百科事典マイペディア
359）東京基督教大学（2018）（p.5）
360）ブリタニカ国際大百科事典 小項目事典
361）Dowley（2018）（ダウリー（2020）（pp.84-88））
362）Dowley（2018）（ダウリー（2020）（p.92））
363）Dowley（2018）（ダウリー（2020）（p.94））
364）池上（2019）（pp.108-109）
365）Dowley（2018）（ダウリー（2020）（p.104））
366）Dowley（2018）（ダウリー（2020）（pp.110-113））
367）Dowley（2018）（ダウリー（2020）（pp.114-117））
368）池上（2019）（pp.64-69）
369）池上（2019）（pp.92-95）
370）小学館　日本大百科全書（ニッポニカ）
371）Dowley（2018）（ダウリー（2020）（p.34））
372）Dowley（2018）（ダウリー（2020）（p.36））
373）ブリタニカ国際大百科事典 小項目事典
374）JTB　https://www.jtb.co.jp/kaigai_guide/report/ID/2014/07/bali-hindu.html
　　　　（2021/9/1取得）
375）Dowley（2018）（ダウリー（2020）（p.48））
376）Dowley（2018）（ダウリー（2020）（pp.52-53））
377）知恵蔵
378）知恵蔵
379）Dowley（2018）（ダウリー（2020）（p.72））
380）Dowley（2018）（ダウリー（2020）（p.78））
381）小学館デジタル大辞泉
382）Dowley（2018）（ダウリー（2020）（p.134））
383）Gervais et al.（2017）
384）NHK　https://www3.nhk.or.jp/news/special/international_news_navi/articles/
　　　　feature/2022/12/23/28216.html　（2023/3/9取得）
385）株式会社平凡社
386）旺文社日本史事典 三訂版
387）Churchill, Winston（1984）（p.81）
388）https://www.historic-uk.com/HistoryofBritain/The-Fall-of-Singapore/（2023/3/8取得）
389）旺文社日本史事典 三訂版
390）平凡社百科事典マイペディア
391）旺文社世界史事典 三訂版
392）旺文社世界史事典 三訂版
393）シンガポール国立博物館 https://www.nhb.gov.sg/nationalmuseum/our-exhibitions/
　　　　exhibition-list/surviving-syonan　（2023/3/17取得）

394）旺文社世界史事典 三訂版
395）平凡社百科事典マイペディア
396）広辞苑 第七版
397）平凡社百科事典マイペディア
398）平凡社百科事典マイペディア
399）小学館デジタル大辞泉
400）平凡社百科事典マイペディア
401）精選版 日本国語大辞典
402）BBC　https://www.bbc.com/japanese/42482642　（2023/4/5取得）
403）ブリタニカ国際大百科事典 小項目事典
404）ＮＨＫ https://www3.nhk.or.jp/news/html/20210627/k10013107081000.html　（2021/9/1取得）
405）ブリタニカ国際大百科事典 小項目事典
406）平凡社百科事典マイペディア
407）ブリタニカ国際大百科事典 小項目事典
408）公安調査庁 https://www.moj.go.jp/psia/terrorism/index.html　（2021/8/25取得）
409）精選版 日本国語大辞典
410）小学館デジタル大辞泉
411）精選版 日本国語大辞典
412）ＣＮＮ https://www.cnn.co.jp/world/35087218.html　（2021/9/1取得）
413）小学館　日本大百科全書（ニッポニカ）
414）小学館デジタル大辞泉
415）小学館デジタル大辞泉
416）小学館デジタル大辞泉
417）小学館デジタル大辞泉
418）ブリタニカ国際大百科事典 小項目事典
419）V-Dem Institute（2021）（p.6）
420）東洋経済 https://toyokeizai.net/articles/-/437423?page=2　（2021/9/1取得）
421）日本貿易保険機構 https://www.nexi.go.jp/cover/categorytable　（2022/12/22取得）
422）https://www.nexi.go.jp/cover/img/rskmap.pdf　（2022/12/22取得）
423）実用日本語表現辞典
424）三谷（2019）（p.195）
425）有斐閣 経済辞典 第5版
426）三谷（2019）（p.203）
427）JTB 総合研究所
428）吉田（2019b）
429）デジタル大辞泉
430）三谷（2019）（p.205）
431）デジタル大辞泉
432）ミリオンセールスアカデミー
433）マーケティングキャンパス マーケティング用語集
434）有斐閣 経済辞典 第5版
435）グロービス経営大学院 MBA 用語集

436）三谷（2015）(p.2)

437）三谷（2019）(p.222)

438）電通（2020）(p.1)

439）ASCII.jp デジタル用語辞典

440）小学館デジタル大辞泉

441）日経ビジネス 編集部（2020）

442）小学館デジタル大辞泉

443）三谷（2019）(pp.230-231)

444）小学館　日本大百科全書（ニッポニカ）

445）㈱アクティブアンドカンパニー人材マネジメント用語集

446）日本大百科全書（ニッポニカ）

447）会社更生法第1条

448）民事再生法第1条

449）ASCII.jp デジタル用語辞典

450）東 京 商 工 リ サ ー チ http://www.tsr-net.co.jp/guide/knowledge/glossary/ta_14.html （2021/04/04取得）

451）三谷（2019）(p.186)

452）三谷（2019）(pp.187-188)

453）三谷（2019）(pp.186-187)

454）有斐閣 経済辞典 第5版

455）有斐閣 経済辞典 第5版

456）有斐閣 経済辞典 第5版

457）有斐閣 経済辞典 第5版

458）三谷（2019）(p.197)

459）有斐閣 経済辞典 第5版

460）稲盛（2000）

461）有斐閣 経済辞典 第5版

462）有斐閣 経済辞典 第5版

463）有斐閣 経済辞典 第5版

464）ＳＭＢＣ日興証券

465）有斐閣 経済辞典 第5版

466）ＳＭＢＣ日興証券用語集

467）ブリタニカ国際大百科事典 小項目事典

468）経 済 産 業 省 file:///C:/Users/USER/Downloads/accounting_systemrev2.pdf （2022/8/4取得）

469）グ ロ ー ビ ス https://globis.jp/article/7957 （2022/8/4取得）

470）経 済 産 業 省 file:///C:/Users/USER/Downloads/accounting_systemrev2.pdf （2022/8/4取得）

471）グ ロ ー ビ ス https://globis.jp/article/7957 （2022/8/4取得）

472）Robbins（2012）（ロビンス他 , 高木 訳（2014））(pp.143-144)

473）菅原（2015）

474）ナビゲートナビゲート ビジネス基本用語集

238

475）加護野 , 吉村（2021）（p.94）
476）三谷（2019）（p.250）
477）新入社員でも分かる経営学 https://your-business-partner.com/（2021/4/19取得）
478）日本の人事部
479）週刊エコノミスト https://weekly-economist.mainichi.jp/articles/20200414/se1/00m/
　　020/009000c（2023/4/5取得）
480）㈱マインズ マーケティング用語集
481）浅川（2003）（pp.7-9）
482）日本リサーチセンター　https://www.nrc.co.jp/marketing/06-04.html（2021/03/25取得）
483）浅川（2003）（p.125）
484）Bartlett, Ghoshal（1989）（バートレット , ゴシャール , 吉原訳（1990））（pp.3-96）
485）Jones（2005）（ジョーンズ , 安室 , 海野 訳（2007））（p.213）
486）Alon et al.（2012）（アーロン他 , 笠原訳（2017））（pp.431-447）
487）Porter（1980）（土岐 , 服部 , 中辻 訳（2003））（p.61）
488）有斐閣 経済辞典 第5版
489）有斐閣 経済辞典 第5版
490）加護野 , 吉村（2021）（pp.130-132）
491）浅川（2003）（pp.25-26）
492）Rugman, Verbeke（2004）p.8
493）アジア経済研究所 https://www.ide.go.jp/Japanese/IDEsquare/Column/ISQ000010/
　　ISQ000010_004.html?media=smart　（2022/8/4取得）
494）浅川（2003）（pp.26）
495）浅川（2003）（pp.28-29）
496）グロービス経営大学院 MBA 用語集
497）今野製作所 https://eagle-jack.jp/gijyutsu-shiryo/kisochishiki/yuatsu.php（2019/4/24取得）
498）カヤバ株式会社 https://www.kyb-ys.co.jp/product/ （2023/1/11取得）
499）日立建機 https://japan.hitachi-kenki.co.jp/products/new/medium-excavators/（2021/6/1
　　取得）
500）グロービス経営大学院 MBA 用語集
501）カオナビ人事用語集
502）浅川（2003）（pp.45-48）
503）浅川（2003）（pp.45-48）
504）小学館デジタル大辞泉
505）楠木（2012）（pp.29-35）
506）浅川（2003）（pp.19-21）
507）伊藤（2015）（p.460-465）
508）ブリタニカ国際大百科事典 小項目事典
509）金井（2005）（pp.4-5）
510）金井（2005）（p.17）
511）金井（2005）（p.63）
512）金井（2005）（p.45）
513）金井（2005）（p.46）

514）金井（2005）（p.44）
515）金井（2005）（p.51）
516）金井（2005）（pp.74-79）
517）金井（2005）（pp.98-99）
518）金井（2005）（pp.112-113）
519）金井（2005）（pp.68-69）
520）サトウ，渡邊（2019）（p.87）
521）広辞苑 第七版
522）金井（2005）（p.269、pp.272-273）
523）https://www.indeed.com/career-advice/career-development/active-listening-skills （2021/7/5取得）
524）有斐閣 経済辞典 第5版
525）OTRS 関連用語集
526）東芝ビジネスエキスパート
527）小学館デジタル大辞泉
528）マーケティングキャンパス マーケティング用語集
529）http://www.mejapan.com/09_76.html （2021/6/3取得）
530）総務省（2018）第1部　平成28年度の地方財政の状況2地方財政の概況、目的別歳出
531）IT 用語辞典バイナリ
532）OR 事典
533）https://knowledge-makers.com/histgram/ （2021/6/4取得）
534）https://www.consultsourcing.jp/5091 （2021/6/3取得）
535）IT 用語辞典バイナリ
536）https://www.consultsourcing.jp/5091 （2021/6/3取得）
537）コンサルソーシング株式会社
538）ブリタニカ国際大百科事典 小項目事典
539）OR 事典
540）https://www.consultsourcing.jp/5102 （2021/6/3取得）
541）IT 用語辞典バイナリ

参考文献

Ilan Alon, Eugene Jaffe, Donata Vianelli（2012）*Global Marketing: Contemporary Theory, Practice, and Cases,* Routledge （イアン アーロン，ユージン D. ジャッフほか，笠原 英一（訳））（2017）『グローバル戦略市場経営：グローバル展開とマーケティング・マネジメントの統合』白桃書房）

H. Igor Ansoff（1979）*Strategic Management,* Palgrave Macmillan（H. イゴール・アンゾフ，中村元一 監訳）（2007）『戦略経営論』中央経済社）

Richard Baldwin（2016）*The Great Convergence, Information technology And the New Globalization,* Belknap Press（R. ボールドウィン，遠藤真美 訳（2018）『世界経済 大いなる収斂』日本経済新聞出版社）

Richard Baldwin, Tadashi Ito（2021）*The smile curve: Evolving sources of value added in manufacturing,* Canadian Journal of Economics/Revue canadienne d'économiqueVolume 54, Issue 4, John Wiley & Sons, Ltd

Chester Barnard（1938）*The Functions of the Executive,* Harvard University Press（C.I. バーナード著，田杉 競監訳（1956）『経営者の役割』ダイヤモンド社）

Bartlett, Christopher A., and Sumantra Ghoshal（1989）Managing across borders: new strategic requirements, Business School Press（クリストファー・A. バートレット，スマントラ ゴシャール，吉原 英樹 訳（1990）『地球市場時代の企業戦略——トランスナショナル・マネジメントの構築』日本経済新聞社）

Chesbrough, Henry William（2003］）Open Innovation: The New Imperative for Creating and Profiting from Technology, Harvard Business Press（ヘンリー チェスブロウ（著）［大前恵一朗 訳］（2004）『OPEN INNOVATION——ハーバード流イノベーション戦略のすべて』産能大出版部）

Sir Churchill, Winston（1984）*The Hinge of Fate, Volume 4,* Houghton Mifflin Harcourt Simon Collinson & Alan M Rugman（2008）The regional nature of Japanese multinational business, Journal of International Business Studies volume 39, pp.215-230

Tim Dowley（2018）*Atlas of World Religions, Lion Scholar*（ティム・ダウリー（2020）（蔵持不三也（訳））『地図で見る世界の宗教』柊風舎）

Peter Ferdinand Drucker（1973），*Management: Tasks, Responsibilities, Practices,* New York: Harper & Row（上田訳（2008）『マネジメント』上中下 ダイヤモンド社）

Peter Ferdinand Drucker（1990），*Managing the Nonprofit Organization: Practices and Principles,* New York: Harper Collins（ピーター・F. ドラッカー（著）上田 惇生（訳）（2007）『非営利組織の経営（ドラッカー名著集〈4〉』ダイヤモンド社）

Will M. Gervais, Dimitris Xygalatas, Ryan T. McKay, Michiel van Elk, Emma E. Buchtel, Mark Aveyard, Sarah R. Schiavone, Ilan Dar-Nimrod, Annika M. Svedholm-Häkkinen, Tapani Riekki, Eva Kundtová Klocová, Jonathan E. Ramsay & Joseph Bulbulia（2017）*Global evidence of extreme intuitive moral prejudice against atheists,* Nature Human Behaviour

Hymer, S. H.（1960）The International Operations of National Firms: A Study of Direct Foreign Investment. PhD Dissertation, MIT.Press,1976. Cambridge, Mass.（スティーブン・ハイマー , 宮崎義一訳（1979年）『多国籍企業論』岩波書店）

Geoffrey Jones（2005）*Multinationals And Global Capitalism: From The Nineteenth To The Twenty First Century,* Oxford Univ Pr（ジェフリー・ジョーンズ , 安室憲一 , 海野巨利 訳（2007）『国際経営講義』有斐閣）

John Maynard Keynes（1936）, *The General Theory of Employment, Interest and Money*（ジョン・メイナード・ケインズ『雇用・利子および貨幣の一般理論』間宮 陽介（翻訳）岩波書店（2008））

Philip Kotler（2003）, *Marketing Insights from A to Z: 80 Concepts Every Manager Needs to Know,*（フィリップ・コトラー（著）、恩藏 直人 , 大川 修二（訳）（2003））『コトラーのマーケティング・コンセプト』丸井工文社）

James M. Kouzes, Barry Z. Posner（1993）*Credibility: How Leaders Gain and Lose It, Why People Demand It,* Jossey-Bass（ジェームズ・M. クーゼス , バリー・Z. ポスナー（岩下 貢（訳））（1995）『信頼のリーダーシップ――こうすれば人が動く「6つの規範」』生産性出版）

Abrahamv Maslow（1954）*Motivation and Personality,* Joanna Cotler Books（マズロー（小口忠彦訳）（1987）『人間性の心理学――モチベーションとパーソナリティ』産能大出版部）

Branko Milanović（2016）*Global inequality: A New Approach for the Age of Globalization,* Harvard University Press.（ブランコ・ミラノヴィッチ（著）、立木　勝（訳）（2017）『大不平等エレファントカーブが予測する未来』みすず書房）

Henry Mintzberg（2005）, *Managers Not MBAs: A Hard Look at the Soft Practice of Managing and Management Development,* Berrett-Koehler Publishers

Michael Porter（1980）, *Competitive strategy: techniques for analyzing industries and competitors,* Free Press（M.E. ポーター（著）土岐 坤 , 服部 照夫 , 中辻 万治（訳）（2003）『競争の戦略』ダイヤモンド社）

Michael Porter（1998）*On Competition,* Harvard Business School Pr（M. ポーター著 , 竹内弘高（訳）（1999）『競争戦略論（Ⅰ・Ⅱ）』ダイヤモンド社）

Everett M.Rogers（2003）, *Diffusion of Innovations, 5th Edition,* Free Press（エベレット・ロジャーズ , 三藤 利雄（訳）（2007）『イノベーションの普及』翔泳社）

Stephen P. Robbins, David A. De Cenzo（2012）*Fundamentals of Management , 8th Edition,* Prentice Hall;（スティーブン P. ロビンス他 , 高木 晴夫 訳（2014）『マネジメント入門 --- グローバル経営のための理論と実践』ダイヤモンド社）

Alan M Rugman and A. Verbeke（2004）, *A Perspective on Regional and Global Strategies of Multinational Enterprises,* Journal of International Business Studies 35: pp.3-18.

Jr. George Stalk, Thomas M. Hout Jr.（1990）*Competing Against Time : How Time-based Competition is Reshaping Global Markets,* Free Press（ストーク，ジョージ，トーマス・M. ハウト，中辻 万治（訳），川口 恵一（訳）（1993）『タイムベース競争戦略──競争優位の新たな源泉 時間』ダイヤモンド社）

V-Dem Institute（2021）*Autocratization Turns Viral DEMOCRACY REPORT 2021,* Varieties of Democracy

Raymond Vernon（1971）*Sovereignty at Bay: the Multinational Spread of U.S. Enterprises,* Basic Books（レイモンド・バーノン，霍見 芳浩 訳（1973）『多国籍企業の新展開──追いつめられる国家主権』ダイヤモンド社）

James P. Womack, Daniel T. Jones（1996）*Lean Thinking,* Productivity Press（ジェームズ・P. ウォマック，ダニエル・T. ジョーンズ，稲垣 公夫（訳）（1990）『リーン・シンキング』日経BP）

Yukl, Gary（2012）*Leadership in Organization, 8th ed.* Person

浅川 和宏（2003）『グローバル経営入門』日本経済新聞出版社

池上 彰（2019）『イラスト図解 社会人として必要な世界の宗教のことが3時間でざっと学べる』KADOKAWA

飯野春樹編（1979）『バーナード 経営者の役割』有斐閣

伊藤 元重（2015）『入門経済学』日本評論社

稲盛 和夫（2000）『稲盛和夫の実学──経営と会計』日本経済新聞出版

入山 章栄（2019）「真に「グローバル」な企業は、日本に3社しかない トヨタもマクドナルドも、グローバル企業ではない」『日経ビジネスオンライン』日経ビジネス

加護野 忠男、吉村 典久（2021）『1からの経営学 第3版』碩学舎

梶浦 雅己（2020）『はじめて学ぶ人のためのグローバル・ビジネス【第三版】』文眞堂

片山 修（2002）『トヨタはいかにして「最強の車」をつくったか』小学館

金井 寿宏（2005）『リーダーシップ入門』（日経文庫）日本経済新聞社

菊澤 研宗（2015）「垂直的統合の考察」『ハーバード・ビジネス・レビュー』ダイヤモンド社

木棚 照一（2018）『国際知的財産法入門』日本評論社

楠木 健（2012）『ストーリーとしての競争戦略』東洋経済新報社

桑原 哲也（2007）「日本企業の国際経営に関する歴史的考察両大戦間期，中国における内外綿会社」『日本労働研究雑誌』NO.562

経済産業省（2018）『「我が国企業による海外M&A研究会」報告書』経済産業省

経済産業省（2020）『通商白書 2020年版』昭和情報プロセス

経済産業省（2022）『DX リテラシー標準 ver.1.0』経済産業省

小池 和男（2005）『仕事の経済学（第3版）』東洋経済新報社

小松製作所（1971）『小松製作所五十年の歩み』株式会社小松製作所

桜井 啓太（2014）「最低賃金と生活保護の逆転現象発生のメカニズムとその効果」『大原社会問題研究所雑誌』No.663

サトウ タツヤ，渡邊 芳之（2019）『心理学はこんなに面白い 改訂版』有斐閣アルマ

ジェトロ北京センター知的財産権部（2009）『中国商標権冒認出願対策マニュアル 2009 年改訂増補版』ジェトロ北京センター知的財産権部

資生堂（1972）『資生堂百年史』株式会社資生堂

資生堂研究所（1989）『資生堂研究所50年史』資生堂研究所

菅原 祥公（2015）『中期経営計画の基本』秀和システム

鈴木 真也，乾 友彦，池田 雄哉（2021）『外国企業による M&A が被買収企業のイノベーション活動に与える影響』RIETI Discussion Paper Series 21-J-012

関沢 洋一（2018）「関税同盟と FTA：Brexit を理解するために」『コラム』独立行政法人経済産業研究所

総務省（2012）『情報通信産業・サービスの動向・国際比較に関する調査研究報告書』総務省 情報通信国際戦略局情報通信経済室

総務省（2018）『平成30年版地方財政白書』日経印刷

総務省（2019）『情報通信白書令和元年版』日経印刷

通商産業省（1997）『経済協力構造改革に向けて』通商産業調査会出版部

電通（2020）『2019 年 日本の広告費｜媒体別広告費』電通

東京基督教大学（2018）『JMR 調査レポート（2018年度）』東京基督教大学国際宣教センター日本宣教リサーチ

中山 清孝，秋岡 俊彦（1997）「トヨタ生産方式の基本的な考え方」『オペレーションズ・リサーチ：経営の科学』42（2），pp.61-65

日経ビジネス 編集部（2020）「グーグルはなぜ成功したのか」『日経ビジネス』2020.3.25，日経ビジネス

日本総合研究所（2016）「経営企画部門の実態874 社に文いたアンケート調査結果』日本総合研究所 総合研究部門 経営企画機能研究チーム

芳賀 正憲（2015）「連載 情報システムの本質に迫る 第95 回 チーフエンジニアは、担当製品の"社長"！」『情報システム学会 ールマガジン』2015.04.27 No.10-01，情報システム学会

Forbs Japan（2016）「英企業幹部、85％が新興国で贈賄の経験あり「慣習」への迎合か「違反」か」『Forbs Japan ビジネス』2016/12/13

藤本 隆宏，延岡 健太郎（2004）『製品開発の組織能力：日本自動車企業の国際競争力』経済産業研究所

藤本 隆宏（2008）「アーキテクチャとコーディネーションの経済分析に関する試論」

『MMRC Discussion Paper No. 207』東京大学ものづくり経営研究センター

松本 茂（2021）「21世紀初頭における製造業企業の海外市場依存度と収益性」『日本経
　　営学会誌』47 巻（2021），日本経営学会

三谷 宏治（2015）「越後屋、ジレット、グーグル……「儲ける仕組み」３大発明」
　　『PRESIDENT』2015年1月12日号，PRESIDENT

三谷 宏治（2019）『すべての働く人のための新しい経営学』ディスカヴァー・トゥエ
　　ンティワン

宮本光晴（2022）「日本企業は新しい資本主義の担い手となりうるのか？」『表現者ク
　　ライテリオン』2022年1月号（通巻100号）啓文社

山下 省蔵（2014）『工業技術基礎』実教出版

吉田 雅彦（2019a）『日本における中堅・中小企業のオープンイノベーションとその支
　　援組織の考察』専修大学出版局

吉田 雅彦（2019b）「日本におけるリゾートホテル経営の課題と対策に関する考察 ──
　　青島リゾート株式会社（ANA ホリデイ・イン リゾート宮崎）の事例から ──」『日本国際
　　観光学会論文集』第26号，pp.79-88

吉田 雅彦（2021）『バリューチェーンと工業技術で学ぶ『企業研究入門』 ── 文系学生、
　　行政、金融職の方のために ──』鉱脈社

吉田 雅彦（2022a）『地域マネジメント ── 地方創生の理論と実際 ──（改訂版）』鉱脈社

吉田 雅彦（2022b）『文系学生のためのキャリアデザイン・就職活動入門』鉱脈社

労働政策研究・研修機構（2011）『第４回改訂 厚生労働省編職業分類 職業分類表』(独)
　　労働政策研究・研修機構

索　引［アルファベット］

5

5 S　129

A

ABC 分析　211

C

CGM　62、173
COVID-19　42

L

LGBTQ　140、141

P

PM 理論　205

Q

QC 7つ道具　131

索　引［五十音］

あ

アクティブ・リスニング　208

い

イールドコントロール　168
意匠　126
移動可能性　195
イノベーション　19

う

ウォンツ　68

え

営業　1、3、25、54、64、65、81、
　82、84、91、102、111、118、
　119、123、130、132、136、137、
139、140、141、142、145、150、
170、177、178、179、180、181、
186、188

か

会計　174
囲い込み　170
カスタマー・リレーションシップ・マ
　ネジメント　171
間接費　82
管理会計　176

き

キーワード広告　172
企業文化　146、147、148
希少性　195
キャッシュフロー　175、176、

180、181
キャッシュフロー計算　176
教　育　　3、18、45、67、103、111、
　　115、119、124、132、137、139、
　　156、160、166、183、204、211、
　　212
共産主義社会　26
業績管理制度　124

く

グローバル化　15
グローバル企業　　2、15、16、58、
　　142、187、188、191
グローバル戦略提携　133
グローバル統合　　100、187、188、
　　189

け

経営計画　184
経 営 資 源　　3、16、17、81、82、
　　88、98、99、100、110、131、
　　133、135、136、186、187、188、
　　193、194、195
経済連携協定　48
経理　112
減価償却　177
権限　106
限定合理性　134、135
権力　107
権力の中軸　107

こ

コア・コンピタンス　194
交換価値　71
広告モデル　172
口座　120
個客シェア　169

顧客提供価値　169
顧客提供価値マトリクス　83
国際化　15
国際会計　182
国際企業　15
コスト・リーダーシップ戦略　190
固定費　167
コトラー　　63、66
コンカレントエンジニアリング
　　208
コンティンジェンシー　99
コンティンジェンシー理論　99、
　　196

さ

サービス　123
財　123
財務会計　175
採用　124
サブスクリプション　173
サプライチェーンマネジメント　97
差別化戦略　191
産業内ポジショニング　191
散布図　214

し

事業経営　185
事業遂行能力　　1、3、20、42、87、
　　88、89、125、128、130、131、
　　139、140、141、147、148、194
資産特殊性　135
市場浸透　169
市場メカニズム　　29、32、38
実務家の持論　204
自働化　129
シナジー　　3、81、82、83、84、85
社会主義　164

社会主義社会　26
ジャストインタイム　74、128
収益モデル　1、3、20、21、100、
　　167、171
宗教　140、152
集中戦略　191
使用価値　71
商社金融　120
商標　149
職業　111
植民地　22、23
職務の専門化　106
人事管理　115
人種　140
人的資源管理　124
信頼蓄積理論　205

す

垂直立ち上げ　209
垂直統合　92
スイッチングコスト　171
水平分業　93
スタッフ管理職　107
ストレッチ　186

せ

成果主義　41
生産性　128
税務会計　176
世界宗教　152
責任　106

そ

層別　211
損益計算　176
損益計算書　176

た

耐久性　195
貸借対照表　179
代替可能性　195
ダイナミック・プライシング　168
タイムベース戦略　127
耐用年数　179
多角化戦略　81
多国籍企業　15

ち

地域シェア　170
地域商社　73
地域展開　170
チェックシート　215
知覚価値　71
知的財産権関連法　149

て

定番商品　78
デザイン　126
デザイン思考　125
デジタル　102、103、104

と

倒産　174
特性要因図　212
トヨタ生産方式　127
ドラッカー　19
取引コスト　134

な

内部留保　44

に

ニーズ　68

は

バナー広告　172
バリューエンジニアリング　210
パレート図　211

ひ

比較優位　101、200
ヒストグラム　213
品質管理　121

ふ

付加価値　39
不況　25、26、28、29、40、44
部門化　106
プライベートブランド　169
フリーミアムモデル　173
プロダクトポートフォリオマネジメン
　　ト　186
プロレタリア革命　26

へ

平準化　129
ベンチマーキング　79
ベンチャーキャピタル　180

ほ

簿記　176
母工場　115

ま

マーケティング　1、2、3、17、
　　18、19、22、62、63、66、67、
　　68、76、89、90、102、118、
　　126、171、188、189、190
マイルストーン　185
マネジメント　18

マルクス主義　26

み

民族　140

む

ムダ　128
ムラ　128
ムリ　128

も

模倣可能性　195

ら

ライフサイクルコスト　210
ライン管理職　107

り

リーダーシップ　108、190
リーダーシップの素朴理論　204
リーマンショック　41
リコール　121
リストラ　124

れ

冷戦　27
連結決算　115、182

ろ

労務管理　116
ローカル適応　187
ロックイン　170

謝　辞

　本書は、多くの人からの教えによって書き著すことができた。著者が博士後期課程以来ご指導いただいている宮本 光晴 専修大学名誉教授には、引き続き相談に乗っていただきコメントをいただいた。

　通産省・経済産業省の仕事を大別すると、貿易、産業、エネルギーの３分野である。著者は、1984から2015年まで、31年半勤務した。若いころは、産業と貿易の仕事が多く、中堅以降は、製造業、中小企業、地域経済の仕事が多かった。GATT、WTO は、今野 秀洋 国際経済課長、永塚 誠一 GATT 室課長補佐（役職はいずれも当時。以下、同じ）。経済協力は、日下 一正 経済協力部長。アジア通貨危機は、今野 秀洋 貿易局長、青木貿易局総務課長、石川 正樹 氏、表 尚志 氏、風木 淳 氏、田中 秀幸 氏、吉野 恭司 氏。日米自動車協議は、林 洋和 機械情報産業局総務課長、柳瀬唯夫 自動車課長補佐。模倣品対策は、後谷 陽一 JETRO 北京知的財産部長、星野 光明氏、垣見 直彦 氏、今浦 陽恵 氏、成瀬 健太郎 氏ほかの先輩、同僚の皆さまに、親しくご指導をいただいた。

　日立建機への官民交流派遣で、平野 耕太郎 会長、山田 尚義 副社長、本間 隆義氏、冨田 章 氏ほか多くの皆さまにお世話になり、世界中の拠点を訪れ、バリューエンジニアリング・リーダーと油圧ショベル運転の資格を取得するなど、ご指導をいただいた。

　中島 弘明 メディキット会長、深田 稔 深中メッキ工業社長、吉開 仁紀 道の駅とよはし副駅長、デジタルリテラシー協議会の高野 洋輔 氏のお話は文中に引用させていただいた。岩手県庁の佐々木 淳 氏には、トヨタ生産方式の権威である内川 晋 氏と直接話をさせていただく機会を作っていただいた。黒木 達郎氏には、宮崎県串間市のよろずやの経営内容を教えていただいた。

　本書は、多くの図表や写真で、読者の理解を助けている。これは、ご提供いただいた企業、個人の方々が本書の趣旨にご賛同くださり、著作権の許諾に快く応じていただいた賜物であり、これらの図表や写真なしでは本書は成立しなかった。コマツ、日

立建機、資生堂、改善 .net、ＭＥマネジメントサービス、コンサルソーシング株式会社、今野製作所、KYB 株式会社の各社に御礼申し上げる。

　中学、高校時代を過ごした広島学院は、キリスト教のイエズス会が経営しており、多くの外国人神父から国際的な視野、宗教的な考え方を学ぶことができた。実践女子大学の学生には、本書の元になる教材に多くの質問をいただき、本書の内容の深さ、広さを学生や若い社会人向けにチューニングすることができた。

　妻、独立した子供たち、親、兄弟は、COVID-19（新型コロナ）で不安定な世相でも、時々一緒に時間を過ごすなど、引き続き支えとなってくれている。

　ここに記して心から感謝申し上げる。

2023年夏　宮崎大淀川河畔にて

著者紹介

吉田雅彦（よしだ　まさひこ）　博士（経済学）

　著者は、東京大学でミクロ経済学（根岸　隆ゼミ）を学んだ後、1984年、通商産業省（現　経済産業省）に入省し、1987年、国際経済課係長として APEC 設立準備、米国・カナダ自由貿易協定締結への対応、ＧＡＴＴからＷＴＯへの移行準備、1995年、自動車課補佐として日米自動車協議対応、1995-96年、カリフォルニア大学サンディエゴ校 国際関係論研究科（UCSD,IRPS）留学、1996年、経済協力課長補佐として日本の経済協力の考え方の見直し、1997年、貿易局 筆頭課長補佐としてアジア通貨危機対応、2004-05年、模倣品対策室長（初代）として中国をはじめとする国際知的財産権問題への対応、2015年まで多くの産業担当部署で企業の国際展開や貿易摩擦対応に関わった。

　また、2007-09年、官民交流派遣で日立建機株式会社 経営企画室 部長に出向し、国際ビジネスの現場に関わる機会に恵まれた。

　2015年、経済産業省を勤め上げた後に宮崎大学で大学教員に転じ、2018年、専修大学経済学研究科で博士（経済学）を取得、2020年からは実践女子大学で国際企業論を講義している。これらの学びと実務経験が、本書を書き著す動機となった。

国際ビジネスの理論と実務

予備知識なしで読める・わかる

2023年8月28日 初版印刷
2023年9月7日 初版発行

著　　者　吉田雅彦 ©

発 行 者　川口敦己

発 行 所　鉱 脈 社
　　　　　〒880-8551　宮崎市田代町263番地　電話0985-25-1758
　　　　　郵便振替 02070-7-2367

印刷·製本　有限会社 鉱 脈 社